21世纪普通高等院校系列教材

消费者行为学

XIAOFEIZHE XINGWEIXUE

（第三版）

主　编　余　禾　唐毅青
副主编　白城伊　孟　炯　黄跃辉　王颖梅

西南财经大学出版社
中国·成都

图书在版编目(CIP)数据

消费者行为学/余禾,唐毅青主编.—3 版.—成都:西南财经大学出版社,
2022.1(2025.7 重印)
ISBN 978-7-5504-4962-6

Ⅰ.①消… Ⅱ.①余…②唐… Ⅲ.①消费者行为学—高等学校—教材
Ⅳ.①F713.55

中国版本图书馆 CIP 数据核字(2021)第 128649 号

消费者行为学(第三版)
主　编:余　禾　唐毅青
副主编:白城伊　孟　炯　黄跃辉　王颖梅

策划编辑:李邓超
责任编辑:李晓嵩
助理编辑:杜显钰
责任校对:金欣蕾
封面设计:杨红鹰　张姗姗
责任印制:朱曼丽

出版发行	西南财经大学出版社(四川省成都市光华村街 55 号)
网　　址	http://cbs.swufe.edu.cn
电子邮件	bookcj@swufe.edu.cn
邮政编码	610074
电　　话	028-87353785
照　　排	四川胜翔数码印务设计有限公司
印　　刷	郫县犀浦印刷厂
成品尺寸	185 mm×260 mm
印　　张	15.875
字　　数	354 千字
版　　次	2022 年 1 月第 3 版
印　　次	2025 年 7 月第 2 次印刷
印　　数	2001— 2500 册
书　　号	ISBN 978-7-5504-4962-6
定　　价	48.00 元

第三版前言

进入21世纪的第三个十年，新消费成为中国经济的新动能。由数字技术等新技术、线上线下融合等新商业模式及基于社交网络和新媒介的新消费关系所驱动的新消费，催生了新的消费领域，反映出新的消费特征，形成新的消费格局，也创造出新的营销模式。

本教材第三版在延续原书以消费者决策为主线，以影响消费者行为的个体心理因素与外在环境因素为两翼的基本内容框架的基础上，强调对新消费的观察与剖析。新补充的开篇故事与案例分析具有三个特征：一是以读者为本，选取与年轻人相关的资料，助力读者以真实体验理解消费者行为的基本概念；二是以新品牌为先，精选深受年轻人喜爱的新品牌，剖析新品牌取得成功所遵循的消费者行为的基本规律；三是以新方法为重，介绍网红营销、直播营销、短视频营销、盲盒营销、跨界联名营销等营销新方法，展示企业如何利用消费者行为的基本规律实现数字化、流量驱动和内容运营，达成营销目标。编者希冀通过对新消费典型案例的展示，促使读者将所学消费者行为学基本原理与营销实践相结合，以更好预测未来的新消费行为，迎接新营销挑战。

本教材第三版的编写人员为西华大学管理学院余禾（第一章、第七章、第八章）、内江师范学院经济与管理学院唐毅青（第九章、第十章、第十一章）、西南科技大学经济管理学院孟炯（第五章）、佛山科技大学经济管理学院黄跃辉（第六章）、成都农业科技职业学院经济管理分院王颖梅（第十章）、成都医学院第一附属医院白城伊（第十二章、第十三章）、西华大学管理学院刘波（第三章）、成都信息工程大学商学院陈莹（第二章）、西南石油大学经济管理学院董倩宇（第十一章）、成都理工大学商学院王雪飞（第十三章）、西华大学管理学院孟阳（第四章）。本教材第三版最后由余禾编纂定稿。

编者感谢一直以来支持本教材的读者！感谢西南财经大学出版社为本教材出版所做的精细、专业而周到的工作！感谢案例资料的提供者所付出的辛勤劳动！不足之处，敬请各位专家、读者指正！

编　者

2021 年 7 月

前 言

本教材编写的指导思想是：立足一般本科院校市场营销专业的人才培养目标，面向地方经济建设、中小型企业，培养市场营销专业人才，针对市场营销专业课程的教学特点，遵循“经典、简洁、实用”的原则，保持结构的经典性和逻辑性，对基本概念、基本原理及基本知识结构讲清、讲透，并能恰当反映本学科的教学改革成果和国内外最新研究成果，富有启发性，能指导学生独立学习、独立思考，着重培养学生运用理论知识解决现实问题的能力及创新能力。

本教材的特点体现在以下三个方面：

第一，注重教材内容的新颖性，拓宽学生视野。本书在保持消费者行为学经典体系的前提下，增加了本学科的最新理论和实证研究成果，如补充了学习理论、需要理论、态度理论、个性理论，增加了消费者意象、文化意义的传递、互联网与消费者行为等新内容。本书同时结合21世纪的发展新趋势给消费者行为带来的影响，充实了跨文化营销、网上购物、营销伦理的相关内容。

第二，注重教材编写体例的创新性，以调动学生学习的积极性和主动性。本教材每章按以下结构编写：“本章学习目标”提纲挈领地呈现每章需要学生掌握的学习要点，使学生有目的地学习；“开篇故事”援引真实的营销事例，紧扣每章主题，以激发学生的学习兴趣；正文部分包含每章的基本概念、基本原理及基本知识结构，简明扼要、准确清楚，富有逻辑性；在章节内容中选择性地放入一些栏目，如“小资料”，对相关知识进行补充、延伸；“概念运用”引入真实的案例，揭示重要概念在营销中的运用；“最新研究”介绍一些重要概念的相关研究成果；“营销实用技能”帮助学生在学习重要概念后提升营销实用技能，迅速建立理论与实际的联系；“本章小结”对每章要点进行回顾，帮助学生复习所学知识；“关键概念”突出对概念的准确掌握；“复习题”让学生通过答题、讨论，进一步掌握每章要点；“实训题”让学生运用所学知识解决实际问题，锻炼理论运用能力、创新能力。

第三，注重教材的实用性，着力提高学生分析问题、解决问题的能力。消费者行为学的应用性质要求学生掌握基本知识后能在现实营销活动中去运用，而掌握消费者行为学的科学研究方法是运用的前提。因此，本教材详细介绍了消费者行为学的科学研究程序和方法，以实用性为原则，在每章的“实训题”中对研究方法的实际运用进行了精心设计，要求学生以个人、小组或班级为单位，运用科学研究方法分析解决实际问题，并撰写研究报告，以提高学生分析问题、解决实际问题的能力，以期培养市场营销专业人士所必备的分析判断消费者行为的技能。

本教材的编写人员为西华大学管理学院余禾（第一章、第七章、第八章），四川理工学院经济与管理学院向瑞伦（第九章），西南科技大学经济管理学院孟炯（第五章），佛山科技大学经济管理学院黄跃辉（第六章），四川理工学院经济与管理学院张永锋（第十二章），乐山师范学院旅游与经济管理学院高文香、西华大学管理学院刘薇（第十章），成都理工大学商学院王雪飞（第十三章），成都信息工程学院商学院陈莹（第二章），西南石油大学经济管理学院梁琳（第十一章），西华大学管理学院刘波（第三章），西华大学管理学院孟阳（第四章）。本教材最后由余禾总纂定稿。

本教材在编写过程中，得到西华大学管理学院章道云教授、邓学芬教授及市场营销系主任王永昌副教授的大力支持和指导，得到了各参编学校相关学院的院长、市场营销系主任的大力支持，西南财经大学出版社李玉斗先生、李霞湘女士为本书的出版付出了大量的心血，编者在此谨向他们表示衷心的感谢！

本教材在编写中参阅了国内外同仁的研究成果，编者在此一并致以诚挚的谢意！

由于时间仓促、水平有限，因此教材中必定存在疏漏和不当之处，恳请读者批评指正，以便编者今后修改、完善。

编者

2009 年 8 月

目 录

第一篇　导论

第二篇　消费者的决策过程

第四篇　影响消费者行为的环境因素

第一篇　导论

第一章　消费者行为学概述

本章学习目标

◆掌握消费者行为的含义
◆了解消费者行为学的研究历史
◆理解消费者行为学的研究意义
◆熟悉消费者行为学的研究方法

开篇故事

新消费进阶：从网红到主流

第一节　消费者行为学的研究对象

消费者行为可以指消费者行为的内涵，也可以指以消费者行为为研究主题的学科。消费者行为学（Consumer Behavior）是一门以消费者行为为主要研究对象的学科，这一学科探讨消费者如何制定和执行其有关产品与服务的获取、使用与处置的决策，以及研究有哪些因素会影响这些相关的决策①。

消费者行为学的研究对象主要是指与消费行为决策相关的内在心理活动和外在行为表现。内在心理活动包括认知需要的产生、对品牌的评价、对信息的推论及做出最终决策、使用后的感受和评价等。外在行为表现包括消费者搜寻产品信息、与销售人员互动、实际使用产品、传播使用信息及表达感受等。消费者的决策一方面受到消费者心理因素的影响，主要包括需要与动机、感觉与知觉、学习与记忆、态度、个性、价值观、生活方式等；另一方面受到环境因素的影响，主要包括经济、文化、社会、信息流、互联网、情境、伦理等。

① 林建煌. 消费者行为学［M］. 北京：北京大学出版社，2004.

总体来讲，消费者行为学的研究对象包括消费及消费者、消费者行为。

一、消费及消费者

消费活动在人类社会中普遍存在。人们从出生直到离开人世，时时刻刻都离不开消费。正如马克思所说：人从出现在地球舞台上的第一天起，每天都要消费，不管在他开始生产以前和在生产期间都是一样。

（一）消费的含义

所谓消费（consume），是指人们消耗物质资料和精神产品以满足物质和文化生活需要的过程。消费是社会再生产过程的一个环节，是人们生存的必不可少的条件，又是保证社会再生产得以持续进行的前提。

消费的实质是人们为了满足需要而直接消耗各种产品和服务。消耗产品和服务以满足需要的人就是消费者，是消费的主体；可供消耗的产品和服务就是消费物，是消费的客体。消费过程就是消费者和消费物相结合的过程。

（二）消费者的含义

狭义的消费者（consumer）是指购买、使用各种消费品或服务的个人或家庭，广义的消费者是指购买、使用各种消费品或服务的个人或组织。消费活动中的消费者包括两类：个体消费者（personal consumer）和组织消费者（organizational consumer）。个体消费者购买产品或服务是为了自己的消费，为了家庭的消费，或者将产品或服务作为礼物送给朋友，即产品或服务的购买都是为了最终消费，因此个体消费者也称最终用户（end users）或最终消费者（ultimate consumer）。组织消费者包括营利和非营利的企业、政府机构和各种组织机构，它们也必须购买产品或服务来维持组织的运转。本教材主要从狭义的消费者角度讨论消费者行为，探讨的是个体消费者。

消费者进行消费是为了满足需要。需要是人类开展全部消费活动的基础，包括维持个体生存、繁衍后代的生理性需要和追求享受、发展的社会性需要。基于生理性需要的消费是一种本能性消费，基于社会性需要的消费是一种社会性消费。社会性消费源于但又高于本能性消费。随着社会经济的发展，无论是本能性消费还是社会性消费，其消费对象都越来越多样，消费者的消费活动也越来越繁复。

（三）消费对象的分类

消费对象是指多种多样的消费品与服务（consumer goods and service）。表 1.1 从两个层面对消费品与服务作了分类。

从消费对象的有形性或有形程度看，消费对象可以分为有形产品、无形服务和介于两者之间的混合型产品与服务。有形产品（tangible product）指洗护用品、饮料、家具等具体可见的产品；无形服务（intangible product）则指抽象和不可见的消费对象，如心理咨询、电话查询服务。有形产品常常具有无形的特征，如珠宝代表档次、时装表明品位；而无形服务也可能包含或具有有形特征，如餐馆用餐、室内装修。在很多情况下，消费者消费的是混合型产品与服务，如外出旅游。

表 1.1　消费品和服务的分类

消费对象的性质	消费对象的有形性或有形程度		
	有形产品	混合型产品与服务	无形服务
个人用品与服务	洗护用品 饮料	餐馆用餐 外出旅游	心理咨询 资格培训
家庭用品与服务	家具 电视机	室内装修 家政服务	家庭财务咨询 家庭法律咨询
集体用品与服务	街灯 收费桥梁	敬老院 物管服务	天气预报 电话查询服务

从消费对象的性质看，消费对象可以分为个人用品与服务、家庭用品与服务、集体用品与服务。个人用品与服务与个体消费者有关；家庭用品与服务则与整个家庭或家庭的每个成员有关；而集体用品与服务一般由很多人使用或消费，可以是由政府提供的公共品，如街灯、公路，也可以是由私人企业提供的物管服务等。

二、消费者行为

（一）消费者行为的含义

消费者行为（consumer behavior）是指消费者为获取、使用、处置产品或服务所采取的各种行动，包括先于且决定这些行动的决策过程①。

1. 消费者行为是一个动态发展的整体过程

消费者行为不仅指消费者掏出现金或信用卡买到产品或服务那一刻所发生的行为，更指一个整体过程，包括获取、使用、处置三个阶段。

获取（acquiring）指消费者产生需要、经过信息搜寻、进行购买决策评价，进而获取产品或服务的过程。获取的方式主要是购买，其他还包括租赁、交换、借用等。

使用（using）指消费者对获取的产品或服务进行耗费和体验的过程，是消费者行为的核心。使用过程是消费者的需要得以满足的过程，对消费者而言具有重要的意义。使用后的评价将产生消费者满意或不满意两种可能，这直接影响消费者的下一次购买。向他人传播消费体验也将影响他人的购买决策。

处置（disposing）指消费者对所获取的产品或服务处理、放弃的过程。越来越多的消费者在购买时就会关注产品、包装的重新使用或对环境造成的危害，而消费者对所获取的产品或服务的处置方式的选择，也直接影响其对新产品的需求与购买。

2. 消费者行为是一个决策过程

消费者的决策过程实际上就是解决问题的过程。这一过程包括五个主要阶段，即需要认知、信息搜寻、评价与选择、购买和购后行为。消费者意识到或认识到某一消费问题后，进行内部信息搜寻和外部信息搜寻，在此基础上，形成对产品或服务的评

---

① EENGEL J F, BLACKWELL R D, MILARD P W. Consumer Behavior [M]. New York: The Dryden Press, 1995.

价标准，并根据这些标准对各种备选产品或品牌进行比较、评价、选择，然后实际购买，在购买后使用产品，做出购买后评价，并对产品或包装进行处置。消费者的决策过程有时很复杂，决策过程的五个阶段都将经历；有时则十分简单，决策过程的某些阶段可能会省略。

3. 消费者决策的内容

（1）是否消费（whether or not）。消费者必须首先决定是否获取、使用或处置产品或服务，要在手上有钱时决定是进行消费还是储蓄。

（2）消费什么（what）。消费者每天都要做出购买什么的决策，要在产品和服务的类别上进行选择，如在手上有钱时是买部手机还是买份保险；有时需要在品牌之间做出选择，如在购买手机时是选择华为还是选择小米。

（3）为什么消费或为什么不消费（why or why not）。消费行为的产生可能有许多原因，其中最重要的是产品或服务能够满足消费者的需要或实现消费者的目标。例如，消费者买同一款手机，有的是因为手机功能强大，有的是觉得手机外观好看，有的是为了炫耀自己，有的则将其作为群体身份的标志。

营销人员更想知道为什么消费者不愿意消费，如不愿意买保险是因为不相信坏运气会降临到自己头上，还是因为觉得买了也没用。

（4）如何消费（how）。消费者获取、使用、处置产品或服务的方式，会给营销带来深远的影响。例如，消费者如何在现金、信用卡或电子支付间做出选择，汽车是买的、租的、借的、换的还是别人送的，这些都会影响营销。

（5）何时消费（when）。消费者对产品或服务的获取、使用和处置随季节的不同而不同，冬天的时候对羽绒服、取暖器的需求会增加，而对啤酒、冰激凌的需求则会减少。一天中所处时段也会影响消费者的决策。麦当劳发现，正午时段发布的在线广告可以促使消费者在午餐时购买更多公司所宣传的餐点。像毕业、结婚、怀孕、生子、退休这样的生活变化，也会影响消费者对产品或服务的获取、使用和处置。

（6）在哪里消费（where）。消费者的购买习惯已经发生了改变。越来越多的消费者在沃尔玛这样的大型超市购买服装和许多其他产品。除了传统的商店，消费者还可以通过邮件、电视、电话、互联网和手机进行购物。

（7）消费多少（how many）。消费者必须决定自己需要获取、使用、处置的产品或服务的多少及需要的频率和需要的时间，如牛奶一次买多少，多久购买一次，一次喝250毫升还是500毫升，是每天喝还是隔天喝，对牛奶这个产品需要的时间有多长。产品销售量的增加有赖于消费者更多地、更长时间地、更频繁地使用产品。某些消费者也存在过度消费的情况，如频繁地更换手机，这可能带来许多问题。

（8）谁消费（who）。在现实生活中，产品或服务的获取者、使用者、处置者可能是同一个人，也可能是不同的人。如手机在大多数情况下由成年人自己买、自己用、自己处置，而儿童服装的获取者、使用者、处置者则很可能是分离的。因此，我们需要分析消费者扮演的各种角色（roles）（见表1.2），但应将重点放在购买者身上，因为在很多情况下购买者有权决定在何时、何地购买，并在款式、颜色、规格、功能等方面做出最终决定。

表 1.2　不同类型的消费行为角色

角色类型	角色描述
倡议者	首先提出购买或有意购买某一产品或服务的人
信息搜集者	主动搜寻有关产品或服务信息的人
影响者	其看法或建议对最终购买决策具有一定影响的人
决策者	在是否购买、为何买、如何买、在哪里买等方面做出部分或全部决策的人
购买者	实际购买产品或服务的人
使用者	实际使用、体验产品或服务的人
处置者	实际处置产品或服务的人

（二）消费者行为的特点

1. 多样性

消费者行为的多样性，首先表现为消费者行为在获取、使用、处置三个阶段的每一个阶段都包含许多不同的活动，而这些活动中既有理性购买活动，也有冲动性购买活动。其次，不同消费者在需求、偏好及选择产品的方式等方面各有侧重、互不相同，同一消费者在不同时期、不同情境、不同产品的选择上，也表现出很大的行为差异，而行为差异正是市场细分的前提。

2. 复杂性

消费者行为的复杂性，一方面可以通过它的多样性、多变性表现出来，另一方面也体现在它受很多内外部因素的影响。首先，消费者行为受动机影响，每种行为背后的动机往往隐蔽且复杂。同一动机可以产生多种行为，同一行为也可以由多种动机所驱使。其次，消费者行为受个体的、文化的、经济的、社会的因素所影响。这些因素的影响有直接的、间接的，也有单独的、交叉的或交互的。这些影响因素的多样性、复杂性决定了消费者行为的多样性和复杂性。同时，每个消费者的决策程序的起始时间及耗费时间不同，因此决策涉及的活动内容及困难程度不同，决策过程极其复杂。

3. 规律性

虽然消费者行为本身极其复杂、多样，人们对影响消费者行为的因素既难识别又难把握，但消费者行为并非完全不可捉摸。纷繁复杂的消费者行为的背后也存在一些共同的特点或特征，那就是任何消费者行为都受人类的需要所支配，而人类的需要最终可以从生理、心理、社会等方面找到源头。正是需要的共性决定了行为的共性。同时，消费者行为按照获取、使用、处置三个阶段依次产生，次序不能颠倒，每个阶段都包含一连串有次序的活动，呈现出一定的规律性。因此，人们通过精心研究，发现消费者行为是可以被理解和把握的，探寻消费者行为规律也是可能的，这也是企业界和学术界致力于研究消费者行为的根本出发点。

4. 可诱导性

消费者行为的产生来源于需要，但消费者有时对自己的需要及以何种方式满足自己的需要并不清楚。此时，企业可以通过提供合适的产品或服务、传递合适的信息来激发或满足消费者的需要。从这个意义上说，消费者行为是能够被影响的。企业之所以能够影响消费者行为，是因为其产品、服务能够满足消费者某种现实或潜在的需要，能够给消费者带来某种利益。同时，企业应该看到，对消费者予以诱导和施加影响，要以尊重消费者的选择为前提，这才是合乎法律和社会规范的行为。企业采用欺骗、垄断等手段来影响消费者，必将引发严重的伦理甚至法律问题。

三、本书基本框架（见图 1.1）

本书第一篇即导论，主要描述了消费者行为学的研究对象、消费者行为学的研究历史和研究意义及消费者行为学的理论来源与研究方法。

第二篇重点探讨消费者的决策过程。其中，第二章探讨需要认知与信息搜寻，第三章探讨评价与购买，第四章探讨购后行为。

第三篇集中探讨影响消费者行为的个体因素。其中，第五章探讨消费者需要与消费动机，第六章探讨消费者的感觉与知觉，第七章探讨消费者的学习与记忆，第八章探讨消费者的态度，第九章探讨消费者的个性、自我概念与生活方式。

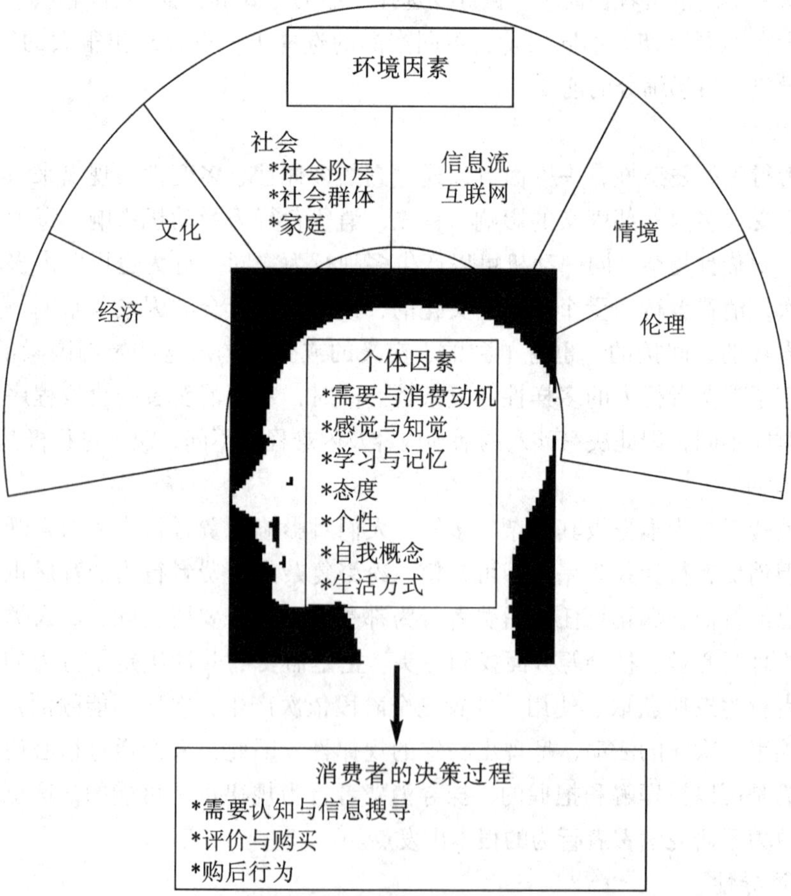

图 1.1　本书基本框架

第四篇关注的是影响消费者行为的环境因素。第十章分析影响消费者行为的经济和文化因素，第十一章分析影响消费者行为的社会因素，包括社会阶层、社会群体和家庭，第十二章分析信息流、互联网与消费者行为，第十三章则分析影响消费者行为的情境与伦理因素。

第二节　消费者行为学的研究历史和研究意义

一、消费者行为学的研究历史

消费者行为学作为一门系统研究消费者行为的应用性学科，是在资本主义工业革命后，市场经济充分发展，商品供过于求的矛盾日益尖锐，企业竞争日益加剧的过程中形成和发展起来的。消费者行为学的研究历史大体上可以分为以下三个时期：

（一）萌芽与起步时期（19 世纪末到 20 世纪 30 年代）

消费者行为学的研究始于 19 世纪末 20 世纪初。工业革命以后，西方国家的生产力大幅度提高，商品生产的速度超过了市场需求，市场从卖方市场开始转变为买方市场，企业之间的竞争加剧，经营者开始重视商品推销与刺激需求。为适应这种需要，学者着手研究商品的需求与销售问题。

最早从事这项研究工作的是美国社会学家凡勃伦。他在 1899 年出版的《有闲阶级论》（*Theory of the Leisure Class*）中提出了炫耀性消费并解释了其社会含义，认为人们对服装、首饰、住宅等物品的过度消费，源于别人炫耀自己的社会心理；基于炫耀目的而消费的商品，价格的变动通常很大，而且容易被别人观察到。炫耀性消费实际上是对传统经济学中消费者是“经济人”“理性人”假设的否定，同时表明了从非经济层面研究消费者行为的必要性。

1895 年，美国明尼苏达大学心理实验室的盖尔率先采用问卷调查法，研究消费者对广告及广告商品的态度和看法。经过几年的探究，1900 年盖尔出版了《广告心理学》，系统论述了在商品广告中如何运用心理学原理以引起消费者的注意与兴趣。

1901 年 12 月，美国心理学家斯科特（Scott）在美国西北大学作报告时指出，心理学可以在销售和广告中发挥重要作用，这被认为学术界第一次提出了消费者行为学的问题。1903 年，斯科特汇编十几篇论文，出版了《广告论》，广告心理学诞生，成为消费者行为学的前身。

1908 年美国社会学家罗斯出版了《社会心理学》，着重分析了个人和群体在社会生活中的心理与行为，开辟了群体消费心理的研究领域。

1912 年，主持哈佛大学心理实验室工作的德国心理学家闵斯特伯格的《心理学与经济生活》一书问世，最早研究了广告面积、色彩、文字运用、广告编排等因素与广告效果的关系，并注意到商品宣传在销售方面的作用。西北大学教授克伦提出，推销员应揣度最佳的“心理时刻”以进行推销，并在所著的《实用心理学》一书中设专章，讨论销售心理学问题。

1920—1930 年，斯塔奇出版了《斯塔奇广告回忆指南》和《广告学原理》，着重论述心理学在广告中的运用，并因此获得“商业心理学教授”的美称。

1920 年，行为主义心理学之父约翰·华生进行了广告心理的实验研究，用刺激-反应理论揭示了消费者受到广告刺激与产生行为反应之间的关系。

1926 年，美国出版了《人员推销中的心理学》，该书在研究消费者需要的同时，谈到推销人员的条件对顾客心理的影响，涉及推销人员素质的提升。

这一时期，还有许多学者在市场营销学和管理学的著作中研究了消费心理与消费行为问题，从各个侧面分析消费心理与消费行为问题，为消费者行为学的产生奠定了基础。总体来看，这一时期的研究重点是促进企业的产品销售，而不是满足消费者的需求；研究的范围比较狭窄；研究方法是从经济学或心理学中简单移植过来的；研究主要限于理论层面，在市场营销实践中应用较少，尚未引起社会的广泛重视。

（二）应用与发展时期（20 世纪 30 年代到 60 年代末）

1929—1933 年的世界性经济危机，使得商品市场完全转变为供过于求的市场。为了促进销售，企业纷纷加大了广告投放、促销等方面的力度，市场逐步成为企业关注的焦点。产业界对运用消费者行为学研究成果表现出越来越浓厚的兴趣。在广告界，运用心理学原理与方法探讨广告对顾客行为的影响日益普遍，由此使广告心理学得以繁荣。与此同时，关于顾客心理和销售心理的各种专门研究不断展开，为第二次世界大战以后消费者行为学研究的进一步发展奠定了基础。

第二次世界大战期间，商品供应不足，导致了人们对消费者行为研究的兴趣暂时降低。但这一时期也有一些卓有成效的研究。例如，第二次世界大战期间，为节约食物，美国政府鼓励民众多吃动物内脏，但由于传统文化的影响，美国人基本不吃这些东西。为指导消费，心理学家勒温经过多次实验，终于找到了改变美国人不食动物内脏这一习惯的有效途径。

第二次世界大战以后，市场经济的发展迅速走上了正轨。随着生产力水平和消费者收入水平的提高，消费者行为日益多样化、个性化。了解消费者的需求特点，把握消费者行为的变动趋势，成为企业具备竞争优势的重要前提。在此背景下，越来越多的心理学家、经济学家、社会学家纷纷加入消费者行为研究的行列，由此推动了消费者行为学研究的发展。

20 世纪 40 年代至 50 年代，受弗洛伊德精神分析学说的影响，许多研究者都致力于消费者行为动机研究，美国学者迪德和瓦卡瑞等人拉开了研究消费者深层次动机的序幕，研究方法也从直接询问法逐步转为投射技术。最有代表性的研究是 1950 年由梅森·海尔（Mason Haire）主持的速溶咖啡的研究。1953 年，美国广告研究基金会公布了 80 多个商业机构的购买动机研究结果，引起了各方关注，从而使得消费者行为动机研究盛行一时。

小资料：梅森·海尔主持的速溶咖啡研究

速溶咖啡在投放市场的最初一段时间，销路一直不畅。海尔的研究就是要找到消费者不购买的原因。当研究人员采用直接询问法询问消费者为何不买时，大多数人的回答是不喜欢速溶咖啡的味道，显然这并不是真实的原因。

于是，海尔决定采用投射技术进行研究。他设计了两张购物单，每一张购物单上有七种商品，一张购物单上有汉堡牛肉饼、面包、胡萝卜、发酵粉、速溶咖啡、桃子罐头、土豆，另一张购物单上只将速溶咖啡换成了鲜咖啡豆，其余商品不变。然后研究人员将购物单分发给两组进行测试，并要求被试对购物单上所示商品的家庭主妇做出描述。

结果发现，收到标有速溶咖啡购物单的被试，大多把想象中的那位家庭主妇描绘成懒惰、缺乏计划、邋遢、没有家庭观念的人，而收到标有鲜咖啡豆购物单的被试，则把想象中的家庭主妇描绘成有生活经验的、勤俭的、会安排的、有家庭观念的人。

由此，消费者不买速溶咖啡的真实原因被揭示出来，海尔也据此提出了消费者潜在的或隐藏的购买动机理论。

（资料来源：HORTON R L. Buyer behaviour：a decision-making approach［M］. Ohio：Charles E. Merrrril Publishing，1984.）

20 世纪 50 年代，其他关于消费者行为的研究也值得注意。美国学者盖斯特（Guest）和布朗（Brown）于 20 世纪 50 年代初开始研究消费者对品牌的忠诚问题，以便找到促使消费者重复选择某一品牌的有效途径。谢里夫（Sherif）、凯利（Kelley）和谢巴托尼（Shibutoni）等人开展了对参照群体的研究。此外，马斯洛的需求层次理论也是在 20 世纪 50 年代提出来的。

1960 年，美国心理学会（APA）成立了消费者心理学分会，这是消费者行为学开始确立其学科地位的前奏。20 世纪 60 年代中期，消费者行为学课程开始在美国一些大学开设。1968 年，第一部消费者行为学教材《消费者行为学》由俄亥俄州立大学的恩格尔（Engel）、科拉特（Kollat）和布莱克维尔（Blackwell）合作出版。1969 年，美国消费者研究协会（Association for Consumer Research）正式成立。消费者行为学研究在 20 世纪 60 年代后蓬勃发展，这一方面是学术界对 20 世纪 50 年代起越来越多的企业逐步采用现代市场营销方式从事经营活动的自然反应，另一方面也得益于各种学科在研究方法和研究成果上的交融、综合。

20 世纪 60 年代，美国心理学家不仅对前人的研究成果加以整理和吸收，如选编了一批论文集等，还特别注意借鉴运筹学、模拟模型的理论与方法。这一时期的重要研究有密歇根大学调查研究中心的卡陶纳关于消费期望和消费态度的研究，哥伦比亚大学实用社会研究所的拉吉斯费尔德和卡兹关于人格的影响的研究，哈佛大学鲍尔关于知觉到的风险（认知风险）的研究，罗杰·L. 诺兰的新产品初步设计研究和定位研究，佩里安、卡陶纳、詹姆森等人的一些调研报告。这些研究为消费者行为学体系的构建奠定了科学基础。

这一时期，研究者对现实问题也极为关注。例如，20 世纪 60 年代初，镇静剂（Thalidomide）曾在一些国家为孕妇所广泛使用，服用这种药物的孕妇生下的孩子往往带有严重的身体缺陷，广泛的宣传报道引起了人们对“人造”产品的普遍怀疑，消费者怀疑主义时代来临了。万斯·帕卡德于 1954 年问世的《潜在的威胁》中对“虚伪”“欺骗”的商业手段作了尖锐的批评。对于环境污染问题，卡森于 1962 年出版的《寂静的春天》中抨击了滥用杀虫剂的行为。

1962 年 3 月 15 日，美国前总统肯尼迪在《关于保护消费者利益的总统特别国情咨文》中，率先提出消费者享有的四项基本权利，即安全权、知情权、选择权和投诉权。1969 年，美国前总统尼克松进而提出消费者的第五项权利：索赔权。消费者权利的提出，促进了 20 世纪 60 年代至 70 年代消费者运动的蓬勃发展，进而推动了消费者行为学研究的繁荣。

（三）变革与创新时期（20 世纪 70 年代至今）

进入 20 世纪 70 年代，消费者行为学的研究飞速发展。据美国学者恩格尔统计，1968—1972 年发表的关于消费者行为研究的成果，比 1968 年以前所出版的全部研究成果还要多。这一强烈的对比，足以说明这一时期消费者行为学的发展速度何等惊人。根据统计，自 1967 年起的十年间，美国共发表了近一万篇有关消费者心理学的文章。刊载消费者行为研究成果的主要学术杂志有《应用心理学》《市场营销研究》（JMR）、《市场营销》（JM）、《广告研究》（JAR）等。1974 年，《消费者研究》杂志（JCR）创刊，该杂志由 10 个不同组织支援，不仅发表了大量有关消费者行为研究方面的成果，而且为多个不同学科的研究团体及成员提供给了彼此交流和合作的平台。

这一时期，有关消费者心理与行为的研究论文、调查报告、专著不仅在数量上急剧增加，而且质量越来越高。许多新兴的现代学科，如计算机科学、经济数学、行为学、社会学等被广泛运用于消费者行为研究中。研究方法从一般的描述、定性分析发展到定性分析和定量分析相结合。探讨范围包括消费生态问题、文化消费问题、决策模式问题、消费者保护问题、消费政策问题、消费信息处理问题（程序研究）、消费心理内在结构（“临床”研究）问题、消费信用问题、消费心理控制问题等。

20 世纪 70 年代的代表性研究有罗杰斯（Rogers）关于创新采用与扩散的研究，拉维吉（Lavidge）和斯坦勒（Steiner）关于广告效果的研究，费希本（Fishbein）等人关于态度与行为的关系研究，谢斯（Sheth）等人关于组织购买行为和消费者权益保护问题的研究，科克斯（Cox）和罗斯留斯（Roselisus）等人关于如何应付知觉风险的研究，恩格尔（Engel）关于消费者决策模式的研究等。

20 世纪 80 年代以后，除了上述研究在深度和广度上得到进一步拓展外，还出现了一些备受关注的新的研究领域或主题，如关于消费者满意与不满意的研究，关于发展品牌资产（brand equity）和建立长期顾客关系的研究等。

在 20 世纪 90 年代，消费者行为学研究面临的挑战使新的研究领域得以开辟。

一是数字化革命带来市场营销观念的更新。数字化革命使得很多企业在降低成本和减小行业进入障碍的同时，能够提供更多的产品或服务并在更广的范围内进行分销。

这就加快了新的竞争对手进入市场的速度，同时加快了市场细分、目标市场更换的速度。企业要想比竞争对手做得更好，就必须改变传统市场营销观念，把顾客放在组织文化的中心。顾客价值（customer value）、顾客满意（customer satisfaction）、顾客维持（customer retention）成为消费者行为学研究的基本概念。

二是互联网和电子商务的兴起改变了消费者的传统购买方式和决策模式。互联网突破了传统零售方式在时间和地点上的限制，信息的大量可获得性、信息搜索的便利性及互联网对消费者在信息比较评估过程中所给予的帮助，对消费者网络购买决策和非网络购买决策的做出都能起到较大的促进作用。

三是生态环境的恶化、社会责任的缺失使绿色营销和营销伦理备受关注。有人称20世纪90年代为绿色消费者的年代，那些愿意在市场选择中履行环保义务的人被称为关注环境的消费者。绿色消费的研究主要涉及环境责任行为的不同类型及其影响因素、绿色消费态度、环境知识对绿色购买的影响、人口统计变量对绿色消费的影响。同时，营销伦理和社会责任也成为消费者行为学研究中备受关注的内容，主要包括研究消费者保护领域、营销对消费者的负面影响等。

四是世界经济的一体化带来消费的全球化和研究的无国界。世界经济的一体化使得企业可以以更快的速度、更低的价格更好地进货，而消费者可获得的产品和服务的价格更低。世界各地的消费者可全年使用应季产品，可以在全球范围内选择产品和服务，体验各种消费文化。在跨文化的全球消费时代，消费者行为学研究面临新的需要其回答的问题：在全球消费村里，谁会成为新产品采用的意见领导者？谁会是谁的参照群体？家庭、学校的影响力如何？消费信息如何传递？全球性消费文化（global consumer culture）运动使得世界各地的消费者出于对品牌消费品、知名演艺人员、名人以及休闲活动的热爱而联合起来，尤其是每个地方的年轻人在许多方面都是相同的，这促使消费文化的同质化研究日渐增多。人们对不同国家跨文化消费者分析（cross-culture consumer analysis）的研究不断涌现，其目的在于寻找不同国家之间消费者的相似和不同，以决定是否进入并且怎样进入国外市场。产品或服务的文化意义及传递、符号象征的跨文化使用也成为消费者行为学研究的热点。

特别是进入21世纪，随着科技的不断进步，移动互联网技术的迅猛发展，大数据时代已经到来。移动互联的大数据新环境中的消费者行为呈现出与传统消费行为不同的特点，消费者行为学研究也发生着变化。

一是消费者对社会化媒体的使用成为研究的焦点。社会化媒体（social media）是指人、社区和组织之间通过网络进行在线交流、传达信息、增进联系。QQ、微博、微信等移动社会化媒体的应用越来越普遍，企业如何进入移动社会化媒体的链条，如何通过这些平台去传播品牌价值，成为人们关注的焦点。

二是关注移动互联网带来的商业模式的革新对消费者行为的影响。移动互联网的发展使得很多商业模式兴起，如滴滴出行、58同城、饿了么等都通过移动互联网链接人和服务。移动互联网时代的人的聚合与群分，不再是简单的人口学分类以及简单的代际人群的切割，而是根据消费者的兴趣、生活方式、个性等重新进行的分类，消费者会由于兴趣、内容、个性、生活方式等在移动场景的碎片化后重聚，这种重聚的基础是小众化的亚文化，而不是大众化的文化，企业要在移动互联网中发展，就要在亚文化的研究和挖掘中寻找创新机会。

三是大数据被广泛运用于消费者行为学研究。对于企业而言，大数据的作用在于使其从海量数据中洞见未来，从而更加了解消费者的需求，贴近消费者，高效地分析信息并做出预判，从而在竞争中赢得先机。

二、消费者行为学的研究意义

（一）消费者行为学的研究是制定营销策略的基础

消费者行为学的研究向营销管理者提供了制定营销策略和战术的关键信息。美国营销学会对营销的定义是：营销是一项组织职能，包括一系列与消费者沟通、为消费者创造价值的活动，以及按最有利于组织和利益相关者的方式管理客户关系。从这一定义可以看出，为了有效地营销产品或服务，营销管理者必须清楚地理解消费者行为的价值。而营销观念与推销观念的一个重要区别就在于，是否将顾客的优先性放在组织本身之前。消费者是整个营销策略的核心，因此所有的营销策略，包括市场细分策略、定位策略与营销组合策略（包含产品策略、定价策略、渠道策略和促销策略），都必须根据企业对消费者行为的正确阐释与解读来拟定。无数的事例表明，对消费者行为的研究，在提高营销决策水平、增强营销策略的有效性方面确实有着重要意义。而企业对消费者行为的漠视，是导致营销失败的直接原因。

概念运用：Keep App①

Keep 是一款专注于健身的移动 App，提供真人同步训练视频课程，上线 7 个月，就拥有 600 万用户，完成 3 轮融资，特别受投资人喜欢。和咕咚之类的健身 App 不一样的是，Keep 构建的场景更富有黏性，它通过一个个健身视频来培养用户的健身习惯，同时用打卡分享的方式激励用户健身。如果说咕咚最后会成为计步工具的话，那么 Keep 更像是一个健身教练，两者的区别类似于你在健身房只办一张卡还是找一个健身教练，后者的场景黏性会更强。在此基础上 Keep 成为健身设备电商和开展健身教练在线教育培训，甚至可以上门进行健身辅导。很显然它的场景构建就更贴合人们的消费心理和健身习惯，它在商业模式的探索上也就更加容易取得成功。

（二）消费者行为学的研究为政府公共政策的制定提供依据

政府机构致力于制定、执行公共政策以保护消费者免受不公平、不安全或不适当营销行为的损害。在 20 世纪 60 年代，美国总统就宣布消费者有安全权、知情权、选择权、投诉权和索赔权，后来政府又加上了享受干净和健康环境的权利和保护穷人消费者的权利。人们通过消费者行为学的研究，可以从保护消费者权益的角度，向立法人员和公共政策制定者提供拟定公共政策的基础信息。政府起草什么样的法律、采取何种手段保护消费者权益，政策能否更加有效，在很大程度上离不开对消费及消费者、

① App 一般指手机软件，Keep 为一款手机软件。

消费者行为的深入细致研究。同时，人们通过对消费者行为的了解，可以知道政府公共政策对消费者行为可能造成的改变。

（三）消费者行为学的研究给消费者本身带来利益

通过对消费者行为的深入研究，企业可以为消费者创造出更好的产品、服务以满足消费者的需要，赢得消费者的满意，使消费者受益。作为消费者，如果对消费者行为的知识有所了解，能够获得消费者行为的一些基本事实和消费者行为报告之类的资料，将能够做出更有效的消费决策。同时，当消费者掌握了消费者行为的相关知识，理解了企业如何运用消费者行为的知识，就能识破企业所运用的一些不当的销售手段和伎俩，从而使消费决策更加明智。消费者协会等社群权益团体能利用关于消费者行为的研究报告来要求公众提高对不适当行为的警惕，通过媒体报道和发起抵制行动对目标企业和其他消费者施加影响。而且，对于大多数人而言，其本身既是消费者，又必须服务于其他消费者，因此，理解消费者行为也有助于维护自身的利益和有效地履行职责。

第三节　消费者行为学的理论来源与研究方法

一、消费者行为学的理论来源

消费者行为学是一门相当年轻的学科。它作为营销学领域的一门重要学科，深受营销观念的影响。对消费者行为学做出重要贡献的学科主要是心理学、社会心理学、社会学、人类学、经济学，其他还有人口统计学、历史学、地理学、符号学等。这些学科分别以各自独特的视角来检视消费者行为，对消费者行为学产生影响。

（一）心理学

心理学（Psychology）是研究人的心理现象及其规律的科学。心理学对消费者行为学的贡献主要在于对个体心理的研究。心理学的基本概念构成消费者行为学研究的核心，如消费者的需要、动机，感觉、知觉、学习、记忆，态度、个性、自我概念等。各心理学分支学科，如实验心理学、生理心理学、临床心理学、发展心理学等，都能为人们理解消费者行为提供帮助。

（二）社会心理学

社会心理学（Social Psychology）主要研究人（包括个体和群体）在社会交往中的社会心理现象及其社会行为。社会心理学对消费者行为学的贡献主要在于其研究了个体在群体中的作用，主要涉及消费者态度的形成与改变、人际互动、信息传播、参照群体对消费者行为的影响等。

（三）社会学

社会学（Sociology）是研究社会结构及其内在关系与社会发展规律的科学，侧重对社会组织、社会结构、社会功能、社会变迁、社会群体等的研究。社会学对消费者行为学的贡献主要在于对社会群体的研究，主要涉及文化、亚文化、社会阶层、社会群体、家庭对消费者行为的影响。

（四）人类学

人类学（Anthropology）主要研究人类文化的起源、发展变迁的过程、世界上各民族各地区的文化差异，试图探索人类文化的性质及演变规律。人类学对消费者行为学的主要贡献在于其研究了社会对单一个人的影响，涉及比较价值观、比较态度、跨文化分析等，它在人类的婚姻家庭、亲属关系、神话宗教、传说民俗、原始艺术等方面的研究对分析消费者行为具有直接运用的价值，帮助人们理解消费仪式、象征，明确消费的意义及其重要性。此外，人类学的研究方法，如自然探询法、痕迹判断法，对消费者行为学的研究也很有帮助。自然探询法是指在日常的生活、工作和娱乐环境中，研究人员通过观察、记录等方式，甚至通过自身的直接参与，了解有关事件和活动。痕迹判断法是指研究人员通过观察消费者的外显行为，掌握事实，然后根据行为或事件的相互联系以及所观察到的外显行为，来推断其内隐行为，如观察消费者所遗弃的生活垃圾，就可以了解他们的消费情况。

小资料：消费者行为奥德赛

消费者行为奥德赛是一个研究项目，即一组顶尖级的消费者行为学的研究者组成跨学科的学术研究小组，拜访各种各样的消费场所。他们于1986年夏天驾驶着休闲车进行了一次环太平洋的发现之旅。他们运用的数据收集方法包括录音访谈、静止摄影、现场笔录、个人旅程日记等。

研究者们去了百货商店、乡村集市、旅游景点、戏剧表演大厅和摇滚音乐会等，他们经过的消费场所他们几乎都去了，目的就是在所到之处以一种不打扰别人的方式来观察人们对产品和服务的购买、消费和处置行为。

他们的研究有许多有趣和重要的发现，如机动化活动住房和非机动化活动住房拥有者或租赁者在消费经历上有巨大差别；旧货交易市场上买方和卖方有不同心理特点；参观博物馆的技术性消费者（买了门票不参观，去了就满足）和传统消费者（花时间参观博物馆，以获得教育为满足）具有行为差别。

（五）经济学

经济学（Economics）是一门研究配置和利用稀缺资源的社会科学。经济学对消费者行为学的贡献在于个体、家庭对经济利益考虑的研究，主要涉及个人或家庭对经济资源的分配、边际效用理论、购买决策、风险规避等。

（六）其他

人口统计学（Demographic Statistics）是关于人口属性的研究，有利于分析消费者行为与人口统计特征之间的关系。历史学（History）是对过去事件的研究，有助于人们理解各类消费行为、消费现象的产生与发展。地理学（Geography）的贡献在于其研究了人与地理环境的关系，涉及商店吸引力模型（区位、可达性、商店面积等）、零售引力、空间偏好、零售环境、营销地理系统和零售配置等。符号学（Semiotics）是关于符号在文化中再现的研究，为人们理解消费活动中意义的传递与获得提供帮助。

二、消费者行为学的研究方法

（一）消费者行为学的研究范式

范式（paradigm）是指研究者看待研究对象的方式和视角，也就是研究者对研究什么、如何研究的基本假设。当前用于研究消费者行为的两个不同类型的范式是实证主义和阐释主义。

实证主义（positivism）又称现代主义（modernism），研究的假设是消费者是理性的，行为的原因与影响是可以识别和分隔的，个体是能参与信息处理的问题解决者，事物是可被客观测量的。因此，实证主义的研究目的是预测消费者行为，采用的研究方法是定量研究（quantitative research），包括调查法、实验法和观察法，在研究中研究者与被研究者是分离的，研究的结果是描述性（descriptive）的，如果数据收集是随机的（如概率抽样），那么研究结果可推广到更大的人群范围。

阐释主义（interpretivism）又称后现代主义（postmodernism），强调象征性主观经验的重要性，坚持意义存在于个人精神中的观点，也就是说，每个人根据自己特有的和共有的文化经验来构建自己的意义，因而所有的价值观都没有对错，每种消费体验都是独特的。因此，阐释主义的研究目的是了解消费者行为、获得新观点，采用的研究方法是定性研究（qualitative research），包括深入访谈、焦点小组、隐喻分析、拼图研究以及投射技术等，在研究中研究者和被研究者进行互动与合作，研究的结果是主观性的、推论性（inferential）的，由于样本较小，因此研究结果不能推广到更大的人群范围。

在实际研究中，研究者通常将实证主义和阐释主义的研究范式结合起来。研究者已经发现，这两种研究范式在本质上是互补的。与单独使用某一种方法相比，综合利用实证主义和阐释主义的研究范式可以更好地展示消费者行为。

（二）消费者行为学的研究过程

消费者行为学的研究主要包括以下十个步骤：

1. 界定研究问题与研究目标

对于消费者行为学的研究，第一步是清楚地界定研究问题与明确研究目标（objectives）。这些研究问题与研究目标通常是由决策者（使用消费者行为学的研究结果的人）与研究人员一起达成的共识。研究目标的明确可以确保研究设计的合理性。

2. 进行背景分析

研究者在粗略确定研究问题之后，需要对该研究问题做一个背景分析。背景分析（background analysis）是指针对个别或特殊的消费者研究问题，做广泛的背景调查。背景分析包括三部分：与问题相关的组织或市场信息的搜寻、二手资料的收集与分析以及相关文献的探讨。

首先是与问题相关的组织或市场信息的搜寻。与问题相关的组织或市场信息的搜寻是指研究者应该搜寻有关公司产品、市场、营销及竞争者的信息。得到这些信息，研究者可以检验所确定的研究问题与研究目标的适当性。

其次是二手资料的收集与分析。二手资料（secondary data）是指为了某一目的而采集的被用于另一目的的数据，如政府可能为了征税而采集人口数据，消费者行为学的研究者可以将政府调查的结果作为二手资料来估计市场规模。寻找二手资料被称为间接研究（secondary research）。间接研究有时能为手头上的问题提供足够的信息，更多的时候，它能为直接研究提供线索和方向。二手资料包括内部资料和外部资料。内部资料是内部早期研究生成的资料及公司的销售部门、财务部门所收集的信息，如公司盈亏报告、资产负债表、销售数据、销售拜访报告等。外部资料包括商业出版的报纸、期刊、书籍信息，政府数据，营销研究公司、广告公司、市场调查公司提供的商业数据，贸易协会、行业协会、研究机构的报告，在线数据库的数据等。

小资料：常用二手资料来源

商业类报纸：《中国企业报》《中国消费者报》《中国经济时报》《中国现代企业报》。

营销类期刊：《商业经济与管理》《成功营销》《市场营销导刊》《商学院》《现代广告》《现代营销》《品牌》《消费导刊》《商界评论》《中国商界》《国际广告》《销售与市场》。

政府网站：

●中华人民共和国国家统计局 http：//www. stats. gov. cn/.

●中华人民共和国商务部 http：//www. mofcom. gov. cn/.

营销类网站：

●营销传播网 http://www.emkt.com.cn/.

●哈佛商业评论 https://www.hbrchina.org/.

●销售与市场网 http://www.cmmo.cn/.

●中国市场调查网 http://www.cmrn.cn/.

商业数据：

●益普索（中国）市场研究咨询有限公司：开展品牌与广告研究（IPSOS-ASI），营销研究（IPSOS-Insight），满意度和忠诚度研究（IPSOS Loyalty）及预测、模型和咨询（IPSOS FMC）4个方面的研究。

●上海AC尼尔森市场研究公司：开展零售研究，研究覆盖全国主要城市和城镇的70多类非耐用消费品；开展专项研究，如预测新产品销售量的研究、顾客满意度研究、测量品牌资产的研究；提供广告测试服务，其提供的电视收视率指标和报刊广告费用监测指标已成为评价媒体和广告行业的通用指标。

●盖洛普（中国）咨询有限公司：自1994年起，其持续进行的两年一度的全国消费者生活方式和态度调查，用数据准确而生动地描述了近年来中国社会和经济生活的深刻变化。

●央视-索福瑞媒介研究有限公司：致力于专业的电视收视市场研究，为中国传媒行业提供不间断的电视观众调查服务，其已成为中国规模最大、最权威的收视率调查专业公司。

最后是相关文献的探讨。除了实证资料外，部分文献也包括学者关于这一研究问题的理论或观点，如发表在学术期刊上的文章。这些文献对进一步厘清研究问题或形成下一步的研究假设都有很大的帮助。仔细、完整、详尽的文献分析可以提高研究的效率和成功概率，避免研究者走弯路。

3. 完善研究假设

研究假设是指研究者对所要研究的问题猜测或设想答案。研究假设可以根据过去的研究结果或理论提出，或者根据研究者的合理逻辑推论。推论的方法可以为演绎法或归纳法。演绎法是从普遍性结论或一般性事理推导出个别性结论的方法；而归纳法是通过对众多事件或案例的观察和记录来整理和总结出共同的特质或属性，然后将该结果推至其他类似的事件或案例，从而获得一般性的结论。完善研究假设对引导后续的规划研究设计有很大的帮助。

4. 规划研究设计

研究设计是指研究者根据研究问题和研究目标确定要收集哪些数据，如何收集以及如何分析这些数据，因此研究设计就是进行实际研究的蓝图。它是一种直接研究（primary research），是为了实现具体研究目标而开展的原始研究。通过直接研究收集到的资料就是原始数据（一手资料）。研究设计首先要确定所使用的研究方法。基本的研究方法分为定量研究和定性研究两大类。研究方法的选择要基于研究目标确定，如果需要描述性信息，可以采用定量研究；如果想获得新观点，可以采用定性研究。

（1）定量研究。定量研究又称量化研究，主要采用定量的尺度和量表来评估消费者的反应。根据研究者所要评估对象的属性，对样本分别给定一个数值。研究者可以根据这些评估的数值，进行属性间或样本间的比较。同时，量化的数据允许研究者将样本全体的数据进行加总，以得到整体的数值。定量研究常使用的方法包括观察研究法、调查研究法和实验研究法。

①观察研究法（observation research）是消费者行为学中的一种重要研究方法，是通过观察被研究者的相关行为与背景来收集资料的方法。通过观察人与产品之间的相互作用，研究者可以更好地理解产品对消费者的意义，也可更深入地洞察人与产品之间的联系。

观察研究法可以分为两种：参与观察和非参与观察。参与观察（participation observation）指观察者实际融入被观察者中进行观察，如研究者以店员或顾客的身份观察消费者在零售店里的选购行为。非参与观察（non-participation observation）指观察者并不融入被观察者中进行观察，如运用机械或电子设备在商店、商业街或消费者家里进行录像，跟踪消费者行为。这种方法只是单纯的观察，研究者虽然与被研究者没有互动关系，但能够看到被研究者做了什么，而不是被研究者报告自己做了什么。

当消费者越来越多地使用信用卡、自动取款机、购物卡、自动电话系统进行购物，我们也就有了更多关于他们消费方面的电子记录。例如，某些研究人员运用网络跟踪软件观察消费者在网络上做了什么，看消费者访问了哪些网站、浏览了哪些网页、在每个网站停留多长的时间。研究人员通过分析消费者的浏览习惯，可以确定如何令网站变得更加友好、如何制作更精美的在线广告以及如何开展其他基于网络的营销活动。

②调查研究法（survey research）是指研究人员通过询问获得消费者的购买偏好和消费体验的一种研究方法。调查研究法可以分为邮件调查、电话调查、个人访谈、在线调查四种，如表 1.3 所示。这些调查方法各有优缺点，研究者在选择时要加以权衡。

表 1.3　邮件调查、电话调查、个人访谈和在线调查的优劣势比较

指标	邮件调查	电话调查	个人访谈	在线调查
成本	低	适中	高	低
速度	慢	即时	慢	快
反应度	低	适中	高	自我选择
地理适应性	很好	好	较差	很好
访问者偏见	无	适中	有	无
访问者监督	无	容易	困难	无
反应质量	有限	有限	优秀	优秀

邮件调查（mail survey）的操作是研究者把问卷直接寄到个体家中，能够快速地接触到大量的样本。邮件调查的主要问题是回收率低。研究者可以采用先通知再发问卷，馈赠小礼品或促销券，提供贴上邮票、写好回信地址的信封等方法以提高回收率。

电话调查（telephone interview）使研究者能够得到受访者的立即响应，也能有效接触到大量的样本，但受访者可能很冷淡甚至怀有敌意。与和人交谈相比，许多受访者并不愿意与电子声音交流。

个人访谈（personal interview）的最大好处是访谈者和受访者能深入地探讨问题，这种方法对交流一些较复杂的问题极为适合。缺点是昂贵又费时，访谈者的外形、性别与访谈技巧会大大影响受访者所提供数据的质量。个人访谈分为三种：卖场访谈（mall interview），指访谈者到百货店、零售商店、超市等卖场访问；街头拦截访谈（intercept interview），指访谈者直接在街头拦截受访者进行访谈；入户访谈（in-home interview），指访谈者到受访者家中进行访谈。目前，街头拦截访谈比入户访谈运用得更广泛，因为职业女性不在家的情况很多，而且很多人并不情愿让陌生人进入家中。

在线调查（internet interview）是指被调查者直接通过计算机到研究者的网站回答问题，因此样本带有自我选择性。在线调查一般要求被调查者完成一组人口统计学的问题，以便研究者进行分类研究。有些研究者认为互联网的匿名性可鼓励被调查者更直率和更诚实地回答问题，但也有一些研究者认为被调查者的在线回答并不能反映他们自己的想法和行为。

③实验研究法（experimental research）也叫因果研究法，是指控制一个或一个以上

的自变量，使其他因素保持不变，探究自变量与因变量之间的关系的一种研究方法。研究者可用它来研究包装设计、价格、促销手段、广告文案主题等与销售吸引力之间的关系。实验研究法需选出相对应的受试者的配对（如实验组与控制组），分别给予不同的变换或处理，并控制其他变量，然后检测所观测的因变量是否具有统计上的显著性差异。

实验研究法可以分为实验室实验法和实地实验法两种。实验室实验法（laboratory experiments）是指实验在受控的实验室环境或非真实的商业或实际环境下进行，如研究者可以将教室布置成卖场，进行卖场布置影响购买意图的实验研究。实地实验法（field experiments）是指在真实的商业环境或实际环境下所做的实验，如市场测试（test marketing）。新产品投放市场之前，研究者在对其销量进行预测与对可能的市场反应进行测量时，包装、价格、促销都是可控的因素。

（2）定性研究。定性研究又称质化研究，指研究者采用定性的方法开展研究，而不将消费者的反应或答案局限在某一预设的答案架构和类别中。定性研究的答案大多数是言辞的数据，而非数量的数据。所以，定性研究的答案类别往往无法预先确定，因为研究者也不知道有哪些可能的答案。定性研究的方法虽然有所不同，但它们都根源于心理分析与临床心理知识，都鼓励受访者自由回答问题，以刺激受访者暴露出他们内心的想法。定性研究的研究者必须经过专业的训练。定性研究的常用方法主要有深度访谈、焦点小组、投射技术、隐喻分析技术、日记法。

①深度访谈（depth interview）是指专业的访谈者通过观察受访者的态度及促使受访者自由畅谈对所研究主题（如产品类别或品牌）以及相关活动的看法，以了解受访者观点的一种研究方法。深度访谈是一种非结构化的访谈方式，通常历时 30 分钟到 1 个小时。访谈者在确定要讨论的主题之后，应该尽量减少自己的参与。在某些访谈中，研究者希望了解消费者做出购买决策的过程，可以派访谈者陪同消费者在百货店里购物，了解他们的想法。

记录访谈过程的手稿、录像及受访者用来传达其态度和动机的情绪或肢体语言，如肌肉抽搐、视线转移等，事后都应被仔细研究。这种研究能给市场营销者提供许多有价值的信息。

②焦点小组（focus group）是指研究者聚集 8~10 名受访者，要求他们针对某一主题进行讨论，而受访者被鼓励自由地表达对这一主题的看法。焦点小组中有一位主持人与他们一起讨论，聚焦一种特殊的产品或产品种类（或其他感兴趣的话题）。受访者被鼓励讨论他们的兴趣、态度、动机、生活方式，以及对该产品或产品种类的感情、使用体验等。

一个焦点小组每次需要 2 个小时才能完成讨论，可以录音、录像，通常在装有单面镜的特殊设计的会议室中进行讨论。但研究者也开始使用基于计算机的焦点小组技术，受访者可以在计算机房看到自己的评论以匿名的形式出现在大屏幕上。但匿名的做法无法观察到传统焦点小组中可以观察到的面部表情、身体语言等非言语反应。

焦点小组的受访者在符合消费者特征描述的基础上被招募而来，并可获得一定的报酬。有时某企业品牌的使用者被聚集到一个或数个群体中，他们的回答可以再和其他未使用过该品牌的受访者的回答进行对比。

与深度访谈相比，有的研究者喜欢采用焦点小组，因为只要花较少的时间就可以完成研究，同时他们认为，焦点小组的随心所欲和团体动力作用可以产生更多的新观点。而有的研究者则更喜欢采用深度访谈，因为他们觉得受访者不用承受团体压力，如果研究的课题是敏感的、可能令人尴尬的、保密的，那么深度访谈比焦点小组更合适。

最新研究：塔吉特公司对焦点小组的运用

焦点小组的活动不一定在正式的研究室中进行。当塔吉特（Target）超市调查大学新生宿舍用品（这是一个价值92亿美元的大学细分市场）的需求时，研究公司邀请高中生和大学新生到一名大学生的房间来玩一款以宿舍生活为中心的桌面游戏（board game）。在游戏过程中，参与者交换各自的故事和问题，表露出他们对宿舍生活的关心和期望。

以这样的研究为基础，塔吉特公司推出了新的产品——宿舍用品系列，其中包括厨具集中箱（基本的宿舍用厨具的组合）和印有水洗和干洗注意事项的洗衣袋。

（资料来源：霍依尔，麦克依尼斯. 消费者行为学［M］. 4版. 刘伟，译. 北京：中国市场出版社，2008.）

③投射技术（projective technique）是指找出消费者行为背后真正的动机的方法。由于消费者会在意识层面掩饰很多动机，因此研究者可以通过投射技术找出个体潜在的、真正的动机。不论是无意识的理性还是有意识的隐藏，这些动机都可以由一系列隐蔽的、包含各种不明确刺激物的测试反映出来。常用的投射技术包括：

＊语句完成法（sentence completion）：要求被试将某一未完成的句子完成，如“我觉得可乐是一种（饮料）”。

＊单词联想法（word association）：要求被试自由回应某一字句，将出现在头脑中的词语记录下来，如“七夕节”。

＊卡通技巧（cartoon techniques）：要求被试补充某一幅卡通画内的空白对话或写出某一卡通人物的想法。

＊墨迹测验（inkblot test）：要求被试自由解释墨迹的含义。

＊角色扮演（play roles）：要求被试扮演他人的角色，如扮演在大型百货商场选购手袋的白领女性。

投射技术可以与深度访谈、焦点小组一起合并使用。

④隐喻分析技术（metaphor analysis）是20世纪90年代在消费者行为学的研究中出现的一种新方法。它的基本观点是大多数的沟通是非语言性的，人们在考虑问题时不是用文字而是用意象来思考的，意象比言辞更容易表达内心的想法。研究者借助图片、绘画、音乐、声响、描述的使用来了解消费者心中的意象。用一种表达形式来描述和展示对其他事物的感觉，这种方法就叫作隐喻（metaphor）。利用隐喻对研究对象进行分析便是隐喻分析。

隐喻分析技术有多种。有的研究者要求消费者叙说（storytelling）对产品的看法，叙说的内容既可以是真实的经历，也可以是假设情境下的故事。有些研究者采用的方法是出示关于消费经历的图片，以帮助消费者联想类似经历并且提供更完整的报告。有的研究者要求消费者收集一些能够反映其生活状态的图片，以此为基础询问图片及其背后的含义。还有一些研究者使用图片来分析消费者对他们所使用的产品的感受，如一家轿车生产商会要求消费者将不同的轿车照片与不同类型的消费者进行对应等。研究者通过这些方法可以得到关于产品、商店、购买环境等的有价值的信息。

⑤日记法是指研究者要求消费者记日记，以披露其行为的深层次信息，包括产品购买信息和媒体使用信息。例如，研究者可能要求儿童和少年记日记，这些日记通常会披露朋友和家庭如何影响他们关于服装、音乐、快餐、录像等的决策。美国市场调研公司 NPD 集团在全世界范围内征集 200 万名消费者在线记录日记，汉堡王快餐连锁公司利用 NPD 集团的系统分析不同年龄群体、地区和每天不同时段里汉堡的消费情况，来明确市场定位、改进促销、规划新的产品以及做出营销决策。

5. 设计数据收集工具

数据收集工具是作为研究设计的一部分被开发出来的，它使收集的数据系统化，并确保所有的被调查者按照系统的顺序回答相同的问题。数据收集工具主要包括问卷、个人量表、讨论提纲、访谈指南等。

问卷是数据收集的主要工具。问卷要求被研究者对一系列预定的研究问题做出回答。问卷可以根据研究的真实目的分为隐蔽问卷与非隐蔽问卷两类，隐蔽问卷有时会得到更诚实的回答。因为研究者要通过问卷获得研究所需的信息，所以问卷的题目应容易被理解。问题可以是开放式的或封闭式的：开放式问题可获得更多的有深刻见解的信息，但是编码与分析也相对困难；封闭式问题相对容易编码和分析，但所提供的选择性答案有较大的限制。问题的排序很重要：问题必须按逻辑顺序安排，人口统计学问题应该放在最后。研究者通常要告诉被调查者该调查的保密性和匿名性。

个人量表也是数据收集的一种主要工具。个人量表会罗列一连串的陈述，要求被试针对该陈述表示同意或不同意的程度。常见的个人量表很多，如衡量一个人在扮演意见领袖时的能力的意见领袖（opinion leadership）量表，对事情是否会穷追到底的认知需求（need for cognition）量表，用来收集消费者对展示的一系列产品的相对感觉与评价的态度量表（attitude scales）等。最常用的态度量表包括李克特（Likert）量表、语义差别量表、行为倾向量表和等级顺序量表。

讨论提纲、访谈指南大多用在定性研究中，如焦点小组、深度访谈都需要先拟定一个讨论提纲，如表 1.4 所示。讨论提纲为研究者进行群体讨论或一对一访谈提供参考。

表 1.4 焦点小组讨论提纲

（1）你为什么决定使用当前的产品？
（2）你使用现有产品多久了？
（3）你更换过其他产品吗？什么原因导致了这种更换？
（4）你认为当前产品的质量如何？
（5）你选择产品的主要标准是什么？

不论使用哪种数据收集工具，研究者通常都要做预调查并修改有缺陷的部分，以保证研究的信度和效度。

6. 定义抽样程序

当研究者确定了收集原始数据的工具后，下一步就是选择样本，这就是抽样（sampling）。抽样的目的是以样本来代替母体，因为普查会花费很多的精力和经费。

抽样强调三个问题：抽取谁（样本单位）、抽取多少（样本量）以及如何抽取（抽样程序）。研究者首先要界定研究母体的内涵，这样才知道抽样的对象是谁。样本量取决于预算的多少与该研究的信度要求。抽样的方法有两种：一是概率抽样（probability sampling），可以把结果推广到全部人群；二是非概率抽样（nonprobability sampling），可以让结果反映有代表性的人群。概率抽样和非概率抽样分别如表 1.5 和表 1.6 所示。

表 1.5 概率抽样

类别	抽样程序
简单随机抽样（simple random sampling）	母体中每一个体被抽中的机会都相同
系统随机抽样（systematic sampling）	研究者将母体排列成相同个数的许多区间，在每一区间以等距离方式抽出样本
分层随机抽样（stratified sampling）	研究者在抽样前先将母体分成若干层，然后从每一层中随机抽取一些个体作样本
整群随机抽样（cluster sampling）	研究者在抽样前先将母体分成许多群，然后随机抽取一定数量的群作为样本

表 1.6 非概率抽样

类别	抽样程序
便利抽样（convenience sampling）	研究者选择最容易接触的人群（如学生），从他们身上获取信息
判断抽样（judgemental sampling）	研究者使用自己的判断去选择人群，认为他们是正确信息的理想来源
配额抽样（quota sampling）	研究者在几个类别中选择规定的人进行访谈（如 50 个男性、50 个女性）
滚雪球抽样（snowball sampling）	研究者利用随机方法先选出少数受访者，然后根据受访者提供的信息去找第二批受访者，像滚雪球一样产生新样本

7. 实际收集数据

研究者收集数据，可以依靠自己的研究机构进行，也可委托外部机构来开展，如委托学术机构、广告公司、专门的消费者研究或营销研究公司。公司的内部人员必须与所委托的外部机构共同工作。

数据的收集包括许多前期的准备工作，如问卷印制、问卷邮寄、访员招募、访员甄选、访员训练及工作的分配等。如果使用访员来收集数据，研究者要特别注意访员训练质量的高低会直接影响研究的成败。访员训练包括如何开场、如何维持受访者兴趣、如何处理特殊事件以及如何避免对样本产生不当影响等。

8. 数据分析与解释

研究者在收集完数据后，就进行数据分析，分析的目的是解释并且根据大量的资料得出结论，以解决所要研究的问题。数据分析大概分为以下几项工作：

（1）数据编码：将问卷的数据转换成数字符码，以便后续的统计分析。

（2）统计分析：根据研究目的及资料性质，选择适合的统计分析技术或方法，并进行统计分析。此部分工作可借助计算机标准程序及套装的统计分析软件。目前运用较普遍的统计分析软件包有 SAS、SPSS 等。

（3）解释与验证：根据统计分析的结果验证研究假设、进行统计推论并解释研究发现与结果；同时应进一步衍生及推论其在管理上的含义，此种含义往往具有营销上的指引价值。

9. 准备与报告研究结果

数据分析结束后，研究者就必须准备口头与书面的报告，将结果与建议提供给管理当局或营销主管人员，这是整个研究过程中的关键步骤。如果研究者希望管理当局去执行这些建议，就必须让管理当局明白这些结果是可信的，是在客观资料收集基础上判断得出来的。

报告的内容必须清楚具体。报告首先要对研究目标进行简单说明，再针对研究设计与方法做完整、简练的解释，并对主要的研究结果进行摘要报告，最后的结论应是对相关管理者的建议。

10. 后续跟进工作

最后一个步骤是后续跟进，研究者必须知道管理者是否执行或为何不执行报告上的建议，提供的用于决策的信息是否足够，应再做哪些事情让报告的内容对管理者更为有用。确认研究建议的执行是落实研究结果的一项重要任务。

（三）消费者行为学的研究中的伦理问题

消费者行为学的研究中最大的伦理问题是可能侵犯消费者的隐私。消费者担心研究者对他们了解过多，个人资料、财务资料和行为资料都可能在不知情或未经允许的情况下被出售给其他企业或用于不正当的用途。

另外，不道德的研究者可能有欺诈行径。例如，研究的发起机构在名义上是非营利机构，实际上是营利机构；研究者承诺对受访者的回答保密，实际上却在答案中加入个人信息，事后跟踪受访者。

小资料：消费者行为学的研究中应遵守的道德准则

丘吉尔（Churchill）曾提出一些与研究相关的道德议题，这些道德议题也是消费者行为学的研究者应该遵守的道德准则。

●维护样本的匿名性。

●避免让样本陷入一种心理压力的抉择中。
●避免询问一些与样本自身利益相违背的问题。
●使用一些特殊设备时，必须小心。
●当必须有一些其他的研究者参与时，应该先得到样本同意。
●当必须使用欺骗手法时，必须基于善意。
●胁迫是不道德的也是不被容许的。
●不可剥夺样本自我决定的权利。

本章小结

消费者行为由需要所驱动。消费既包括满足生理性需要的本能性消费，也包括满足享受、发展需要的社会性消费。消费者行为是指消费者为获取、使用、处置产品或服务所采取的各种行动，包括先于且决定这些行动的决策过程。消费者行为虽然多样、复杂，但仍具有规律性，可以被诱导。影响消费者行为的是个体因素和环境因素。

消费者行为学是一门以消费者行为为主要研究对象的学科。消费者行为学的研究经历了萌芽与起步、应用与发展、变革与创新三个时期，研究不断深入，也面临网络时代带来的诸多新问题。消费者行为学的研究是制定营销策略的基础，为政府公共政策的制定提供依据，同时给消费者本身带来利益。

消费者行为学是一门相当年轻的学科，从心理学、社会心理学、社会学、人类学、经济学等诸多学科领域吸取营养。实证主义和阐释主义是消费者行为学的两种研究范式。消费者行为学的研究应注意将定量研究与定性研究相结合。

关键概念

消费者　消费者行为　消费者行为学　实证主义　阐释主义

复习题

1. 什么是消费者行为？如何理解消费者行为的特点？

2. 识别下列商品或服务的可能倡议者、信息收集者、影响者、决策者、购买者、使用者和处置者，这些购买角色会随哪些因素的变化而变化？

（1）儿童玩具；（2）电脑；（3）全家外出度假；（4）洗发液；（5）饮料。

3. 列举你的一次被诱导的消费行为，分析并评价企业的诱导活动。

4. 消费者行为学的研究经历了哪三个阶段？

5. 消费者行为学的研究对营销有何意义？请结合现实营销活动举例说明。

6. 消费者行为学的研究范式是什么？阐述消费者行为学的研究过程。

7. 消费者行为学的研究中有哪些定量研究方法和定性研究方法？

实训题

准备：成立项目研究小组，每组7~8人，男女生搭配，以小组为单位提交研究报告，用演示文稿（PPT）展示。

项目 1-1　运用访谈法研究了解消费者行为的意义

拜访一位销售经理或店主，请他或她谈谈了解消费者行为对销售活动或经营活动所起的作用。要求：以小组为单位，拟定访谈提纲，每个小组成员采用深度访谈法收集资料，提交研究报告。

项目 1-2　设计消费者行为研究计划

假设你去应聘一家家具公司的销售主管。该家具公司正打算开展消费者行为研究，以找出目前营销活动中存在的问题，要求你提供一份消费者行为研究计划。你将如何进行研究？要求：以个人为单位提交消费者行为研究计划，重点阐述完善研究假设、规划研究设计、设计数据收集工具、定义抽样程序四个方面。

案例分析

宜家数字可视化导流

第二篇
消费者的决策过程

第二章　需要认知与信息搜寻

本章学习目标

◆了解消费者的购买决策过程
◆掌握消费者的购买决策类型
◆掌握需要认知的影响因素
◆掌握信息来源、信息搜寻类型

开篇故事

2021 青年消费调查报告：我们总结了 7 个趋势

第一节　消费者的购买决策

一、购买决策的含义及特点

（一）购买决策的含义

一般意义的决策（decision-making）指人们为了达到某一预定目标，在两种以上的备选方案中选择最优方案的过程，即人们对几种方案做出合理的选择，以达到最佳效果的过程。

就消费者而言，购买决策指消费者作为决策主体，为了实现满足需求这一特定目标，在购买过程中进行评价、选择、判断、决定等一系列活动。

购买决策在消费者购买行为中处于关键性地位。首先，购买决策做出与否，决定了消费者购买行为发生或不发生；其次，购买决策的内容决定了消费者购买行为的方式，发生时间及地点；最后，购买决策的质量高低决定了消费者购买行为的效用大小。

因此，正确的购买决策会促使消费者以较低的费用、较少的精力，在短时间内买到质价相符、称心如意的商品，最大限度地满足自身的消费需要。反之，质量不高或错误的购买决策，不但会造成时间的浪费、金钱的损失，还会给消费者带来心理挫折，对以后的购买行为产生不利影响。所以购买决策在购买行为中居于核心地位，起着支配和决定其他要素的关键作用。

（二）购买决策的特点

消费者的购买决策具有某些共同的特点，具体表现如下：

1. 决策主体的单一性

由于购买商品是满足消费者个人或家庭消费需要的个体行为活动，因此其通常表现为消费者个别的独立的决策过程，即由消费者个人单独决策，或者由家庭成员共同制定决策。

2. 决策范围的有限性

由于购买决策多用于解决如何满足消费者个人及家庭的需要问题，因此同其他事项的决策相比，购买决策的范围相对有限，仅仅限于购买何种商品、购买时间和地点、购买方式等方面。

3. 决策影响因素的复杂性

影响购买决策的因素复杂多样，既有消费者的个性品质、兴趣爱好、态度倾向、生活习惯、收入水平等个人因素，又有社会时尚、所属相关群体、社会阶层、家庭等环境因素。

4. 决策内容的情境性

由于影响购买决策的各种因素不是一成不变的，而是随着时间的推移、环境的变化不断改变的，因此，消费者的购买决策内容具有明显的情境性，其具体内容因所处情境的不同而各不相同。这就要求消费者在做出购买决策时，不能从固定模式出发，而必须因地制宜，做到具体情况具体分析，唯有如此，才能得出正确的结论。

二、购买决策程序

消费者的购买决策是指消费者在特定心理机制驱动下，按照一定程序产生心理与行为活动。消费者的购买决策程序包括若干前后相连的阶段（见图 2.1），购买决策的运行规律即蕴涵于这些阶段之中。

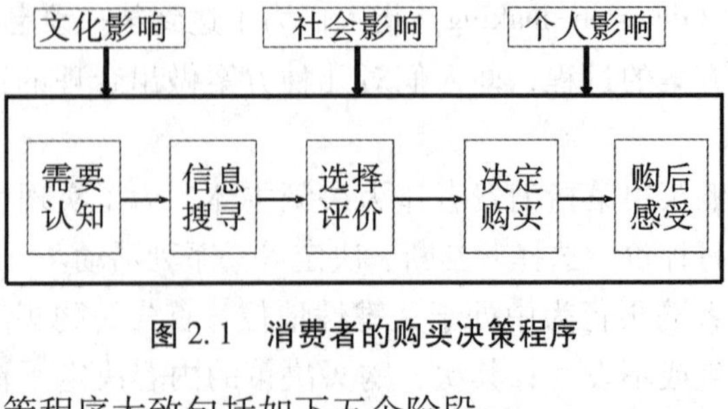

图 2.1 消费者的购买决策程序

消费者的购买决策程序大致包括如下五个阶段：

（一）需要认知

需要认知，即消费者受到某种刺激而对客观事物产生欲望和需求。这种刺激来自两个方面：一是来自消费者内部的生理或心理缺乏状态的刺激，如饥饿时产生进食的需要，干渴时产生饮水的需要，体冷时产生穿衣的需要等；二是来自外部环境的刺激，如食物的香气扑鼻，商品包装的赏心悦目，广告的宣传诱导，时尚领先者的示范效应等。内外部刺激共同作用的结果，也可引发消费者的某种需要。

（二）信息搜寻

消费者在购买目标已经确定的前提下，开始围绕目标广泛搜寻相关信息，以便寻找满足其消费需要的最佳对象。常用的方法有翻阅报纸、杂志上的信息，收看电视广告，去商店观察实物，直接向厂家询问，向同事、朋友咨询，上网查找商品信息等。信息搜寻取决于几个因素：对所需商品的迫切程度、对该商品的了解程度、选错信息所承担的风险、信息资料取得的难易程度等。

（三）选择评价

在搜寻到足够的商品信息后，消费者要根据个人的经济实力、兴趣爱好及商品的效用满足程度，对购买客体进行认真的分析、评价，对比它们的优缺点，淘汰某些不满意或不信任的类型和品牌，然后对所确认的类型和品牌进行价格、质量、售后服务的比较、推敲，以便挑选出最佳性价比和最高满足度的商品。

（四）决定购买

消费者在对掌握的商品信息分析之后，就进入决定购买阶段。一般有以下三种性质的决定购买行为：

1. 试购

由于消费者没有实际消费经验，难免心存疑虑，因此为减少风险，消费者常常先购买少量商品试用，如少量的洗涤剂、小瓶的洗发液等，以证实商品是否货真价实。

2. 重复购买

消费者对以前购买且产生良好体验的商品会继续购买。这种重复购买行为会减少因购买决策不当而带来的购买风险，同时增强消费者对产品的忠诚度。

3. 仿效购买

消费者因多种原因难以做出有效决策或对自身决策缺乏信心时，有可能采取从众行为，仿效他人或大多数人的购买选择，以减轻心理压力和避免不良后果。

（五）购后感受

消费者在使用所购商品后，会根据自己的感受进行评价，以验证购买决策的正确与否。

由上述五个阶段可以看出，消费者的购买决策是一个完整的过程，这一过程始于购买之前，结束于购买之后。因此，我们只有从过程的角度加以分析，才能对购买决策完整准确地理解。认为购买决策只是购买中的瞬时活动显然是片面的。

三、购买决策类型

购买决策按照复杂程度从高到低的顺序可以分为三种类型：扩展型决策（extensive problem solving）、有限型决策（limited problem solving）和名义型决策（routinized response behavior）。

（一）扩展型决策

当消费者没有建立标准来评估商品类别和该类别中的具体品牌，或者当消费者没有压缩品牌的数量时，会考虑一个小的、易于管理的子集。在这种类型中，消费者需要大量信息来建立一系列可以评估具体品牌的标准，同时还要搜集和每个品牌相关的大量信息。

在这种类型的决策中，消费者无论是通过自身记忆搜寻，还是通过外部渠道搜寻，都试图尽可能多地搜寻信息。通常人们是通过了解一个品牌在一段时间内的特征以及每个品牌的特征是如何形成一个受欢迎的特征子集来进行评估的。

（二）有限型决策

在这种类型的决策中，由于以往的经验，消费者已经建立了评估商品类别和该类别中多种品牌的标准，但是没有完全形成对品牌的偏好。他们对附加信息的搜寻更像是“完美的调整”，他们必须收集额外的品牌信息以便在众多品牌中判断到底更倾向于选择哪个品牌或产品。

例如，一个家庭在重新购买电视机的时候，已经形成了对原有电视机的认识，因此其并不一定必须从头开始理解和认识要购买的电视机的色度、音质、清晰度等基本特征，而是在原来的基础上形成对新购买电视机的期望。消费者做出的大部分购买决策都属于这种类型。

（三）名义型决策

在这种类型的决策中，消费者已经有了认识产品类别的经验，并且很好地建立起了一系列评估他们所考虑的品牌的标准。在某些情形下，他们可能会搜寻少量额外信息；在多数情形下，他们只是简单重复地做出他们已经做过的决策。

随着消费经验的积累，消费者越来越熟悉购买方案，从而减小搜寻信息的努力。但是，如果在常规的问题解决过程中，消费者对原来的购买方案不满意，追求多样性或新奇性，那么，购买决策又由名义型决策转为有限型决策。

总而言之，消费者在认知自己的需要时，其扩展度依赖于所选择的标准建立得如何，对考虑的每个品牌有多少了解，所选择品牌的范围有多大。很明显，扩展型决策暗示消费者必须搜寻更多信息以做出选择，而名义型决策暗示消费者对额外信息的需求较小。

第二节 需要认知

一、需要认知的定义

需要认知（need recognition），即消费者受到某种刺激而对客观事物产生欲望和需求的过程。

消费者对某类商品的购买需要源于消费者自身的生理或心理需要。当某种需要未得到满足时，期望状态与实际缺乏状态之间的差异会形成一种刺激，促使消费者发现需求所在，认知需求的内容，进而产生寻求满足需求的方法、途径的动机。

引起消费者需要认知的刺激主要来源于两个方面：一是来自消费者内部的生理或心理缺乏状态的刺激，如饥饿、寒冷；二是来自外部环境的刺激，如食物的赏心悦目、包装的精致可爱、流行的时尚、他人的购买等。

由内外部刺激引起的消费者的需要认知，起着为决策限定范围、提供明确指向的作用，因而是有效决策的前提。

二、影响需要认知的因素

为认识消费问题，人们对期望状态与实际状态之间的不一致性的认识必须建立在阈限水准（消费者感觉的最低水平）的基础上，这样才能激发欲望和刺激需求。影响需要认知的因素如下：

1. 情况的变化

情况的变化不仅影响期望状态，也影响实际状态，从而刺激需求。例如，年底获得的奖金 15 万元可以刺激消费者购买轿车的需求。

2. 产品的获得

获得（购买）某一产品可以刺激相关产品的需求。例如，家具的购买可以刺激对壁纸、油漆等相关产品的需求。

3. 产品的消费

人们在消费了经常使用的生活用品以后又产生新的需求。例如，在牙膏用完以后就得重新购买牙膏。消费过程中的愉快体验，如一次美好的旅游，也会激发新的需求。

4. 市场营销活动

虽然市场营销活动不能创造消费者的需要，但是可以刺激消费者的需要，激活欲望。也就是说，企业的市场营销活动可以刺激消费者没有认知的需求，从而向消费者提供认知新需求的机会。

第三节　信息搜寻

在需要认知的基础上，消费者受满足需要的动机驱使，开始寻找各种解决问题的方案。为使方案具有充分性与可靠性，消费者必须广泛搜寻有关信息，包括能够满足需要的商品种类、规格、型号、价格、质量、维修服务、有无替代品、何处何时买到等。

上述信息可以通过各种渠道获得，如报纸、广播、电视、杂志等媒介提供的广告，交谈、会议、道听途说等传播的信息，个人记忆存储或经验中的信息，从他人或群体行为方式中获得的启示等。消费者在广泛搜寻的基础上对所获信息进行适当筛选、整理加工，即可形成解决问题的多种方案。

一、信息搜寻的种类

（一）内部信息搜寻

消费者在购买之前必须进行相关的信息搜寻，信息可以来源于内部或外部。内部信息是储存于消费者记忆中的信息，这部分信息大多指消费者记忆中的消费经验。

（二）外部信息搜寻

消费者从他们所处的环境中获取的信息，如广告，售货员、朋友和邻居的口碑相传，以及一些政府部门和消费者权益保护组织的商品信息公告等，即外部信息。

二、内部信息搜寻

（一）内部信息搜寻中的产品品牌集合

消费者从内部搜寻的信息大多来源于消费者记忆中的消费经验。当消费者对某种商品有需求时，可以从记忆中提取以往选择品牌的使用信息，形成挑选的集群，即内部信息的产品品牌集合。

对于消费者所面临的问题，市场中可能有多个解决方案，即有多个品牌，消费者会根据自己对产品的评价标准及搜寻的信息对多个品牌进行筛选。这种筛选并不涉及同类商品的所有品牌，而是有一定的选择性。

如图 2.2 所示，意识域是消费者知晓的且有可能作为备选的品牌集合。而意识域又被分为三个区域：激活域、惰性域和排除域。激活域是消费者为了解决某一特定问题而要进行评价的品牌集合，激活域中的品牌是消费者要逐一评价的品牌。消费者既不厌恶也无好感的品牌集合就是惰性域。消费者认为完全不值得进一步考虑的品牌集合就构成了排除域。排除域中的品牌是消费者不喜欢和不予考虑的品牌。即使这些品牌的信息唾手可得，它们也会被置之一旁。

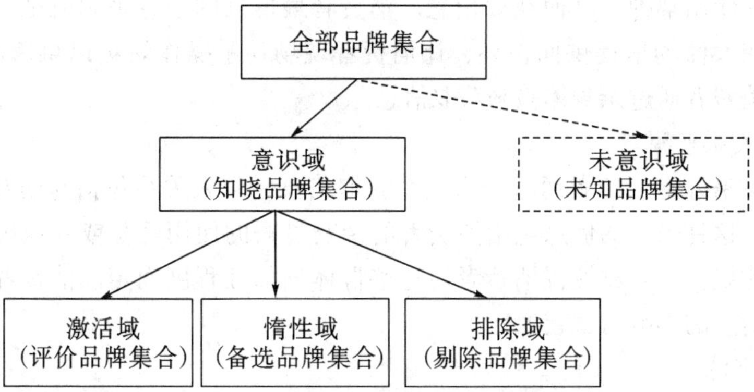

图 2.2　消费者购买决策过程中的产品品牌集合

（二）影响内部信息搜寻的因素

1. 需求是否被唤醒

消费者是否会有意识地发起内部信息搜索，取决于消费者是否意识到自己的某种需要未得到满足。当他意识到自己的期望状态与实际缺乏状态之间存在差异时，这种差异就会形成一种刺激，促使消费者发现需求所在，认知需求的内容，进而寻求信息来满足需求。

2. 驱动力的强弱

如果发现自己处于不满足的状态，并且改善这种不满足状态的意图很强烈，那么消费者的内部驱动力就会增强，消费者会主动搜索内部信息和外部信息来改善自己的状况。

3. 储存的信息量

即便消费者处于需求未被唤醒或动机不强烈的状态，外部的刺激也会给消费者留下印记。在适度主动或被动的信息搜寻条件下，消费者会将这些信息保留在记忆中以供后期搜索使用。存储的信息越多，消费者能从内部信息搜索中获得的决策支持力度就越大。

4. 信息的适合性

信息的适合性取决于对购买结果的满意度和购买间隔。对购买结果的满意度较高时，消费者很可能会回忆购买过的产品品牌，从而习惯性地购买。另外，购买间隔越长，消费者改变原来购买方案的可能性就越大。

三、外部信息搜寻

（一）外部信息来源

外部信息来源分为营销人员控制的信息来源和非营销人员控制的信息来源。非营销人员控制的信息来源也称非商业的信息来源，这种信息来源与商业企图无关，主要包括经验来源、个人关系来源以及公共来源。

1. 经验来源

经验来源指消费者通过亲身体验获取信息，如消费者亲自到商场体验、尝试，或者曾经购买并使用某种商品而获取信息。消费者最信赖的信息来源就是经验来源。一些烤箱厂商在大商场里提供面包坯，让消费者现场动手操作烤箱以烘烤面包并品尝，就是为了让消费者通过亲身体验来获取信息。

2. 个人关系来源

个人关系来源指消费者通过个人关系获取信息。个人关系包括与朋友、同事、家人等的关系。这种来源的信息包括消费者的亲友过去的使用经验或其他参照群体所提供的信息和建议。其可靠性视消费者对这些群体的信任程度而定。消费者越信任的群体，所提供信息的影响力就越大。

3. 公共来源

公共来源指信息由交易双方之外的第三者，如大众媒体、政府机构与其他非营利性组织等提供。这种来源的信息包括政府发布的商品检验标准、媒体对企业产品质量的报道、各级消费者协会及检验机构提供的检验报告等。公共来源的信息常被认为具有客观性和公正性，因此往往受到消费者的信赖。

（二）影响外部信息搜寻的因素

影响消费者搜寻外部信息的因素比较多，有内部信息拥有量、市场环境、情境因素、产品特性、个人因素等。

1. 内部信息拥有量

消费者通常在探寻与消费需求相关的外部信息之前，会搜索自己的记忆。过去的经验被当作内部信息。相关的过去的经验越多，消费者做决策所需要的外部信息就越少。

2. 市场环境

市场环境包括方案的数量（如可选择的品牌数）、方案的复杂性（产品之间的差异）、方案的市场营销组合、方案的完全性（新方案的出现）、信息的可用性、商店的分布等。消费者能利用的备选方案（品牌、产品、商店等）的数量越多，消费者搜寻的信息也就越多。但是在方案之间的相似度比较高的时候或商店之间的距离比较远的时候，消费者搜寻信息的程度就会较低。

3. 情境因素

情境因素包括时间、空间或财政方面的因素和利用信息来源的可能性及其他心理上或物理上的条件。如果需要在较短的时间内解决消费问题，那么消费者来不及搜寻更多的信息。在为赠送礼物而购买产品的时候，消费者为减少可感知的风险会搜寻更多的信息。

在网络环境下，消费者能方便、快捷、准确地找到所需信息。

4. 产品特性

产品特性包括价格、可感知风险、方案之间的差异及重要属性的参数等。产品的价格越高，消费者可感知的风险就越大。为减少或消除这些风险，消费者需要搜寻更多的信息。在产品之间有显著差异的时候，消费者也会搜寻更多的信息。一般情况下，消费者在购买可感知风险大的产品（如价格昂贵、社会象征性强、技术复杂的产品）

的时候会寻找更多的信息。

5. 个人因素

个人因素包括过去的经验与知识、解决问题的途径、搜寻信息的方法、介入度、感知的搜寻信息的利益与风险及人口统计特性（如收入水平、受教育程度）等。

本章小结

购买决策指消费者作为决策主体，为了实现满足需求这一特定目标，在购买过程中进行评价、选择、判断、决定等一系列活动。消费者的购买决策程序大致可分为需要认知、信息搜寻、选择评价、决定购买、购后感受五个阶段。根据复杂程度的不同，购买决策可以分为扩展型决策、有限型决策和名义型决策三种类型。

需要认知是购买决策过程中的第一个重要环节。需要认知即消费者受到某种刺激而对客观事物产生欲望和需求的过程，既可以来自消费者内部的生理或心理缺乏状态的刺激，也可以来自外部环境的刺激。影响需要认知的因素既可能是情况的变化、产品的获得、产品的消费，也可能是市场营销活动的刺激。

信息搜寻是购买决策过程中的第二个重要环节。消费者产生需要认知后，首先会进行内部信息搜寻，当内部信息搜寻不足以解决问题时，再展开相关的外部信息搜寻。内部信息搜寻量和外部信息搜寻量的大小取决于多种因素。

关键概念

购买决策　扩展型决策　有限型决策　名义型决策　需要认知

复习题

1. 描述你最近的一次购买活动，请说明你的购买决策过程。

2. 购买决策分为哪三种类型？各有什么特点？

3. 你认为在如下选择中，大多数消费者在首次购买某种产品时会选择何种决策方式，并说明理由。

（1）口香糖；（2）洗发水；（3）男士刮胡用滋润霜；（4）地毯；（5）纸巾；（6）手机；（7）豪华小轿车。

4. 什么是需要认知？影响需要认知的因素有哪些？

5. 内部信息搜寻中的产品品牌集合是如何分类的？影响内部信息搜寻的因素有哪些？

6. 外部信息来源分为哪几种？这些来源对购买决策的影响有何不同？为什么？

7. 影响外部信息搜寻量的因素有哪些？讨论在购买下列产品时，哪些因素可能导致外部信息搜寻量增加，哪些因素可能导致外部信息搜寻量减少。

（1）洗衣粉；（2）月饼；（3）外出旅游；（4）手机；（5）运动鞋。

实训题

准备：成立项目研究小组，每组7~8人，男女生搭配，选定以下某一产品类别，进行持续跟进研究。对每一项目，以小组为单位提交研究报告及展示PPT。

（1）洗发水；（2）电脑；（3）手机；（4）牙膏；（5）运动鞋；（6）牛奶；（7）饮料；（8）洗衣粉。

项目2-1 产品品牌集合研究

针对选定产品类别，每组成员列出对该产品类别的意识域、激活域、惰性域和排除域，对结果进行统计分析并提出建议。

项目2-2 购买信息来源研究

针对选定产品类别，每组成员描述并分析在购买该产品或服务时所使用的信息的来源，提出营销建议。

案例分析

被低估的“败家爷们”

第三章 评价与购买

本章学习目标

◆理解购买前的评价程序的三个步骤
◆掌握选择评价的模式分类
◆掌握冲动性购买、非店铺购买的概念
◆掌握影响消费者选择店铺的因素和影响消费者购买的店内因素

开篇故事

新零售商业模式的进阶之路

第一节 购买前的评价

一、购买前的评价程序

通过购买前的内部信息搜寻、外部信息搜寻工作，消费者会在心中对该商品形成若干值得认真考虑的品牌集合，这种品牌集合通常被称为激活域或唤起集合，这些品牌是可供消费者进行购买前的评价的品牌。这些品牌的数量可以是两三个或六七个，但一般不会太多。购买前的评价通常包括三个步骤，分别是确定评价标准、确定备选品牌在每一评价标准下的绩效值及确立评价规则。

（一）确定评价标准

对产品确定评价标准实际上就是人们在进行选择时要考虑产品特征和属性，这些特征或属性通常与消费者期望获得的利益或要付出的代价有关。例如，当某人考虑购买一台液晶电视时，他评价的对象可能包括液晶屏尺寸、图像清晰度、音响效果、价格、售后服务、是否有网络接口、是否能播放多媒体影音等。而如果他要买一款笔记本电脑，此时的评价对象显然就会与购买液晶电视时的评价对象不同，他也许会特别关注笔记本电脑的电池蓄电能力和运行速度。在确定评价标准上，我们应当考虑两个方面的问题：一是消费者采用何种评价标准来做出选择，二是各种评价标准的相对重要性。

1. 采用何种评价标准

为了知道消费者到底采用何种评价标准对备选商品进行评价，公司的营销人员可以采用直接或间接的方法。例如，直接询问消费者在购买中考虑了哪些产品特征和属性信息。这种直接的方法是建立在消费者能够并且愿意提供产品特征和属性信息的基础之上的。但在现实情况中，消费者有时并不知道自己最看重什么，在这种情况下，营销人员就要用到一些间接的方法，如投射技术等，来了解消费者实际采用的评价标准。

2. 各种评价标准的相对重要性

面对完全相同的产品，不仅不同消费者采用的评价标准可能不同，而且同一个消费者，在不同的情景下采用的评价标准也可能不同。例如，当你和家人去某个餐馆时，你可能最关注的是餐馆的菜品味道；而当你要请客吃饭时，你首先考虑的可能是餐馆的装修档次，因为这涉及“面子”问题。

评价标准及其相对重要性不但会影响品牌选择，还会影响消费者的需要认知及做出购买决策的时机。比如，最关注手机款式的消费者就比最关注手机价格的消费者更频繁地更换手机。

各种评价标准的相对重要性可以用直接方法或间接方法来衡量。一种使用十分普遍的直接方法是恒和量度法（Constant Sum Scale）。方法如下：请消费者对各种评价标准的相对重要性赋予相应的权数，并使权数之和为100。这种方法简单易行。表3.1给出了某消费者对笔记本电脑评价标准的相对重要性赋予的权数。确定相对重要性权数的间接方法较为复杂，通常要用到结合分析（conjoint analysis）技术。

表3.1　笔记本电脑评价标准的相对重要性权数

项目	权数
价格	40
处理器	30
显示器质量	15
光驱	5
重量	0
售后服务	10
总计	100

（二）确定备选品牌在每一评价标准下的绩效值

要确定备选品牌在每一评价标准下的绩效值有多种方法，如排序法、语意差别量表和李克特量表等，其中，以语意差别量表的应用最为普遍。在该量表中，消费者按要求在量表语义相反的两极间标出最能反映其对该品牌属性绩效表现的看法的点，该点所对应的分值就是备选品牌在该评价标准上的绩效得分。需要说明的是，对于较复杂的评价标准，普通消费者是难以评价其绩效水平的，如香水的质量，此时消费者会利用一些外在线索作为替代性指标以做出推断，如利用厂商的声望，产品的价格、产地等信息进行推断。

（三）确立评价规则

消费者在品牌选择的过程中会使用多种评价规则，由于评价的目的是决策，因此评价规则也被称为决策规则。事实上，消费者会根据决策的复杂性及对购买产品的介入度，通过使用不同的规则来考虑多种品牌集合中的产品属性。评价规则分为补偿性模式与非补偿性模式两大类。所谓补偿性模式，是指消费者依照所考虑的各产品属性得到各品牌的加权总分，然后根据分数的高低评估各方案的优劣，这意味着在评价中，某些评价不够好的属性可以用其他评价较好的属性来补偿；而非补偿性模式则不允许用某一评价较好的属性来弥补另一评价较差的属性。

二、选择评价的模式

（一）按品牌处理的模式和按特性处理的模式

购买时的选择评价按照消费者的信息处理策略可以分为按品牌处理的模式和按特性处理的模式两大类。按品牌处理的模式指将品牌作为一个整体进行评价，这就要求消费者预先形成对品牌的整体印象，以便能快速地比较品牌并建立偏好。而按特性处理的模式则指通过对各项具体的属性特征进行比较来选择品牌。

当消费者具有一定的品牌知识或消费者已经对某品牌形成一定情感倾向时，通常会采用按品牌处理的模式。例如，可口可乐曾用新配方替代传统配方，导致许多消费者强烈不满和抗议。在此之前的产品测试表明，人们更喜欢新可乐的味道，但测试忽略了传统可乐承载着消费者的情感、文化、记忆，当消费者在新可乐和传统可乐间进行评价时，并未利用味道这样的具体属性，而利用了对产品的整体印象。

当消费者对产品具有较高的介入度时（如进行复杂的购买），或者企业推出新产品时，消费者可能采取按特性处理的模式。需要说明的是，对于消费者在评价中究竟会考虑哪些属性，除了传统观念、常识认知以外，企业的刻意引导也会产生重要作用。例如，百事可乐曾经大力打广告以宣传保鲜期，宣称饮用不新鲜的饮料对身体危害巨大（这是因为当时只有百事可乐在罐盖上醒目地印上了保鲜期）。在百事可乐推出这一策略之前，绝大多数饮料都被人们毫无保鲜概念地愉快享用，但在百事可乐的这一广告持续播放 6 个月之后，市场调查结果发现，约 67%的消费者认为保鲜期是非常重要的产品属性。

（二）补偿性模式和非补偿性模式

补偿性模式和非补偿性模式最重要的区别在于，补偿性模式允许产品的不同属性特征相互弥补，而非补偿性模式不允许某一评价较差的属性用评价较好的属性来弥补。

1. 补偿性模式

补偿性模式也称期望值选择规则。按照该规则，消费者按品牌属性的重要程度赋予每一属性以相应的权重，同时结合每一品牌在每一属性上的评价值，得出各个品牌的综合得分，得分高者成为最终被选择品牌。补偿性规则可分为两种基本的类型，即简单添加补偿模式和复杂补偿模式。

当使用简单添加补偿模式时，消费者只选择那些实际属性数量最多的备选产品或品牌。当消费者处理信息的能力或积极性有限时，这种方式最可能出现。对消费者来讲，这种方式的缺点在于，有些属性可能并没有意义。当使用复杂补偿模式时，补偿形式为加权添加规则，即先赋予属性权重，再结合各品牌在各属性上的评价值，得出各品牌的综合得分，得分最高者就是被选择的品牌。其公式可表达为

$$R_j = \sum W_i B_{ij}$$

其中，R_j 为该品牌 j 的总评分，W_i 是消费者赋予属性 i 的重要程度或权重，B_{ij}为品牌 i 在属性 j 上的得分。

2. 非补偿性模式

非补偿性模式有四种常见的类型，分别是联结式规则、非联结式规则、按序排除规则、词典编辑规则。

（1）联结式规则。联结式规则指消费者对各种产品属性应达到的最低水平做出的规定，只有所有产品属性都达到了规定的最低要求，该产品才会被作为选择对象。这种规则将所有相关产品属性都联结在一起考虑，一个特点不满足，该品牌即被排除。假设某消费者希望购买笔记本电脑，其对 A～F 六个品牌的初步评分如表 3.2 所示，1 分代表最差，5 分代表最好，若该消费者认为价格上的评分不能低于 3 分，而重量、处理器、电池寿命、售后服务、显示器质量的评分分别不低于 4 分、3 分、1 分、2 分、3 分，那么可入选的仅 B、C 两个品牌。此时，消费者可借助其他选择规则从中选出一个最为满意的品牌。

表 3.2　消费者对六个品牌的笔记本电脑的初步评分

单位：分

评价标准	品牌 A	品牌 B	品牌 C	品牌 D	品牌 E	品牌 F
价格	5	3	3	4	2	1
重量	3	4	5	4	3	4
处理器	5	5	5	2	5	5
电池寿命	1	3	1	3	1	5
售后服务	3	3	4	3	5	3
显示器质量	3	3	3	5	3	3
1=最差，5=最好						

联结式规则是一种比较严格的决策模式。在此规则中，每个属性都会被设定一个通过条件，如果一个品牌满足了所有的通过条件，那么它就会被选中，但只要有一个通过条件不能被满足，该品牌就会被剔除。如果没有一个品牌能满足所有的通过条件，

这时消费者要么改变通过条件，要么重新寻找品牌；如果选中的品牌不止一个，那么消费者可以进一步挑选。

（2）非联结式规则。非联结式规则又称重点选择规则。消费者为少数几个最重要的属性规定一个最低的绩效值标准。这个标准通常定得比较高，任何一个品牌只要在重要的属性上达到了规定标准，就会被作为考虑对象。以表3.2来说，如果消费者只考虑价格和重量这两个属性，并要求这些属性的评分在4分以上，则只有品牌D被选中。如果运用该规则选中的备选品牌不止一个，则消费者还需要运用其他规则进一步筛选。

（3）按序排除规则。消费者首先对各种产品属性按重要程度排序，并为每个属性规定一个标准，然后从最重要的属性出发依次检查各品牌是否能达到标准，未达到标准的被排除在外。如果有两个以上的品牌达到最重要的属性标准，则消费者对第二重要的属性进行评价，依此类推，直到只剩一个品牌为止。

（4）词典编辑规则。消费者先对产品的各种属性按重要程度排序，然后在最重要的属性上对各品牌进行比较，在该属性上得分最高的品牌将成为入选品牌。如果得分最高的品牌不止一个，则消费者对第二重要的属性进行比较。如此下去，一直比较到只有一个品牌入选为止。这一规则与按序排除规则最主要的区别是，词典编辑规则在每一属性比较上以最高水平为标准，而按序排除规则以消费者认为可接受的属性水平为标准。

非补偿性模式的缺陷在于，某一属性的优秀表现并不能补偿其他属性的拙劣表现。但有时消费者希望在确定某一产品品牌总体偏好的时候，能够在一些评价极好的属性与评价不好的属性之间做某种平衡。这样一来，消费者更多地考察了产品的综合素质。

第二节 购买过程

一、从购买意向到实际购买

对许多日常生活中用到的价值较低的商品来说，决策和购买几乎是同时做出的，因为消费者的决策往往是在商店中才做出的，如购买饼干、饮料、香皂、洗发水。然而在复杂的购买情形下，如买房子、汽车，从产生购买意向到实际购买可能会有较长的时间间隔，这是因为复杂决策中促成实际购买需要更多的购买准备活动，如选择经销商，确定购买时间、地点及是否向银行贷款等，因而购买意向和实际购买间存在时滞问题。

在形成购买意向之后，有三类因素影响着消费者的实际购买。

第一类是他人的态度。他人的态度在重要的购买决策中显得尤其重要，消费者的亲友、同事很可能为消费者的购买决策献言献策，这可能动摇消费者，令其改变当初的购买意向。他人的态度的影响强度取决于三个方面：一是他人对备选品牌所持否定态度的强烈程度；二是他人与消费者的关系密切程度，即越是亲近友好，他人的影响就会越大；三是他人在产品购买问题上的权威性，如你要买一辆家用轿车，在某个轿车修理厂工作的亲友就会成为你的咨询顾问。因此，如果他人与消费者的关系越密切，对所购产品的信息了解越多，持有的否定态度越强烈，则消费者改变决策意向的可能性越大。

第二类因素是购买风险。消费者越是觉得购买有风险，就越会对实际购买犹豫，这样就更容易受他人的态度的影响。购买风险既是客观的又是主观的，很多时候消费者凭自己的感觉在评估风险，所以厂商可以通过一系列的承诺、保证和形象塑造等活动减轻消费者的风险感知。当然，消费者扩大信息搜寻范围、增加商品知识，也是减轻风险感知的重要途径。

第三类因素是意外情况或事件的出现。这可分为两个方面，一方面是与消费者本身有关的因素，如收入、失业、家庭意外事件等；另一方面是市场领域的变化，如新产品上市、降价促销活动出现等。但无论是来自哪个方面的因素，这些因素都可能影响消费者的实际购买。

二、冲动性购买

冲动性购买有时被称为无计划购买，通常指消费者在进入商店前并没有购买计划或意图，而进入商店后基于突然或一时的念头，马上实施购买行动。严格地讲，冲动性购买与无计划购买还不能画等号。前者是基于对某种产品的一时性情感所进行的购买，含有情感多于理智或非理性购买的意蕴。无计划购买的范围更广。无计划购买不仅包括冲动性购买，而且包括很多纯理性的购买。比如，消费者虽在进店前没有想到要买某种商品，但在店堂内看到营业员的演示后认识到它的优越性，并在再三权衡之后购买了该商品，这应当说在很大程度上是一种理性购买而非冲动性购买。

罗克（Rook）认为，冲动性购买具有四个特征：①冲动性。消费者突然产生一种强烈的购买欲望，而且马上付诸行动，这种行动和常规的购买行为不同。②强制性。有一种强大的动力促使消费者马上采取行动，消费者在某种程度上一时失去对自己的控制。③情绪性或刺激性。突然的购买动力常常伴随着激动的或暴风骤雨般的情绪。④对后果的不在意性。促进购买的力量如此强烈和不可抵挡，以致消费者对购买行动的潜在不利后果很少或根本不予考虑。

三、非店铺购买

非店铺购买又被称为在家购物，顾名思义，指在除商场、超市以外的非传统购买场合购买的购买模式，包括电视购物、目录邮购、网上购物、家庭直销等方式。通过非店铺购买出售的商品，在全部商品中所占的比重虽然不算太高，但增长迅猛。

非店铺购买之所以能够迅速发展，一方面是由于互联网的发展及现代化支付手段等技术的支持，另一方面则主要在于其相较于传统的购物方式具有优势。例如，方便、省时，避免了商店购物的拥挤、等候和停车困难。然而，尽管非店铺购买具有上述优势，但一般认为，非店铺销售本身难以提供一个实体的、可以看得见和摸得着的平台，难免会增加人们的风险感知，因此对非店铺销售商来说，采取相应的营销策略，如提供详细信息、塑造良好声誉、提供免费试用及良好的退换货服务和争取权威机构推荐等就显得尤其重要，因为这有利于减轻顾客的风险感知。

四、购买支付

购买支付是商品购买过程中的最后一个环节。一旦品牌和提供商被消费者选定，消费者就必须以金钱支付完成交易。传统的交易方式是以现金支付进行的，从社会经济发展的角度看，这对商品销售是不利的，因此各种各样更能促进消费的支付方式被开发出来。例如，由于分期付款方式有银行的消费信贷涉入，因此消费者现在可以轻松参与过去凭一己财力难以完成的购买活动。此外，各种非现金支付方式，如信用卡支付、在线支付、二维码支付的普遍使用不仅极大地方便了人们的购买，还可以起到提高支付效率的作用。企业应使购买支付流程尽量简化。这涉及缩短消费者在付款时的排队等候时间、提供通俗易懂的信用条件说明、简化信用授权手续等。

第三节　店铺购买

一、消费者的逛店动机

逛商店是获得商品和享受服务的一种重要方式，了解人们为什么光顾店铺很重要。有些人即使不买东西，也经常逛商店，而有些人即使别人邀请也不愿意逛商店。因此一些消费者行为学研究者将人们逛商店的动机分为实用主义和享乐主义两大类。

对于实用主义者而言，购物仅是解决问题或达成目的的一种手段，消费者只在完成自己需要做的事，其本身并没有什么乐趣可言。

对于享乐主义者而言，购物是一种令人心情愉快的活动，如与亲友结伴购物是一次重要的社会体验，买到便宜货也会令他们激动，甚至与店员的讨价还价过程也会让他们觉得有意思，全家利用周末去沃尔玛超市、万达广场购物更被视为一项全家的休闲活动。对这类消费者而言，他们购物绝不只是为了获取商品，更在于享受整个购物过程。

从享乐主义购物动机出发，许多购物商场正在变成集购物、娱乐、休闲于一体的超大型购物中心，如美国有一家商场拥有 1 个小型高尔夫球场、9 个夜总会、45 个餐厅、1 座大型电影院及 1 座结婚礼堂，这样的商场显然不仅能吸引人们前来购物，而且为人们提供了全方位服务的综合体验，即使不喜欢去商场购物的人，也难免会被它吸引。

小资料：人们的逛店动机

具体来说，人们逛商店的动机可能是以下原因中的一种或数种：

- 将购物视为一项娱乐活动，以改变日常单调的生活方式。
- 将购物视为一种角色体现，如家庭主妇们进行采购。

●将购物视为锻炼身体的一种方式。

●将购物视为一种了解时尚、跟上潮流的方式。

●将购物视为一种社交方式，以此与他人建立良好关系。

●将购物视为一种自我展示方式，如展示自己的经济地位或表现自己的鉴赏能力、讨价还价能力等。

二、影响消费者选择店铺的因素

（一）店铺和品牌的选择顺序

消费者对店铺和品牌的选择顺序一般有以下三种情况：一是先选择品牌后选择店铺，二是先选择店铺后选择品牌，三是同时选择品牌和店铺。比如，消费者可能在服务一流的店铺里买某个还算过得去的品牌，也可能在服务一般的店铺里买自己最喜欢的品牌。

事实上，消费者是先选择店铺还是先选择品牌，可能与以下三个方面的条件有关：

（1）当店铺忠诚度高时，消费者忠诚于某一特定的店铺，很可能就会先到该店铺，再选择理想品牌。

（2）当品牌忠诚度低时，消费者没有忠诚于某一品牌，更可能首先选择店铺，然后在这一店铺中做出品牌选择决策。

（3）当品牌信息不足时，几乎没有掌握品牌信息的消费者更可能依赖售货员的帮助，品牌选择更可能发生在店铺中。

了解消费者对店铺和品牌的选择顺序对营销人员有一定的帮助。如果消费者是按照品牌优先的顺序进行选择的，那么创造品牌形象及开展富有个性的广告宣传就是最重要的；如果消费者是按照店铺优先的顺序进行选择的，那么零售商就要注重店内广告的设置、店内气氛的营造及服务的提升等。

（二）影响消费者选择店铺的其他因素

1. 店铺形象

消费者对店铺形象的认识程度直接影响其对店铺的选择。店铺形象指消费者基于对店铺的各种属性的认识所形成的关于该店铺的总体印象，包括店铺提供的商品的质量、品种、价格，服务态度，收银员的办事效率，装修条件及硬件设施和店铺的声誉等。

测量店铺形象的方法有很多，采用较普遍的是语意差别量表法。该方法的第一步是识别决定店铺形象的重要属性，包括无形的和有形的属性。第二步是制作一张两端由反义词组成的5级量表或7级量表，用以测量每一店铺属性在消费者心目中的表现水平。第三步是邀请有关的消费者运用前述量表确定某家店铺及与之竞争的店铺在每一属性上的表现。根据平均表现状况，我们可以将每家店铺形象用图呈现出来。图3.1描述了运用语意差别量表法测定两家竞争店铺形象的实例。

2. 店铺品牌

店铺的店名本身就是一个品牌。在店铺销售的商品里，传统上只有制造商品牌。

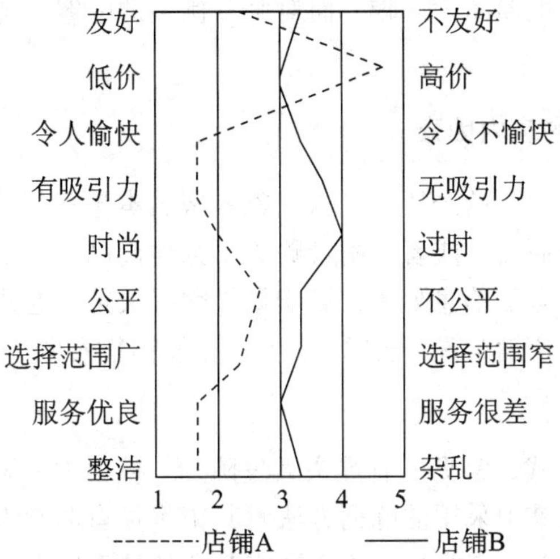

图 3.1 两家竞争店铺形象的比较

近年来，许多店铺开始在某些商品中采用本店铺的品牌，如百佳超级市场销售的“百佳”牌牛奶，家乐福超市销售的“家乐福”牌电池，这类品牌被称为自有品牌或私有品牌，因为它通常只在本店铺系统内部使用。这些自有品牌不仅可以为店铺带来可观的利润，而且如果运用得当，可以成为零售店铺的经营特色。国外一些学者的调查表明，在某些商场中，自有品牌商品的销售收入可以达到店铺全部销售额的32%。由于商品品牌与店名一致，因此强调商品的高质量和物有所值无疑是非常重要的。

3. 位置和规模

店铺的位置和规模在消费者的店铺选择过程中有很重要的作用。通常人们喜欢到离家较近、交通方便、规模较大的店铺购物，因为店铺的规模越大，所能提供的品种选择也越多。但也有例外情况，如人们购买价值低的便利品时，宁肯去小店铺，因为这会使购买过程非常简便。因此，店铺的位置和规模的选择取决于人们认为所购买商品的重要性，商品越重要，消费者就越愿意投入精力，如跑远路去大店铺进行比较选择。

4. 零售店广告

很多零售店运用广告向消费者传递店铺特性，尤其是促销方面的信息，目的是吸引顾客进店购买。很多被广告吸引而进入店铺的消费者会购买广告产品以外的商品，广告所产生的这种效果被称为溢出销售或外溢销售。一项研究表明，被降价广告吸引进店铺的顾客，每花一元钱购买广告中的产品，就会花额外的一元钱甚至更多钱，去购买店铺中的其他商品。因此降价广告对店铺的贡献不仅在于促进该商品的销售，更在于对店铺中其他商品的销售带动作用。

5. 消费者的个人特征

消费者的个人特征也是影响消费者选择店铺的重要因素。比如，自信心强、有丰富的商品相关知识的消费者可能更愿意去街边小店铺购物，而缺乏自信或缺乏商品相关知识的消费者倾向于选择那些自己熟悉的大店铺；对价格敏感的消费者会四处搜寻商品并以找到价格满意的商品为乐趣，而对服务挑剔的顾客会选择提供友善和高质量的服务的店铺。

三、影响消费者购买的店内因素

很多消费者常常有这样的经历：进入一家零售店本想购买某一品牌的商品，结果却购买了另一个品牌的商品，或者是附带购买了其他商品。这是由于店内的各种影响因素在进一步促进消费者的信息处理，影响最终购买决策。这些影响因素主要有购物点陈列、削价与促销、店铺布置与气氛、商品脱销及销售人员。

（一）购物点陈列

商品陈列有多种方式，常见的有堆头大量陈列、壁面大量陈列、端架陈列、前进立体陈列等。商品在店铺中采用的陈列方法对其销售量有非常大的影响。不同的陈列方法对表现店铺卖场的商品丰富性、提高顾客对商品的识别率和停留率及促进销售有不同影响。国外学者所做的一项研究测试表明，洗发水的陈列变化，如陈列的数量、陈列的高度和陈列面的宽度及陈列方式的变化等最高会带来约38%的销量变化，而咖啡会有高达530%的销量变化。虽然这种影响与商品本身的类型、品牌及当地居民的消费习惯有关，但总体而言，从上述测试的数据来看，陈列方式的影响力是非常大的。

（二）削价与促销

削价与促销，如提供优惠券、赠品、综合折扣等，通常与购物点宣传材料的使用相伴相随。削价从四个方面促进商品销售的增长：①现有用户提前购买未来所需要的商品；②竞争品牌的使用者可能会转向降价品牌；③从来未使用过这类商品的消费者可能会购买降价品牌；④不经常在此店铺购物的消费者，会被价格吸引而经常光顾。

（三）店铺布置与气氛

店铺内商品的摆放位置，对消费者的产品和品牌选择也有重要影响。一种商品在店铺中越容易被看到，它被购买的机会就越大。例如，某超市改变店铺布局，将熟食品柜台从店铺后部移到前部，结果其熟食品销量由原来占总销售额比重的2%上升到了7%，而且由于熟食品的毛利率较高，因此店铺的经营利润得到提高。店铺布局的一个原则是引导顾客前往高毛利商品所在的地方。店铺布置不仅影响客流量，还会影响店铺的气氛和环境，这反过来又影响购买者在店铺停留的意愿，而在店铺中产生的愉快情绪又会增加顾客满意度，导致重复购买和提高店铺忠诚度。

店铺气氛受到下列因素的影响：灯光、布局、商品陈列、室内设施、地板、色彩、声音、气味、销售人员的着装与行为及顾客的数量和行为。这些刺激因素的改变可能会引起顾客产生特定的行为反应。例如，有研究表明，音乐对消费者在店铺逗留的时间和情绪都有一定影响，对不同类型的消费者播放不同类型的音乐，可以引起购买数量的变化。

（四）商品脱销

商品脱销指店铺中某种品牌的商品暂时缺货，而缺货往往是因为分销渠道不畅和存货管理不到位造成的。这无疑会影响消费者的购买决策，在缺货的情况下，顾客面临更换店铺、更换品牌和推迟购买，甚至干脆放弃购买等众多选择。这些选择中没有一项是有利于脱销的商品品牌或店铺的。例如，消费者可能因欲购买的品牌脱销而购买了替代品牌，那么该替代品牌就更有可能被消费者再次购买，如果消费者更换了店铺，则在下次购物时更可能去这家店铺，因此缺货现象应尽量避免。当然，如果在某些特定状态下，店铺出于营销策略或气氛营造的考虑，对某些抢手的商品制造人为的缺货现象则另当别论，但也应把握分寸并注意具体的适用环境。

（五）销售人员

大多数超市都采取的是自助服务形式，这是由于超市中的商品大多属于价值低的日常生活用品，这类商品的特征是消费者的购买介入度较低。对于购买介入度较高的商品，顾客仍然需要得到适当的建议，因此销售人员的引导和说服工作必不可少，具体效果如何则取决于买卖双方的互动。研究表明，销售人员的知识、技巧、权威性和亲和力，对双方的关系建设有重要意义，因此为了确定最优的人员推销策略，企业有必要针对每一目标市场和产品类别进行专门调查，以了解顾客特征及其兴趣焦点所在，同时注重对销售人员的销售知识和销售技能的培训。

本章小结

选择评价是购买决策过程中的第三个重要环节。评价标准就是人们在进行选择时要考虑的产品特征或属性。采用何种评价标准及各种评价标准的相对重要性往往与消费者期望获得的利益或要付出的代价有关。消费者在评价时采用的评价规则分为补偿性模式与非补偿性模式两大类。补偿性模式允许产品的不同属性特征相互弥补，而非补偿性模式不允许某一评价较差的属性用某一评价较好的属性来弥补。非补偿性模式有联结式规则、非联结式规则、按序排除规则、词典编辑规则四种。

决定购买是购买决策过程中的第四个环节。从购买意向到实际购买，有三类因素影响着消费者的实际购买，分别是他人的态度、购买风险以及意外情况或意外事件的出现。同时，消费者既可能理性购买也可能冲动性购买，冲动性购买者往往拥有个人难以抗拒的突发性购买热情，而这些购买往往超出了实际需要。消费者也可能采取电视购物、目录邮购、网上购物、家庭直销等非店铺购买方式，然而，店铺购买方式仍然处于主流地位。

消费者的逛店动机可以分为实用主义和享乐主义两大类。实用主义者将购物看成解决问题的手段，而对享乐主义者而言，购物是一种令人心情愉快的活动。在影响消费者选择店铺的因素中，了解消费者对店铺和品牌的选择顺序对营销人员有一定的帮助。店铺形象、店铺品牌、位置和规模、零售店广告和消费者的个人特征都会影响店铺选择。影响消费者购买的店内因素有购物点陈列、削价与促销、店铺布置与气氛、商品脱销及销售人员等。

关键概念

评价标准　评价规则　补偿性模式　非补偿性模式　冲动性购买　非店铺购买　店铺形象

复习题

1. 描述购买前评价的程序。什么是评价标准？确定备选品牌在每一评价标准下的绩效表现有哪些方法？

2. 什么是补偿性模式和非补偿性模式？两者有何区别？常见的非补偿性模式有哪些？

3. 产生购买意向后，有哪些因素会影响消费者的实际购买？

4. 冲动性购买的特点是什么？其与无计划购买的差别在什么地方？

5. 非店铺购买飞速发展的原因何在？结合实际，谈谈非店铺购买可能存在什么问题。

6. 消费者的逛店动机分为哪两类？影响店铺选择的因素有哪些？

7. 什么是店铺形象？如何测量店铺形象？

8. 影响消费者购买的店内因素有哪些？

实训题

项目 3-1　产品评价选择研究

针对选定产品类别，每组成员列出可能会使用的评价标准，用恒和度量法赋予相应的权数，并确定 4 个备选品牌在每一评价标准下的绩效值，运用评价规则进行选择，对结果进行分析并提出建议。

项目 3-2　影响消费者购买的店内因素研究

针对选定产品类别，每组成员到实际店铺观察该产品类别的购物点陈列，结合其促销活动、店铺布置与气氛、销售人员进行分析，并提出建议。

案例分析

百货商场里的主播导购

第四章 购后行为

本章学习目标

◆理解消费者实际使用产品的情形对营销的意义
◆掌握消费者处置产品与包装的方式
◆理解消费者满意和不满的形成过程
◆掌握影响消费者满意的因素
◆掌握影响品牌忠诚度的因素
◆掌握消费者表达不满情绪的方式

开篇故事

从想看到想买，如何让消费者的兴趣“变现”？

第一节 产品的使用与处置

一、产品的使用和闲置

（一）产品的安装与使用

很多产品尤其是耐用性消费品，需要安装调试，才能处于可使用的状态。比如，热水器、计算机和空调机等，均需要某种程度的安装和调试工作。而消费者在使用之前的准备阶段所拥有的体验，对其满意程度具有十分重要的影响。因此，提供必要的安装服务和安装与使用说明，对提高消费者的满意度大有裨益。

了解消费者实际使用产品的情形，也就是消费者的产品使用状态，对企业具有重要意义。企业跟踪产品如何被使用，可以发现现有产品的新用途、新的使用方法、产品在哪些方面需要改进，还可以为广告主题的确定和新产品开发提供帮助。

企业通常可以从三个方面来了解产品的使用情形：产品的消费频次、产品的消费数量及产品的消费目的。产品的消费频次指消费者多久使用一次产品。产品的消费数量则指消费者每次使用的产品数量。产品的消费目的则指消费者为了什么目的而使用产品。

企业了解消费者的产品使用状态主要是为了预测其未来的需求，客户关系管理（RFM）法则可以提供这方面的思考。RFM 法则表明消费者对厂商推广活动的反应是视其最近一次购买的时间（recency）、过去的购买频次（frequency）及过去所累积的购买金额（money）而定的。RFM 法则显示，企业了解过去的消费情形有助于对营销策略效果的预估。通过定期追踪消费者的产品使用和购买状态，营销者可以较容易地估计营销推广计划对消费者购买的可能影响。

使用创新（use innovativeness）指消费者用一种新的方式使用产品。发现产品新用途的营销者能极大地增加产品的销售。许多企业试图运用填写标准的调查问卷等调查方式来获得关于产品使用的有关信息。这类调查可以帮助企业开发新产品，为现存产品找到新的用途或市场，为确定合适的沟通主题指明方向。例如，曾有不少企业满怀信心地将大量的高档速冻午餐食品推向市场，结果却令人沮丧，销售并不理想。研究者观察发现，尽管大多数消费者对这类食品不感兴趣，然而还是有少量消费者大量购买它们。与这些消费者面谈后得知，他们购买这些食品并不是在家里食用，而是将其用作办公室的午餐。他们抱怨进餐馆很费时间，不仅不方便而且价格昂贵，快餐店的食品则质量普遍较差且营养缺乏。这一发现导致一些企业对产品重新定位，将其改造为在办公室食用的午餐食品，食品有较高品质，无须冷冻，适合在办公室享用。

企业还需要弄清产品是以功能性方式还是以象征性方式被使用的，这有助于改进产品设计。例如，耐克公司通过观察室内球场上的篮球运动员，获得了球员所偏好的关于运动鞋的功能与式样特征方面的信息。耐克公司在观察中发现，比赛前穿上运动鞋和系上鞋带的过程充满了象征意义，从某种意义上讲，这一过程类似于骑士在比武或战斗之前戴上头盔。耐克公司在设计运动鞋时，在好几个方面都运用了这方面的知识。

当然，产品使用行为在不同地区亦存在差别。例如，喝咖啡时有些地区的人们加奶油，而有些地区的人们不加奶油；有些地区的人们加糖或用无手柄的杯子，而有些地区的人们则不加糖或用有手柄的杯子。咖啡营销者了解这些情况，有助于在其地区性广告中加以反映。

制造商在设计产品时必须牢记产品的基本用途及其他可能的用法。为此，厂商需要深入了解消费者在实际中如何使用其产品。如果营销者发现消费者对如何正确使用其产品存在困惑，则应对消费者进行这方面的培训。有时候，厂商应通过产品重新设计使之更易使用，以此获得竞争优势。

（二）相关与配套产品的购买

某种产品的使用需要另一种产品的配合使用，这个事实常常被企业所利用，形成产品组合，如室内盆栽植物与肥料，独木舟与救生衣，照相机和相机套，运动外套和领带，衣服和鞋子。在每种情况下，一种产品的使用都因另一种相关产品的配合使用变得更容易、更有乐趣或更安全。零售商可以对这些产品进行联合促销或培训推销员，进行互补性销售。然而要做到这一点，企业需要充分了解这些产品在实际中是如何使用的。为得到联合促销的好处，一些企业已经使其业务日益多样化。例如，吉列公司不仅销售剃须刀架和刀片，还销售剃须膏、除臭剂和护发剂等产品。

（三）产品的闲置

消费者对购买的产品并非全部使用。产品的闲置或不使用是指消费者将产品搁置不用或相对于产品的潜在用途仅作非常有限的使用。

闲置产品的一个原因是很多产品的购买决策与使用决策不是同时做出的，存在延后，在此时间段内，一些因素会促使消费者推迟消费甚至决定将产品闲置不用。另一个原因可能是企业或营销者没有为产品的消费和使用创造令人满意的条件或环境。产品的闲置，无论对消费者还是对企业，都是一种损失。消费者浪费了金钱，企业也不大可能进行重复销售。而且，营销者很难找到合适的补救措施以对消费者施加有效的影响。在某些情况下，提醒或在合适时机给予触动会让消费者使用所购的产品。比如，消费者有体育馆的会员资格，但其认为自己根本不在运动状态或因其他原因而将产品闲置。营销者通过记录可以发现消费者没有享受会员权利，这时可以用个人信件或电话邀请促使这位消费者开始消费。

二、产品与包装的处置

（一）处置产品与包装的内外压力

人们在产品使用前、使用后及使用过程中均可能遇到产品与包装的处置问题。只有完全消费掉的产品，如蛋卷冰激凌才不涉及产品处置问题。处置问题之所以重要，是因为企业既有外在压力，也有内在动力。

从外在压力来看，产品与包装的随意丢弃所造成的环境污染与环境保护问题引发了许多公共政策的关注。在美国，人们每年产生数千万吨家庭和商业废弃物，平均每人产生 1 500 余吨，很多垃圾场由于废弃物的大量产生而被迅速填满。很多废弃物由于含有致命的毒物，不但造成环境污染，而且给其他社会成员带来间接伤害。人们对与二氧化碳、铅、汞有关的环境污染问题的关注与日俱增。显然，产品处置是企业必须予以重视的。用尽可能少的资源制造包装、生产易于回收和再利用的产品，被越来越多的人认为是企业不可推卸的社会责任。

从内在动力来看，了解消费者处置产品和包装的行为，对企业有十分重要的经济意义。首先，由于物理空间和财务资源的限制，消费者在取得替代品之前必须处理掉原有产品。若现有产品难以处理，消费者可能会放弃新产品的购买。因此，协助消费者处置产品无论是对制造商来讲还是对零售商来讲均是有利的。其次，在有些细分市场，消费者将产品与包装能否回收视为产品的一项重要属性。同样，这些消费者在选择评价阶段就将产品与包装的处理看作品牌特点。因此，在赢得这类消费者的过程中，产品与包装处理的简单易行（包括不使用包装）可作为营销组合的重要手段。如果扔掉的产品与包装不能被重新利用甚至会对环境造成危害，那么很多消费者可能在做购买决定时会犹豫甚至退缩。再次，产品处置市场背后所隐含的商机和活力也不容忽视。例如，医疗废弃物的清理虽然很专业，但形成了获利很高的行业。最后，在已购买的物品被再次售出或用来交换其他产品的过程中，人们达成了许多二手买卖，导致形成庞大的旧货市场，从而减小市场对新产品的需求。

（二）处置产品与包装的方式

消费者在处置产品与包装时，简单而言可以有三种主要方案，如图 4.1 所示。一是继续保留此产品与包装。如果决定选择保留，那么消费者可以继续使用该产品与包装，或者将其作为纪念品储存起来，或者将该产品与包装用于其他用途。例如，将空瓶子拿来插花，用旧牙刷刷鞋或将衣服作为抹布使用。二是暂时性处理此产品与包装。例如，消费者将产品与包装暂时储存起来，或者将其出租、出借。三是永久性处理此产品与包装。例如，消费者扔掉、赠送、交换产品与包装或将产品与包装转售给其他人及二手市场。

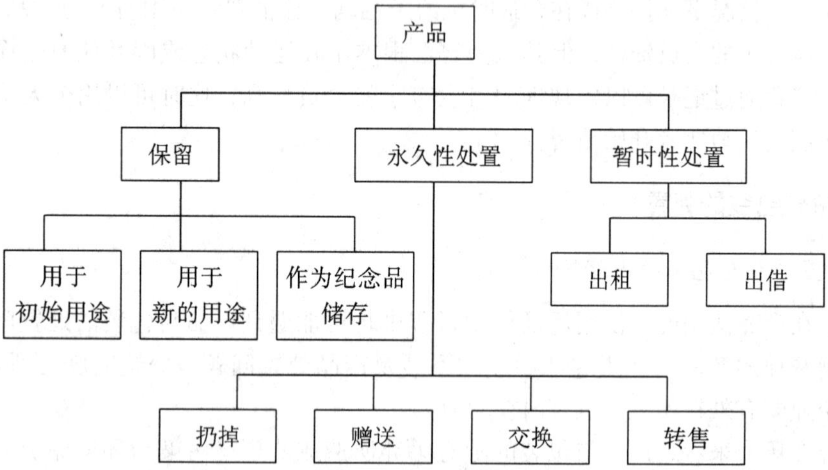

图 4.1　消费者处置产品与包装时的主要方案

很多时候，消费者会在旧产品仍可以用时就买了新产品。更换的理由如下：一方面，消费者希望拥有新产品的特色，如觉得冰箱的颜色与厨房新漆上的颜色不搭配；另一方面，个人角色和自我意象发生改变，如上大学、大学毕业、找到新工作、结婚、迁徙、退休等都会导致个人角色的转换，这时某些产品的处置是不可避免的。

第二节　消费者满意及其行为反应

一、消费者满意和不满的形成过程

消费者满意（CS）是英文 Customer Satisfaction 的缩写。一般来说，满意指一个人通过将一种产品的可感知效果或绩效与期望相比较以后，所形成的愉悦感觉状态。从此定义可以清楚看出，购买者对其购买活动的满意度（S）是其期望（E）和该产品的可感知效果（P）的函数，即$S=f(E, P)$。若$E=P$，可感知效果和期望相匹配，则消费者会满意；若$E>P$，可感知效果低于期望，则消费者不满意；若$E<P$，可感知效果超出期望，则消费者会非常满意。

消费者对产品或服务的期望来源于其以往经验、他人经验的影响及营销者或竞争者的信息承诺。而可感知效果或绩效来源于消费者购买总价值（由产品价值、服务价值、人员价值、形象价值构成）与消费者购买总成本（由货币成本、时间成本、精神成本、体力成本构成）之间的差异。产品和服务的质量、价格、消费者的情感因素、环境因素都会对满意水平产生影响。

对很多产品而言，绩效包括两个层面：工具性绩效和象征性绩效。工具性绩效与产品的物理功能有关，对缝纫机、空调或其他主要电器产品的正常运转和作用发挥至关重要。象征性绩效同审美或形象强化有关。运动衣的耐用性属于工具性绩效，而式样、颜色则属于象征性绩效。工具性绩效能使消费者不产生不满，但要让消费者感到满意，则产品要在工具性绩效得到保证的基础上，使象征性绩效必须达到或超过期望水平。

最新研究：象征性绩效和工具性绩效，哪一个更重要？

对于象征性绩效和工具性绩效，在消费者评价产品时哪一个更为重要呢？这个问题的答案无疑因产品种类和消费者群体的不同而存在差异。

一项有关服装的研究为这两种绩效如何相互作用提供了参考。服装似乎主要具备五大功能：保护身体免受环境伤害，增强对异性的吸引，审美与感官满足，地位标志，自我形象的延伸。除了保护身体免受环境伤害外，其他功能都属于象征性绩效范畴。然而，通过对退回的衣服、服装购买抱怨和被扔掉的衣服进行研究，我们发现，服装的物理缺陷是导致消费者不满的主要原因。

另一项关于期望绩效、实际绩效和服装购买满意情况之间关系的研究得出了以下一般性结论：不满意是由工具性绩效令人失望造成的，而完全满意需要工具性绩效得到保证，同时需要象征性绩效达到或超过期望水平。

如果不做进一步研究，上述关于服装类产品的研究结论虽然不能直接推广到其他类别的产品上，但是它们提示企业应致力于将导致消费者不满意的绩效保持在最低水平，同时要尽量将导致消费者满意的绩效保持在最高水平。

二、影响消费者满意的因素

（一）影响消费者对产品或品牌期望的因素

1. 产品因素

消费者对产品体验、产品价格及产品物理特征的认识都会影响其对产品的期望。因此，如果产品有着高价位或产品以往的性能极好，那么消费者自然会期望该产品达到较高的绩效和品质标准。

2. 促销因素

企业如何宣传其产品，用什么样的方式与消费者沟通，也会影响消费者对产品的期望。一个市场研究公司的顾问注意到，大肆宣传的广告会产生难以达到的期望值。因为它会促使消费者的期望水平过高，最终可能导致不满。

3. 竞争品牌的影响

消费者并不是在真空中形成对某一产品或服务的期望的，他们在期望形成过程中会充分利用过去的经验和现有一切可能的信息，尤其是关于同类产品的使用体验和有关这些产品的信息。所以，消费者对产品的期望同样受到他们对其他相似产品和竞争品牌的经验的影响。例如，影响消费者对医疗服务质量的看法的一个主要因素是医疗救护的便捷性。消费者对便捷性的期望不仅源于在其他医疗单位的就医经验，还源于他们在银行和餐厅中的经历。

4. 消费者特征

期望还受到消费者个人特性的影响。一些消费者会比另一些消费者对同一产品有更多的要求与期望。那些容忍度较低的消费者当然比那些胸襟宽广的消费者更为挑剔。

消费者的期望也是在发生变化的。无论是产品还是服务体验，消费者会在消费过程中不断更新消费期望。消费者在不断地学习，他们的目标也在不断改变。因此，消费者在产品寿命即将结束时的评价标准肯定不同于购买时期望的评价标准。

（二）影响消费者对产品实际绩效认知的因素

1. 产品实际性能和品质

产品实际性能和品质与消费者对产品的认知在很多情况下是一致的，但也存在不一致的情况，因为除了产品实际性能和品质外，还有一些因素影响消费者的认知。然而，在一般情况下，消费者对产品的认知是以产品实际性能和品质为基础的。研究人员发现，有充足的证据说明，无论消费者的期望处在什么状态，产品实际性能和品质都会影响满意度。如果产品货真价实，那么不管原来的期望如何，消费者迟早都会调整其期望，逐步对该产品产生满意感；相反，即使消费者对某个产品的期望很低，如果该产品实际性能和品质很差，他们也会觉得不满意。

2. 消费者对交易公正性的感知

消费者对交易公正性的感知会影响满意度。公平理论认为人们会把自己的收获与投入之比与交易中另一方的收获与投入之比进行比较，如果他们发现别人的比值较高，就会体会到不公平。

从消费者的观点来看，投入的是信息、努力、金钱及为达成交易而花费的时间。消费者收获的是从交易中得到的利益，包括从营销者那里得到的商品或服务、产品的性能及从交易中得到的感受。如果消费者感到他们受到了不公平的待遇或被欺骗，他们会更换品牌和供应商，以寻求改善和修正。消费者也会试图惩罚不公正的待遇。比如，若消费者认为自动提款机的收费不合理，他们就会更换服务商，表达出对原服务商的不满和惩罚，即使这样做并不会令他们得到什么好处。

一项研究表明，人们还会考虑其他消费者的收获以决定自己对交易的满意度。研究中的回答者模拟成汽车购买者，购完汽车后他们发现另一个人以更高或更低的价格买了同样的车。其他人以低价买了同样的车与其他人以高价买了同样的车相比，前者使回答者对自己的交易和汽车代理商的满意度更低。

3. 消费者的归因

所谓归因（attribution），是指人们对他人或自己的行为原因的推理过程。具体地说，归因就是观察者对他人的行为过程或自己的行为过程所进行的因果解释和推理。如果一种产品失败了，未满足消费者期望时，消费者总是试图确定失败的原因。如果把失败原因归结于产品或服务本身，消费者可能会感到不满意；但如果把失败的原因归结于偶然因素或自己的行为，消费者就不大可能感到不满意。

一项针对经常推迟航班的航空公司的消费者满意度的研究发现，消费者是否满意在很大程度上取决于他们的归因类型。如果他们认为航班延误是不可控制的因素，如恶劣的气候条件造成的，他们往往不生气。但是，如果他们把航班延误的原因归于航空公司可以控制的一些因素，如航空公司职员的行为，他们往往会生气和不满意。

4. 消费者的态度与情感因素

消费者对产品的评价并不完全以客观的认知因素为基础，而带有一定的感情色彩。基于过去经验所形成的态度与情感，对消费者评价产品会有很大的影响。所谓“爱屋及乌”“晕轮效应”等，都反映了态度与情感因素会对主体判断、评价和认识事物产生影响。

5. 购买参与程度

研究还发现，随着购买参与度的提高，消费者对购买的满意度或不满意度往往会提高。如果结果超出期望，消费者在高度参与购买的情况下，会有一个较高的满意度；如果结果未达到期望，消费者在高度参与购买的情况下，会有一个较高的不满意度。

三、顾客满意度测量

测量顾客满意度及其主要影响因素对每个企业来说都很重要。企业可以使用这些数据来维系顾客，销售更多的产品和服务，提高其提供物的质量与价值，实现更有效率和更富有成效的运作。顾客满意度测量（customer satisfaction measurement）包括定量的测量与定性的测量，有一些基本的方法和工具。

（一）顾客满意度调查

一般说来，顾客满意度调查使用五级语义差异量表，包括从“非常不满意”到“非常满意”的五级指标。调查测量了顾客对产品或服务的相关属性的满意度及这些属性的相对重要程度（使用重要性量表）。研究显示，那些表示“非常满意”（5 分）的顾客比那些表示“满意”（4 分）的顾客的忠诚度要高得多。因此，企业仅仅追求顾客“满意”还不够，应追求顾客的“非常满意”。

（二）顾客的期望与他们对获得的产品或服务的认知

这种方法认为顾客的满意或不满意形成一种差异函数，这种差异来源于顾客将期望从购买的产品或服务中得到的与实际从接受的产品或服务中感知的相对比的结果。

一些研究者研究出一套量表来测量消费者在服务购买时的两种期望——充分的服务与要求的服务，这套量表也能根据服务购买测量消费者未来的打算。这种方法比标准的顾客满意度调查更切合实际，研究的成果也更能用来为未满足顾客期望的产品或服务提供纠正措施。

（三）神秘顾客

这种方法包括雇佣专业的观察者，让其佯装成顾客去调查，参考公司的服务标准对服务进行无偏见的估测，以识别提高产能与效率的机会。

最新研究：神秘顾客法的运用

一家银行让神秘顾客在与员工就其他事情接触时留下买房或寻求借贷大学学习资金的信息，然后开始计算，员工要多久才能快速有效地将银行的相关产品与服务介绍给他们。《华尔街日报》雇用达拉斯的一家公司派遣神秘顾客到麦当劳分布在纽约、芝加哥、达拉斯和洛杉矶等地的25家商店进行调查。报告显示，神秘顾客所遇见的员工中，只有64%的员工微笑着和顾客打招呼，只有52%的员工会复述订单信息以确保准确，只有36%的员工会提到促销或更大范围的产品。

（四）关键事件法

这种方法要求顾客回忆并描述他与某个行业的员工之间的交往，如酒店业与航空业，这些能回忆起来的往往是那些令顾客满意的或不满意的事件。这种定性的工具能够使企业产生重要的观点以更好地培训员工。一项研究发现，令人惊讶的是，很多被列举出来的满意的经历来源于那些最初服务中失败的细节，由于它们被服务人员很好地完善了，因此顾客把它们当作特别满意的经历。

（五）分析顾客抱怨

研究表明，事实上只有一小部分不满意的顾客会抱怨，大部分不满意的顾客不会说什么，而是转向竞争对手。一个好的抱怨系统应该如下：鼓励顾客抱怨并对服务改进提供建议；设立反馈处，专门配备员工倾听顾客的评论或主动找顾客来评论；有一个先将抱怨分类，然后进行分析的系统；运用软件来加速抱怨的分析与管理进程。例如，易贝（eBay）在它的网站上采用了一种软件来追踪顾客意见，捕捉顾客抱怨，十分迅速地采取措施，该公司称在使用该软件一年之后，就减少了近30%的顾客抱怨。

（六）分析顾客流失

因为高顾客忠诚度是一项重要的竞争优势，同时，维护现有顾客比开发新顾客的成本要低得多，所以企业必须找出顾客离开的原因（如进行离开访谈），并在顾客考虑离开的时候进行干预。

第三节　重复购买与品牌忠诚

一、重复购买

在满意的消费者中，相当大的一部分可能成为重复购买者。重复购买者是指在相当长的时间内选择一个品牌或极少几个品牌的人。重复购买者可以分为两种类型，习惯型购买者和忠诚型购买者。习惯型购买者指这样一些人，他们对某一品牌不一定具有情感上的或情绪上的偏爱，但在相当长的时间内选择购买该品牌。他们购买该品牌或者因为习惯，或者因为没有发现更好的备选品，或者因为该品牌的价格更便宜。忠诚型购买者则对某一品牌具有情感上的偏爱，甚至形成了情感上的依赖，从而在相当长的时期内重复选择该品牌。两者的区别在于，习惯型购买者更容易受竞争对手行为，如有奖销售、折扣等的影响，从而转换品牌。

二、品牌忠诚

（一）品牌忠诚的含义

在重复购买者中，有相当一部分对某一品牌产生了忠诚。所谓品牌忠诚，是指消费者对某一品牌形成偏好，试图重复选择该品牌的倾向。

品牌忠诚者所表现的特征主要有以下四点：①再次或大量购买同一企业的该品牌的产品或服务；②主动向亲朋好友和周围的人员推荐该产品或服务；③几乎没有选择其他品牌的产品或服务的念头，能抵制其他品牌的促销诱惑；④发现该品牌的产品或服务的某些缺陷，能以谅解的心情主动向企业反馈信息，求得解决，而且不影响再次购买。

小资料：忠诚型消费者对企业的重要性

●忠诚型消费者在购买产品时不大可能考虑搜寻额外信息。他们对竞争者的营销努力，如发放优惠券，采取漠视和抵制态度。

●忠诚型消费者即使因促销活动的吸引而购买了另外的品牌，也通常在下次购买时选择原来喜爱的品牌。

●忠诚型消费者对同一厂家提供的延伸产品和其他新产品更乐于接受。

●忠诚型消费者具有相对较低的价格敏感度，较少期待从打折和讨价还价中获益。

●忠诚型消费者一般会进行正面积极的口碑宣传，这对一家公司来说是非常有价值的。

（二）影响消费者形成品牌忠诚的因素

1. 产品功效的吸引

品牌忠诚的形成可能是因为该产品的功效超出消费者的期望或高于其他品牌能够达到的水平。一般来说，消费者会喜欢那些能够很好地满足他们的需要和需求的品牌。如果在使用过程中感觉良好，那么消费者就希望再次获得这种满意。

不同产品的区别不仅体现在性能质量方面（如香波的洗发效果，网络通信系统的可靠性），还体现在一些具体的性能指标方面（如香波的定型性、去屑性，网络的数据存贮能力强、传输速度快）。另外，消费者对某一特定性能的需要也不同（如有的香波适合油性发质，而有的适合干性发质；有的人注重网络的传输速度，而有的人注重网络的数据存贮能力）。因此，品牌忠诚的形成不仅取决于一种品牌能够做到它应该做到的，还取决于品牌的性能与消费者对特定性能的要求之间的高契合度。

2. 自我概念和品牌在社会及情感方面的象征意义

如果产品消费与某一社会群体或个性特征密切相关，那么忠诚度会更高。例如，年轻人对某品牌的牛仔裤忠诚，就是因为这些品牌能表达自我个性。又如，对某欧洲足球队的忠诚就反映了个体的自我个性和特定的社会群体关系。有些品牌可以反映个人在社会上的自我概念，即希望别人把自己看作什么样的人，这样的品牌会赢得消费者的忠诚。这种类型的忠诚在象征性产品，如啤酒、汽车的购买中最为常见。

3. 知觉风险

知觉风险实际上就是指在产品购买过程中，消费者因无法预料购买结果的好坏而产生的一种不确定的感觉。消费者在购买商品时，风险程度的高低与购买后造成损失的可能性大小及实际造成的损失大小有关，可能性愈大，损失愈大，风险也愈大。

如果消费者对现有品牌尚感满意，那么，他可以通过重复选择该品牌来形成品牌忠诚，以避免选择新品牌而带来的不确定感。调查发现，在减少知觉风险的各种应对措施中，形成品牌忠诚是消费者乐意采用且行之有效的方法。

4. 时间压力

在现代社会，时间是一种宝贵的资源。在商品和品牌选择上，花费额外的时间就相当于货币的额外支出，因此消费者总是尽可能地节省时间。但时间的节省和信息的搜寻是相互矛盾的，消费者要想广泛地掌握信息，花费时间是不可避免的。消除这一矛盾的有效办法，就是形成品牌忠诚。一旦形成品牌忠诚，消费者既无须花很多时间去搜寻信息，又无须在每次购买前反复考虑和斟酌。

时间对品牌忠诚的影响还表现在产品的购买间隔上。购买时间间隔越长，消费者将有更多的时间搜寻信息，进行比较，其品牌忠诚度相对较低。一般来说，消费者对各种日常用品要比对各种耐用消费品的品牌忠诚度高。智威汤逊广告公司发现，人们对牙膏、牙刷、洗涤剂、浴用肥皂等日常用品有很高的品牌忠诚度。

（三）品牌忠诚度的测量

1. 比较法

这种方法指根据某一消费者购买某类产品的历史资料，比较该消费者购买品牌 A 与选择其他品牌（B、C、D……）的关系，确定该消费者的品牌忠诚度。我们从消费者的选择中，可以分析出消费者对品牌 A 是否有很高的忠诚度，有无品牌转换倾向。

2. 频率测定法

这种方法指根据某一消费者购买某类产品的历史资料，记下某段时间内消费者购买这类产品的总次数 T 和选择某特定品牌的发生频率 S，然后以 S 与 T 的比值，即 S/T

来表示消费者对这一品牌的忠诚程度。S/T 的值越大，表示消费者对该品牌的忠诚度越高，反之则越低。

3. 货币测定法

这种方法指通过销售实验观察消费者对某特定品牌所愿支付的额外费用（多于同类产品其他品牌的支出），来确定品牌忠诚程度。这些额外费用既包括购买产品时多支出的现金，也包括为购买该产品所多付出的时间成本和搜寻费用。

第四节 消费者不满及其行为反应

消费者不满一般指消费者对交易结果的实际情况与预期存在较大出入而产生的行为上或情绪上的反应。一旦消费者对所购产品或服务不满，就会把这种不满表达出来。不同的消费者、同一消费者在不同的购买问题上，可能有不同的表达不满情绪的方式。

一、消费者表达不满情绪的方式

1. 自认倒霉，不采取外显的抱怨行为

消费者在不满时保持忍让、克制的态度，主要原因是他认为采取抱怨行动需要花费时间、精力，所得的结果往往不足以补偿其付出。但不行动并不意味着消费者对企业行为方式的默许，消费者对品牌或店铺的印象与态度显然发生了变化。

2. 私下行动

私下行动指消费者在经历了一次不满意的购买和消费后，采取的最简单和常见的行为是不再购买和使用该产品或服务，即消费者从这个组织的消费群体中退出，避免再次光顾这个零售商，同时转换品牌及进行负面的宣传。当然，并非所有消费者的退出决定都由于消费不满意，同时并非所有不满意的消费者都会退出。这些消费者会同朋友和家人聊起这次不好的经历，说服朋友或家人不再光顾这个零售商。

最新研究：消费者不满导致的负面口头传播效应

由于不满意的消费者倾向于向朋友和熟人表达内心的不满，因此商家就有可能失去这些不满意的消费者，也有可能因负面的口头传播效应而失去其他的消费者。消除消费者的不满就显得非常重要。

美国学者的调查表明，每 1 名通过口头或书面形式直接向公司投诉的消费者背后，就有约 26 名保持沉默的感到不满意的消费者。这 26 名消费者都会对另外 10 名亲朋好友造成消极影响，而这 10 名亲朋好友中，约 33% 的人会把这个坏消息传给另外 20 个人。换言之，只要有 1 个消费者不满意，就会导致 $26+(26\times10)+(26\times10\times33\%\times20)$，即 2 002 人不满意。因此，企业家必须清醒地认识到：令消费者满意就是经营目标，要让经营回到令消费者满意的起点上来。

3. 直接向零售商或制造商抱怨

消费者可直接向购买的零售点或产品厂商的相关部门表达其不满和抱怨，如写信、打电话或直接找销售人员或销售经理进行交涉，要求补偿或补救。

4. 要求第三方予以谴责或干预

消费者在不满时向外界寻求帮助与支持的第三方主要是媒体、政府部门、消费者权益保护机构、法院等。比如，消费者可向消费者权益保护机构投诉，以维护自己的权益；向当地媒体写投诉信；要求政府部门出面干预；对有关零售商或制造商提起法律诉讼。

5. 动员公众联合抵制该产品

消费者可动员公众联合抵制该产品或创立新的组织来提供替代的产品或服务。在20世纪70年代，雀巢公司因婴儿食品事件引发了消费者长达10年的抵制运动。创立新的组织来提供替代的产品或服务则是较为极端的表达不满的方式。

二、影响消费者抱怨行为的因素

1. 购买对消费者的重要程度

并非所有的不满意事件都会引发抱怨。如果购买的产品对消费者很重要，购买后的不满意感导致消费者采取抱怨行为的可能性就大；如果不满意事件涉及的产品或服务并不十分重要，则消费者往往会忽视该不满意事件。

2. 消费者本身的特点

消费者的人口统计特征和人格特性影响抱怨行为。研究发现，会采取抱怨行为的消费者往往比较年轻，有较高收入与较高受教育程度。此外，有抱怨经历的消费者比较容易再次采取抱怨行为。在人格特性方面，内心比较封闭的人、比较自信的人、比较重视个性与比较独立的人也相对容易采取抱怨行为。在面对不满意事件时，攻击性很强的消费者会倾向进行抱怨而非默默接受。

3. 对问题的归因

一般而言，消费者会对不满意事件进行归因，也就是判定谁应该为不满意事件负责。研究人员发现，如果消费者把产品问题或责任归咎于营销者或厂商，则比较容易产生抱怨。如果消费者把不满意归结于自己或环境上的不可控制因素，则一般不会产生抱怨。

4. 采取行动的难易程度

采取行动的难易程度指消费者在采取抱怨行为的过程中需要花费的时间、精力及金钱的多少。例如，消费者在不满时可以向当地消费者协会投诉，但是投诉的时间较长，有时候程序也比较烦琐，许多消费者觉得花的精力太多，因而除非迫不得已，一般不采取投诉的行动。

三、企业对消费者不满和抱怨的反应

消费者对产品的抱怨通常传达给了零售商而没有传达给制造商。对企业来说，建立起应付和处理消费者投诉和抱怨的内部机制是非常必要的，比如，为产品或服务提供强有力的担保，规定在哪些条件下可以退换和进行免费维修等，或者开通消费者热线——消费者抱怨时可以拨打免费电话来和企业的代表取得联系。具体做法是设立800免费电话，进行严格的员工培训，训练那些与消费者直接接触的员工运用适当的交流方式进行沟通，培养他们在消费者提出问题时能解决问题的能力，遵守慷慨退款的原则，这些做法会减少消费者的不满。事实上，对很多厂商而言，通过鼓励抱怨并做出有效反应来留住曾经不满的消费者，比通过广告或其他促销手段来吸引新消费者更为经济。

概念运用：对消费者不满和抱怨的反应

通用电气公司每年为“回复中心”花1 000万美元，该中心每年处理300万个消费者电话。通用电气公司认为，“回复中心”的回报远高于公司对该中心的投入。

宝洁公司、可口可乐公司和英国航空公司等每年都要花费巨资努力处理消费者的抱怨，但仍然是国际上生意兴隆的公司。这些公司的经营诀窍之一就是，当遇到不满意的消费者时，即使做不到对他们有求必应，也要尽量向他们充分解释，使之释然。

汉堡王（Burger King）每天通过24小时热线接到4 000个电话（65%为抱怨电话），并在第一次电话后解决95%的问题。为确保消费者真正满意，汉堡王还在一个月内对25%的抱怨者进行电话回访。

本章小结

购后感受是购买决策过程中的第五个环节。消费者购买了商品并不意味着购买行为结束，消费者还会使用或闲置产品、进行购后评价、处置产品与包装等。多数购买者在购回产品后会使用产品。企业跟踪产品如何被使用可以发现现有产品的新用途、新的使用方法、产品在哪些方面需要改进，还可以为广告主题的确定和新产品开发提供帮助。

产品闲置也是需要引起注意的问题。如果消费者在购买产品后不使用或较少使用，那么营销者和消费者都会感到不满意。因此，营销者不仅试图影响消费者的购买决策，也试图影响其使用决策。

另外，使用产品通常还涉及包装和产品本身的处置问题，了解消费者处置产品、包装的行为，对企业具有重要意义。

消费者会在产品使用中或使用后，对产品的功能形成感知。这一感知水平可能明显高于期望水平，也可能明显低于期望水平或与期望水平持平，从而导致消费者产生满意或不满。消费者对产品的满意度还影响其以后的购买行为。如果消费者感到满意，会向他人宣传该产品的优点，形成重复购买甚至品牌忠诚。如果消费者感到不满意，会出现品牌转换、消极的口头传播和抱怨等行为。企业应该采取有效方式应对消费者的抱怨。

关键概念

产品的闲置　产品的处置　消费者满意　工具性绩效　象征性绩效　品牌忠诚

复习题

1. 了解消费者实际使用产品的情形有何意义？结合现实中的营销活动举例说明。
2. 产品的闲置因何产生？营销者应怎样对待？
3. 产品与包装的处置问题为何重要？举例说明消费者处理产品与包装的方式，这些方式对营销有何启示。
4. 什么是消费者满意？消费者满意或不满是如何形成的？
5. 举例说明工具性绩效和象征性绩效对满意的影响。
6. 影响消费者满意的因素有哪些？
7. 顾客满意度测量的常用方法有哪些？
8. 什么是品牌忠诚？影响品牌忠诚形成的因素有哪些？
9. 举例说明消费者表达不满的方式。企业应如何对待消费者不满和抱怨？

实训题

项目 4-1　产品使用情形研究

针对选定产品类别，每组成员进行使用情形分析，并注意功能性使用分析、象征性使用分析，提出有关产品改进、创新、营销方面的建议。

项目 4-2　顾客满意度研究

针对选定产品类别，每组成员采用关键事件法进行顾客满意度测量。

案例分析

首席惊喜官

第三篇
影响消费者行为的个体因素

第五章　消费者需要与消费动机

本章学习目标

- ◆理解消费者需要的含义及特征
- ◆掌握消费动机的含义及特征
- ◆了解消费者的具体消费动机
- ◆理解早期动机理论
- ◆掌握现代动机理论
- ◆掌握消费动机与营销策略

开篇故事

"水浒盲盒"再掀热潮，盲盒还有完没完？

第一节　消费者需要与消费动机概述

消费者为什么购买某种产品，对企业的营销刺激为什么会产生这样而不是那样的反应。这些在很大程度上是和消费者需要、消费动机密切联系在一起的。

一、消费者需要

（一）消费者需要的含义

消费者需要（need）是指消费者生理和心理上的匮乏状态，即消费者感到缺少什么，从而想获得它们的状态。个体在其生存和发展过程中会有各种各样的需要，如在饿的时候有进食的需要，在渴的时候有喝水的需要，在与他人交往的时候有获得爱、被人尊重的需要等。

需要是和人的活动紧密联系在一起的。人们购买产品、接受服务，都是为了满足一定的需要。一种需要得到满足后，人们又会产生新的需要。因此，人们的需要绝不会有被完全满足和终结的时候。正是需要的无限发展性，决定了人类活动的长久性和永久性。

需要虽然是人类活动的原动力，但它并不总处于唤醒状态。只有当消费者的匮乏感达到了某种迫切程度，需要才会被激发，并促进消费者有所行动。需要一经唤醒，可以促使消费者为消除匮乏感和不平衡状态采取行动。但它并不具有对具体行为的定向作用。需要和行为之间还存在动机、驱动力、诱因等中间变量。

（二）消费者需要的分类

作为个体的消费者，其需要是丰富多彩的。这些需要可以从多个角度予以分类。

1. 根据需要在人类发展史上的起源分类

（1）生理性需要。生理性需要指个体为维持生命和延续后代而产生的需要，如进食、饮水、睡眠、运动、排泄等。生理性需要是人类最原始、最基本的需要，是人和动物所共有的，而且往往带有明显的周期性。

（2）社会性需要。社会性需要指人类在社会生活中形成的、为维护社会的存在和发展而产生的需要，如求知、求美、社交等需要。社会性需要是人类特有的，它往往被打上时代、阶级、文化的印记。人是社会性的动物，只有被群体和社会所接纳，才会产生安全感和归属感。社会性需要得不到满足，虽不直接危及人的生存，但会使人产生不舒服、不愉快的体验和情绪，从而影响人的身心健康。

2. 根据需要的对象分类

（1）物质需要。物质需要指个体对与衣、食、住、行有关的物品的需要。在生产力水平较低的社会条件下，人们购买物质产品，在很大程度上是为了满足其生理性需要。但随着社会的发展和进步，人们越来越多地运用物质产品体现自己的个性、成就和地位，因此，物质需要不能简单地对应前面所介绍的生理性需要，实际上它已日益与社会性需要的内容融合。

（2）精神需要。精神需要主要指个体对认知、审美、交往、道德、创造等方面的需要。这类需要主要不是由生理上的匮乏感引起的而是由心理上的匮乏感引起的。

（三）消费者需要的特征

1. 消费需要的多样性

消费者因收入水平、文化程度、职业、性别、年龄、民族和生活习惯的不同而具有不同的价值观念和审美标准，对消费品的需要也是千差万别的。就同一消费者而言，需要也是多方面的。

2. 消费需要的发展性

随着生产力的发展和消费者个人收入的提高，人们对商品和服务的需要也在不断发展。例如，过去未曾消费过的高档商品进入了消费领域；过去消费得少的高档耐用品现在被大量消费；过去讲求价廉、实惠，现在追求美观、舒适等。

3. 消费需要的伸缩性

消费者购买商品时，在数量、品质等方面会随购买水平的变化而变化，随商品价格的变动而转移。其中，基本的日常用品的消费需要的伸缩性比较小，而高中档商品、耐用品和装饰品等的选择性强，其消费需要的伸缩性就比较大。

4. 消费需要的层次性

人们的消费需要是有层次的，一般说来，人们总是先满足最基本的生活需要（生理性需要），然后再满足社会性需要和精神需要。随着生产的发展和消费水平的提高，以及社会活动范围的扩大，人们的消费需要的层次必然逐渐向上移动，由低层次向高层次倾斜，购买商品越来越多地是为了满足社会性需要、精神需要。

5. 消费需要的时代性

消费需要常常受到时代精神、风尚、环境等的影响。时代不同，消费需要和偏好也会不同。例如，消费者随着文化水平的提高，对文化用品的需要会日益增多。这就是消费需要的时代性。

6. 消费需要的可诱导性

消费需要是可以引导和调节的。这就是说企业通过营销活动中的努力，可以使人们的消费需要发生变化和转移。潜在的欲望可以变为明显的行动，未来的需要可以变成现实的消费。

7. 消费需要的关联性和替代性

消费需要在有些商品上具有关联性，消费者往往顺便购买。例如，商家出售皮鞋时，可能附带出售鞋油、鞋带、鞋刷等。商家经营有关联的商品，不仅会给消费者带来方便，而且能增加商品销售额。有些商品有替代性，即某种商品的销售量增加，会使另一种商品的销售量减少，如食品中的肉、蛋、鱼、鸡、鸭等，其中某一类的销售增加，其他类的销售就可能会减少。

二、消费动机

（一）动机的含义

动机（Motivation）这一概念是由伍德沃斯（R. Woodworth）于1918年率先引入心理学的。他把动机视为决定行为的内在动力。一般认为，动机指“引起个体活动，维持已引起的活动，并促使活动朝某一目标进行的内在作用力”。

人们从事任何活动都由一定动机所引起。引起动机有内外两类条件，内在条件是需要，外在条件是诱因。个体本身会寻求一种平衡状态或动态平衡（homeostasis）。当需要未满足时，就破坏了平衡状态，消费者会产生紧张感；当紧张感到达某一程度时，便会唤醒内驱力并促使消费者采取行动以降低紧张感。需要只为行为指明大致的或总的方向，而动机就规定具体的行动线路，促使消费者采取行动，实现目标。即使个体缺乏内在需要，单纯的外在诱因有时也能引起动机和产生行为。饥而求食，这是内在需要，而人们在无饥饿感时若遇美味佳肴，也可能会顿生一饱口福之动机。当目标达成，需要得到满足，紧张感降低，动态平衡得以恢复，个体就会停止行动，直至动态平衡被打破，又采取新的行动。动机的过程如图5.1所示。

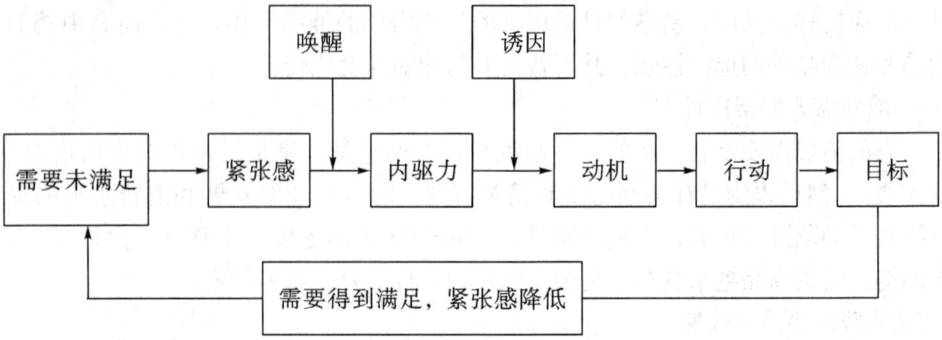

图 5.1　动机的过程

（二）动机的特征

1. 动机的不可观察性或内隐性

动机是联结刺激与反应的中介变量，是无法被直接观察到的，研究者只能通过对某些外显行为指标的研究做出推断。一些人购买名牌产品可能出于显示身份、地位这一动机，企业如果据此研发高品质产品，并通过其他营销手段维持其产品的名牌形象，很可能会迎合这部分消费者的需要，从而获得成功。如果真是如此，企业采用以身份、地位为目标的策略并取得成功，恰恰印证了消费者具有追求身份、地位的强烈动机。

2. 动机的多重性

消费者对产品或品牌的选择，很可能是由某种动机所支配和主宰的，然而，这并不意味着某一购买行为由单一的动机所驱使。事实上，很多购买行为都隐含着多种动机。消费者购买某种名牌产品，既可能出于显示地位和身份的动机，也可能出于获得某一群体的认同、减少购买风险等多种动机。所以，企业在设计产品和制定营销策略时，既应体现和考虑消费者购买该产品的主导动机，又应兼顾非主导动机。

3. 动机的实践性与学习性

动机包含行为能量与行为方向两个方面的内容。行为能量在很大程度上是由需要的强度所决定的，而行为方向则受个体经验及个体学习的影响。动机的习得性意味着动机并非一成不变，而是伴随个体学习和社会化不断改变的。

4. 动机的复杂性

动机的复杂性至少可以从四个方面体现出来：一是任何一种行为背后都蕴含着多种不同动机，而且类似的行为未必出于类似的动机，类似的动机也不一定导致类似的行为；二是同一行为后的各种动机有强度上的差别，哪种动机处于优势地位，哪种动机处于弱势地位，并不容易分清；三是动机并不总处于显意识水平或显意识状态，也就是说，对为什么采取某一行动，消费者自身并不一定能给出清楚的解释；四是没有一种动机是孤立的，即使是人类最基本的饥饿动机，虽然属于生理性质，但也很难以单纯的生理因素来解释。人类的行为十分复杂，而行为背后的动机比行为更复杂。

（三）消费动机对购买行为的作用

消费动机是消费者需求与购买行为的中间环节，具有承前启后的中介作用。概括来说，消费动机对购买行为有以下三种功能：一是始发功能，消费动机能够驱使消费者采取行动；二是导向功能，消费动机促使购买行为朝既定的方向、预定的目标前进，具有明确的指向作用；三是强化功能，购买行为结果对消费动机有巨大的影响，消费动机会因良好的购买行为结果而使购买行为重复出现，使购买行为得到加强，也会因不好的购买行为结果使购买行为减少，以至不再出现。

（四）消费者的具体消费动机

1. 求实动机

求实动机是指消费者以追求商品或服务的使用价值为主导倾向的消费动机。在这种消费动机的支配下，消费者在选购商品时，特别重视商品的质量、功效，要求一分钱一分货，相对而言，不强调商品的象征意义所显示的“个性”、商品的造型与款式等。

2. 求新动机

求新动机是指消费者以追求商品、服务的时尚、新颖、奇特为主导倾向的消费动机。在这种消费动机的支配下，消费者在选择商品时，特别注重商品的款式、色泽、流行性、独特性与新颖性，相对而言，产品的耐用性、价格等成为次要的考虑因素。一般而言，在收入水平比较高的人群及青年群体中，求新动机比较常见。

3. 求美动机

求美动机是指消费者以追求商品的欣赏价值和艺术价值为主要倾向的消费动机。在这种消费动机的支配下，消费者在选购商品时特别重视商品的颜色、造型、外观、包装等因素，讲究商品的造型美、装潢美和艺术美。求美动机的核心是追求赏心悦目，注重商品的美化作用和美化效果，它在受教育程度高的人群中及从事文化、教育等工作的人群中是比较常见的。

4. 求名动机

求名动机是指消费者追求名牌、高档商品，借以显示自己的身份或提高地位而形成的消费动机。当前，在一些高收入阶层、大学生中，求名动机比较明显。求名动机形成的原因实际上是相当复杂的。消费者购买名牌商品，除了有显示身份、地位和表现自我等需求外，还为了减少购买风险、简化决策程序和节省购买时间等。

5. 求廉动机

求廉动机是指消费者以追求商品、服务的价格低廉为主导倾向的消费动机。在求廉动机的驱使下，消费者在选择商品时以价格为第一考虑因素。他们宁愿多花时间和精力，多方面了解、比较产品的价格差异，选择价格便宜的商品。相对而言，持求廉动机的消费者对商品质量、花色、款式、品牌等并不挑剔，而对降价、折扣等促销活动抱有较大兴趣。

6. 求便动机

求便动机是指消费者以追求商品购买和使用过程中的省时、便利为主导倾向的消费动机。在求便动机支配下，消费者对时间、效率特别重视，对商品本身却不甚挑剔。他们特别关心能否快捷方便地买到商品，讨厌过长的候购时间和过低的销售效率，要求购买的商品方便携带，便于使用和维修。一般而言，成就感比较强、时间机会成本比较高、时间观念比较强的人，更倾向于持有求便动机。

7. 模仿或从众动机

模仿或从众动机是指消费者在购买商品时自觉不自觉地模仿他人的购买行为而形成的消费动机。模仿是一种较普遍的社会现象，其形成的原因多种多样。有倾慕、钦羡和获得认同而产生的模仿，有惧怕风险、保守而产生的模仿，有缺乏主见、随大流而产生的模仿。不管何种原因，持模仿或从众动机的消费者，其购买行为受他人的影响较大。一般而言，消费者的模仿对象多是社会名流或其崇拜、仰慕的偶像。电视广告中经常出现知名演艺人员使用某种产品的画面或镜头，目的就是激发受众的模仿或从众动机，促进产品销售。

8. 好癖动机

好癖动机是指消费者以满足个人特殊兴趣、爱好为主导倾向的消费动机。具有这种消费动机的消费者，大多出于生活习惯或个人癖好而购买某种商品。比如，有些人喜爱养花、养鸟、集邮、摄影，有些人爱好收集古玩、古董、古书、古画，还有些人喜欢喝酒、饮茶。在好癖动机的支配下，消费者在选择商品时往往比较理智，比较挑剔，不盲从。

需要指出的是，上述消费动机不是孤立的，而是相互交错、相互制约的。在有些情况下，一种消费动机居支配地位，其他消费动机起辅助作用。在另外一些情况下，几种消费动机共同起作用。因此，我们在调查、了解和研究过程中，对消费动机切忌作静态和简单的分析。

第二节　有关消费动机的理论

一、早期消费动机理论

（一）本能说

本能说是解释人类行为的最古老的学说之一。最初的本能理论只不过是人类对所观察到的人类的行为给予的简单命名或贴上的标签。例如，20 世纪初，美国心理学家麦独孤（W. McDougall）提出人类具有觅食、性欲、恐惧、憎恶、好奇、好斗、自信等一系列本能。按照本能说的解释，人生来具有特定的、预览程序化的行为倾向，这种行为倾向完全由遗传因素所决定，无论是个人的行为还是团体的行为，均源于本能（instinct）。换句话说，本能是一切思想和行为形成的源泉和动力。

本能性行为必须符合两个基本条件：其一，它不是通过学习而获得的；其二，凡是同一种属的个体，其行为表现模式完全相同。例如，蜜蜂将蜂巢筑成六角形、蝙蝠倒挂着睡觉、候鸟定期迁徙，都属于本能性行为。人类也有很多本能性行为，如婴儿天生就有对母亲的特殊反应倾向，有对黑暗的恐惧感等。从市场营销角度来看，本能性行为的价值在于，它能使针对这些行为的特定营销刺激更有效。例如，在广告宣传中以母爱为诉求，可能较容易唤起成年人对某些儿童用品的好感，从而有助于这些产品的销售。

相对于多样、复杂的人类行为，本能性行为只占很小的一部分，而且很多被视为具有人类天性的行为也可以通过学习来改变。基于此，现在很少有学者将人类天性或本能作为人类复杂行为出现的动因。

（二）精神分析说

精神分析说的创始人是奥地利精神病学家、心理学家弗洛伊德（Freud）。弗洛伊德的精神分析学说重视对无意识的研究，将无意识视为人类行为的决定因素。

1. 意识、前意识和潜意识

弗洛伊德认为，人的精神由三部分构成：意识、前意识和潜意识。意识是与直接感知有关的心理部分，即出现在我们的意识中、为我们所感知的要素或成分。潜意识是指个人的原始冲动和各种本能及由这些本能所产生的欲望，它们为传统习俗所不容，被限制在意识阈之外，是人的意识无法知觉的心理部分。前意识是意识与潜意识之间、能从潜意识中召回的心理部分，是人们能够回忆起来的经验，它是意识与潜意识的中间环节与过渡领域。

弗洛伊德进一步认为，如果把人的精神比作一座冰山，意识只是露出水面之冰山一角，前意识是露出水面的部分，随着海水的起落时隐时现，潜意识则是水面之下的冰山主体，在人的精神生活中处于基础性地位。因此，人们在理解人类行为背后潜藏的动机时，只分析意识和前意识层次，是不充分也是不恰当的，还应当研究潜意识。

潜意识虽然不能被直接感知，但它总在不停地、积极地活动着，并以各种衍生形式表现自己，梦、过失、冲动性行为、俏皮话、精神病都是通往潜意识的路径。弗洛伊德特别重视对梦的分析，他认为梦是“愿望的达成”，是被压抑的欲望的某种变了形的满足。人们通过对梦的分析或解释，不仅可以发现潜意识中的各种需要与欲望，而且极有可能反映或重现人类祖先的经验和精神活动，因为现代人的心理结构和潜意识中极有可能积淀着人类祖先的经验遗产。

2. 人格结构

弗洛伊德认为，人格结构由三大系统组成，即本我、自我和超我。三大系统作为一个整体，只有相互协调，才能使人有效地与外界沟通，使人的基本需求与欲望得到满足；反之，会使人处于失常状态，降低活动效率，甚至危及人的生存与发展。

本我处于人格结构的最底层，是人格结构中最原始、最隐秘、最模糊、不可及的部分。它靠遗传本能源源不断地提供能量，不与外界直接交流，是个体获得经验之前就已存在的内部世界，也是形成人的生命力的内在核心。本我不受任何理性与逻辑准则的约束，也不具有任何价值、伦理、社会和道德的因素，它的唯一机能是躲避痛苦、寻求快乐。实际上，本我反映的是人的原始的欲望和冲动，是人的生物性的一面。

本我通过冲动性行为和想象、幻想、幻觉、做梦等予以体现，消除紧张，但这样做并不能真正满足人自身的需求和欲望。想象、幻想、幻觉、做梦并不能代替现实，冲动会导致外界的惩罚，反而提高紧张和痛苦的程度。人只有适应和支配外界环境，才能满足自己的需求和欲望。人与环境的交流要求形成一个新的心理系统，即自我。自我是在本我的基础上分化和发展起来的，是在幼儿时期通过父母的训练和在与外界交往的过程中逐渐形成的。自我是人格结构中的行政管理机构，是连接本我与外界的中介。它一方面立足本我，反映本我的要求，实现本我的意图，另一方面又不能赤裸裸地反映这些意图与要求，而要正视现实条件，考虑社会需要，把本我的冲动纳入社会认可和条件许可的范围之内。总之，自我的主要机能是自我保存、趋利避害，它不断地告诫本我，要求本我为了人的长远快乐而忍受暂时的紧张和痛苦。

超我是人格结构中专管道德的司法部门，它是人在儿童时代对父母道德行为的认同，对社会典范的仿效，是人在接受传统文化、价值观念、社会理想的过程中逐步形成的。超我以自我理想和良心为尺度，提示人们该做什么，不该做什么，劝人戒恶从善，主动压抑自我的原始冲动，观察、评判自我，并通过精神性和生理性手段奖赏与惩罚自我。超我指导人们继承历史文化传统，按照社会伦理规范和价值标准行事，为一切本能的冲动设置最后的障碍，避免任何危及社会和他人的过失行为，引导自己从善向美，使自己成为遵纪守法的社会成员。超我是社会化的产物，它反映了人的社会性的一面。

3. 精神分析说对消费者行为的启示

精神分析说认为，人的行为与动机主要由潜意识支配，因此，研究者在研究人的动机时必须深入人的内心。为此，我们需要在研究方法上进行新的探索。20 世纪 30 年代至 50 年代，动机研究进入鼎盛时期，研究者发展了诸如语意联想法、投射技术等间接了解消费者动机与态度的研究方法。这些方法的大量运用，应当说与精神分析说在行为分析领域的渗透和影响存在密切的联系。

虽然我们不能确切地知道消费者行为是否像弗洛伊德所描绘的那样主要受无意识支配，但可以肯定的是，消费者确实有冲动和不理智的时候，消费者的有些行为用完全理性的模式是无法解释的。如果消费者的某些行为确实是受无意识驱动的，那么消费者对自己购买某种品牌的真实动机就不一定能清楚地意识到，因而我们仅仅通过观察消费者行为和询问消费者都不可能获得消费者的真实购买意图。

精神分析说还提醒我们，在分析消费者行为时，应特别重视研究消费者深层的心理需要，以及这些需要以何种形式反映到商品的购买上。狄希特（E. Dicher）认为，物品内部也存在精神，人们把自己投射到各种商品中，实际上购买的商品或劳务项目是自己人格的延伸。譬如，貂皮大衣是社会地位的象征，树木是生命的象征等。这些研究结论无疑对企业制定广告、促销策略，决定采用何种产品外观或包装图案具有重要指导价值。

（三）驱力理论

1. 驱力理论的基本观点

与本能说的观点不同，驱力理论假定任何动物的行为均受内部能量源的驱动，是由学习而不是遗传所引起的。驱力是指由个体生理或心理的匮乏状态所引起的并促使个体有所行动的促动力量。驱力为个体消除匮乏感或为满足其需要的各种活动提供能量，它总与个体生理或心理上的失衡状态相联系；驱力的减少伴随着个体的愉快感和满足感，因此，它是个体所追求的。驱力减少所带来的奖赏效果会导致个体的学习行为，经过学习和经验积累，个体会对那些满足物和采用何种方式消除其匮乏感有深刻的认识，并在此基础上形成习惯。所以，驱力为行为提供能量，而学习中建立的习惯决定着行为的方向。

美国学者霍尔（Hull）提出的 $E=D\cdot H$ 公式实际上反映了驱力理论的观点。公式中，E 表示从事某种活动或出现某种行为的努力或执着程度，D 表示驱力，H 表示习惯。霍尔的公式表明，消费者追求某种产品的努力程度将取决于消费者由于匮乏状态而产生的内驱力，以及由观察、学习或亲身经历所获得的关于这一产品的消费体验。霍尔特别强调在经验基础上的习惯对行为的支配作用。他认为，习惯是一种习得体验：如果过去的行为导致好的结果，人们有反复进行这种行为的倾向；如果过去的行为导致不好的结果，人们有回避这种行为的倾向。

2. 原始驱力与获得驱力

原始驱力（primary drives）是指由消费者的内部生理需要引发的驱力，它是无须习得的。由饥、渴、性和避免痛苦所产生的驱力，通常被视为原始驱力。在一个经济较为发达的社会里，分析原始驱力的价值比较低。比如，用“渴”这一驱动力解释消费者为什么选择“健力宝”或“可口可乐”，结论难以使人满意。

获得驱力或衍生驱力（acquired drives）是指个体经过学习，在条件的作用下获得的驱力。人类的大多数动机，如恐惧、寻求父母赞同、希望与他人交往、获得权力、取得成就等，均源于获得驱力。获得驱力的一个共同特点是，它们促进行为的能力都与原始驱力存在密切的关系。

3. 诱因与最佳唤醒

（1）诱因。诱因论侧重从外部刺激物对行为的影响能力方面来分析行为动机，但并没有否定个体内在动机的地位与作用，只是将关注点放在潜伏于个体身上的内在动机在多大程度上能够被特定的外部刺激物所激活和引导。

将动机研究的侧重点放在外部刺激物上，对市场营销有极为重要的现实意义。营销人员是无力对消费者的原始驱力甚至衍生驱力予以控制的，然而，可以通过对外部刺激物的操纵达到影响消费者行为的目的。比如，生产企业可以通过对消费者测试来决定产品应具备哪些特征，以便更好地适应目标市场的需要；经营高档时装的零售企业可以通过各种方式营造一种气氛和环境，使买者激动。总之，营销人员可以通过对营销变量的有效组合，使消费者形成对购买品的收益预期，从而促使消费者采取购买行动。

（2）适度唤醒。依照驱力理论，人的行为旨在消除因匮乏而产生的紧张，但人类某些追求刺激和冒险的行为，如登山、探险、观看恐怖电影等，恰恰是为了唤醒紧张而不是消除紧张。这类现象是驱力理论所无法解释的。为此，一些学者提出了适度唤醒理论，认为个体在身心两方面，各自存在自动保持适度兴奋的内在倾向：缺则寻求度增高，过则寻求度降低。

所谓兴奋或唤醒，是指个体的激活或活动水平，即个体处于怎样一种警惕或活动反应状态。人的兴奋或唤醒程度可以很高，也可以很低，从熟睡时的活动几近停止到勃然大怒时的极度兴奋，中间还有很多兴奋程度不等的活动状态。

霍华德和谢思运用适度唤醒理论考察了刺激物的模糊性与消费者的兴奋水平之间的关系，结果得到了如图 5.2 所示的曲线。图 5.2 中，竖轴代表兴奋水平或唤醒状态，横轴代表刺激物的模糊性。在 $O \sim x_1$，刺激物的模糊性很低，消费者的兴奋水平呈下降趋势。此时，消费者对刺激物有某种乏味感，因而会寻求使购买趋于复杂的新方式与途径，如选择某个不知名的品牌或购买某种新产品。在 $x_1 \sim x_2$，刺激物的模糊性处于中等水平，此时消费者被激发开展诸如搜寻信息、对不同品牌进行比较等活动；当兴奋水平达到很高的程度，刺激物的模糊性进一步提升时，只会招致消费者的兴奋水平的下降和购买搜寻过程的停止。

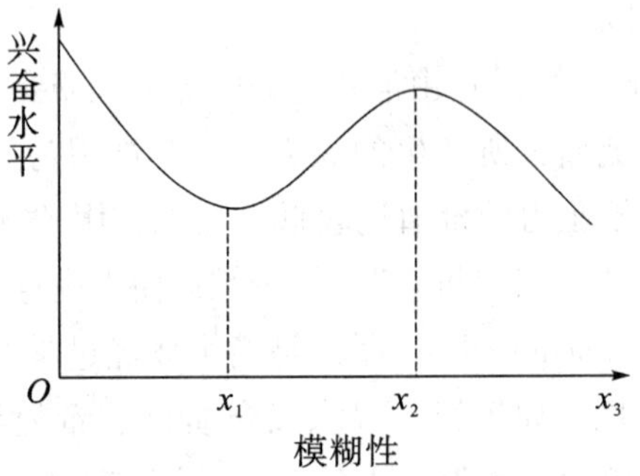

图 5.2　刺激物的模糊性与消费者的兴奋水平之间的关系

二、现代消费动机理论

（一）需要层次理论

1. 需要层次理论的基本内容

美国人本主义心理学家马斯洛（Maslow）于 1943 年提出了著名的需要层次理论（Hierarchy of Needs）。马斯洛将人类需要按由低级到高级的顺序分成五个层次或五种基本类型，如图 5.3 所示。

（1）生理需要（physiological needs），即个体维持生存和人类进行繁衍而产生的需要，如对食物、氧气、水、睡眠等的需要。

（2）安全需要（safety needs），即个体在生理及心理方面免受伤害，获得保护、照顾和安全感的需要，如要求人身的健康，安全、有序的环境，稳定的职业和有保障的生活等。

（3）爱和归属需要（love and belongingness needs），即个体希望给予或接受他人的友谊、关怀和爱护，得到某些群体的承认、接纳和重视，如结识朋友、交流情感、接受爱情，以及融入某些社会团体并参加他们的活动等。

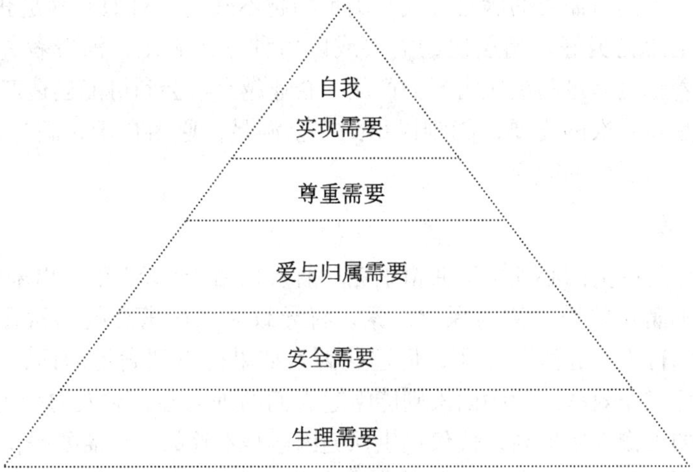

图 5.3 需要层次理论

(4) 尊重需要（esteem needs），即个体希望获得荣誉、受到尊重和尊敬、博得好评、取得一定的社会地位的需要。自尊的需要是与个人的荣誉感紧密联系在一起的，它涉及独立、自信、自由、地位、名誉、被人尊重等多方面的内容。

(5) 自我实现需要（self-actualization needs），即个体希望充分发挥自己的潜能、实现自己的理想和抱负的需要。自我实现是人类最高级的需要，它涉及求知、审美、创造、成就等内容。

上述五种需要是按从低到高的层次组织起来的，只有当较低层次的需要得到某种程度的满足，较高层次的需要才会出现并要求得到满足。一个人在生理上的迫切需要得到满足后，才能去寻求安全保障，也只有在基本的安全需要获得满足之后，爱与归属的需要才会出现，并要求得到满足，依此类推。

人的各种需要存在优先顺序，或者说各种同时出现的需要中存在优势需要。一般而言，处于较低层次的需要，只有在更低层次需要得到满足或部分满足后才会成为优势需要。换句话说，已经满足的需要不再是优势需要，亦不再是行为的决定性力量。

2. 需要层次理论的价值

从消费者行为分析角度看，这一理论对解释消费者行为动机，以及针对消费者需要的特点制定营销策略，具有重要价值。

首先，它提醒我们，消费者购买某种产品可能出于多种需要与动机，产品、服务与需要之间并不存在一一对应的关系。在现代社会，如果认为消费者购买面包仅仅是为了充饥，那将大错特错。

其次，只有低层次需要获得充分满足后，高层次需要才会更好地得到满足。企业在开发、设计产品时，既应重视产品的核心价值，也应重视产品为消费者提供的附加值，因为前者可能更多地与消费者的某些基本需要相联系，后者更多地与其高层次需要相联系，用产品的附加功能取代其核心功能是注定会失败的。

再次，越是涉及低层次需要，人们对需要的满足方式与满足物就越明确，越是涉及高层次需要，人们对需要的满足方式与满足物越不确定。对如何满足获得别人尊重、获得友谊、使生活更美好等高层次的需要或以何种方式满足，消费者并不完全清楚。这实际也意味着越是满足高层次需要的产品，企业越有机会和可能创造产品差异。

最后，越是高层次的需要，越难以得到完全满足，原因在于，满足需要后，愉快体验又会产生更高层次的需要。

（二）双因素理论

双因素理论是由美国心理学家弗雷里克·赫茨伯格于 1959 年提出来的。赫茨伯格将导致对工作不满意的因素称为保健因素，将导致对工作满意的因素称为激励因素。保健因素对人的行为不起激励作用，但这些因素如果得不到满足的话，会引起人们的不满，从而降低工作效率。激励因素则能唤起人们的进取心，对人的行为起激励作用。企业要使员工的工作效率提高，仅仅提供保健因素是不够的，还需要提供激励因素。

将双因素理论运用于消费者动机分析，亦具有多重价值与重要意义。商品的基本功能或为消费者提供的基本利益与价值，实际上可视为保健因素。这类基本利益与价值如果不具备，就会使消费者不满。然而，商品具备了某些基本利益与价值，也不一定能保证消费者对其产生满意感。要使消费者对企业产品、服务形成忠诚感，还需在基本利益与价值之外提供附加价值，如使产品或商标具有独特的形象，产品的外观、包装具有与众不同的特点等。另外，品牌所具有的保健因素与激励因素还会因目标市场、目标消费者生活方式和价值取向的不同而存在差别。

（三）显示性需要理论

美国学者麦克里兰（McClelland）提出的显示性需要理论侧重分析环境或社会学习对需要的影响，因此，该理论又被称为习得性需要理论。与马斯洛认为的需要是人生来就具有的不同，麦克里兰特别强调需要在文化中的习得。麦克里兰特别关注以下三项需要，即成就需要、亲和需要、权力需要。

成就需要（need for achievement）是指人们愿意承担责任、解决某个问题或完成某项任务的需要，具有强烈成就需要的人，一般设置中等程度的目标，并具有冒险精神，而且更希望有行为绩效的反馈。例如，成就需要较强的购买代理商可能会花相当多的时间和精力以设法降低货品的购买价格，而成就需要较弱的代理商通常只被动地接受货品出售方的标准报价。

亲和需要（need for affiliation）是指个体在社会情境中，要求与其他人交往和亲近的需要，如获得别人的关心，获得友谊、爱情，获得别人的支持、认可等。具有强烈亲和需要的人特别关心人际关系的质量，认为友谊和人际关系往往比完成某项任务或取得某项成就更为重要。有强烈亲和需要的消费者，比较注重同事、朋友对自己购买行为的评价，因此在购买决策过程中更容易受他人的影响。

权力需要（need for power）是指个体希望获得权力、权威，试图强烈地影响别人或支配别人的需要。研究发现，凡是对社会事务有浓厚兴趣的人，其行为背后均存在强烈的权力需要。权力需要有两种类型：个人化权力需要和社会化权力需要。前者出于为己之目的，后者出于为公之目的。麦克里兰认为，权力可以朝着两个方向发展：一是负面方向，强调支配和服从；二是正面方向，强调劝说和激励。

营销案例

凯迪拉克 XTS 汽车广告

“一辆你能买到的最舒适的豪华轿车：尊享格调尽显的时尚设计、静享媲美现场的纯净音质、触享尽在指尖的人车互联、安享一路随行的主动保护、驾享翱翔天际的澎湃动力……”

由布拉德·皮特代言的凯迪拉克 XTS 汽车，在传承 110 年品牌经典的基础上，又以突破与创新为这款中级豪华轿车注入了新的活力，为消费者带来全新的驾乘体验。“风范，享你所想”，这样的广告词能吸引什么样的人群？

第三节　消费动机与营销策略

一、发现消费者的消费动机

如果问一位消费者为什么买“皮尔·卡丹”的 T 恤、西服或衬衣，他很可能会说“它们看起来质地不错”“穿起来很合身”“我很多朋友都穿‘皮尔·卡丹’牌的衣服”。然而，也许他还有不愿承认或没有意识到的原因：“它们能显示我有钱”“它们使我出入高级场所，令我更加自信”“它们使我更显魅力和年轻”。

消费者意识到并承认的消费动机称为显性动机，消费者没有意识到或不愿承认的消费动机称为隐性动机。一般而言，与一个社会占统治地位的价值观相一致的动机较与其相冲突的动机更易被人所意识到和承认。图 5.4 说明了这两种动机是如何影响消费者购买凯迪拉克 XTS 汽车的。

对于显性动机，一般可用直接询问法了解，而确定消费者购买某一产品的隐性动机则要复杂得多。营销者通常用动机研究技术或投射技术获得有关隐性动机方面的信息。动机研究技术在 20 世纪 50 年代和 60 年代初很流行，在 70 年代和 80 年代较少被采用，但自 90 年代以来，它又重新受到重视。

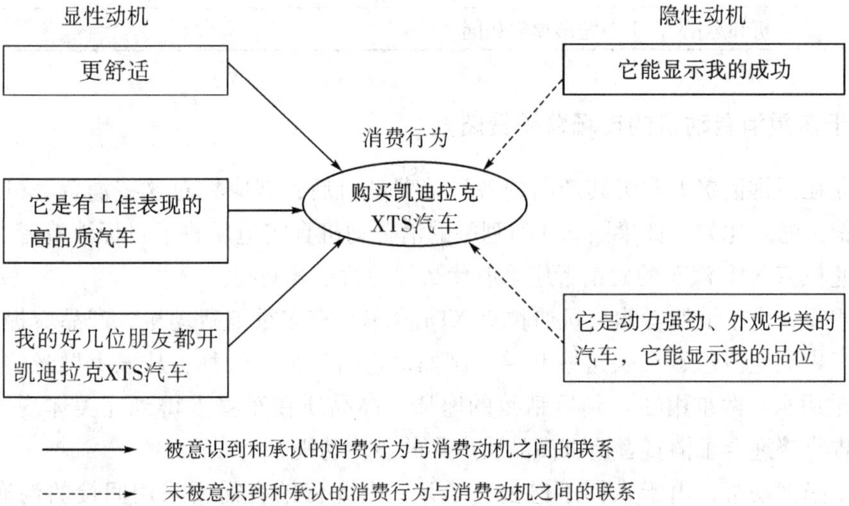

图 5.4　消费者购买凯迪拉克 XTS 汽车的隐性动机与显性动机

表 5.1 列出了几种主要的消费动机研究技术。近年来，学术界还涌现出一些新的消费动机研究技术。一种较新的消费动机研究技术是手段-目的法或称利益链法：让消费者列举某种产品或某个品牌所能提供的利益，再列举这些利益能带来的好处，如此下去，直到消费者列举不出好处为止。例如，一位消费者可能会把减少感冒作为每天服用维生素的好处之一，当被问到少患感冒能带来的好处时，他也许会列举工作效率更高和精力更好，而另一位消费者也许会列举气色更好。两位消费者都服用维生素以防感冒，但其最终目的则不相同。这类信息，对广告主题的确定无疑是有启示意义的。

表 5.1　消费动机研究技术

类别	研究技术	操作方法
Ⅰ. 联想技术	词语联想	给消费者看一张表，然后要求他把回忆过程中最初涌现在头脑中的文字记录下来
	连续词语联想	给出一张表，每念出表上的一个词语，要求消费者将所联想到的词语记录下来，直到表上的词念完
	分析与运用	对消费者的反应进行分析，看是否存在负面联想。对反应的延迟时间进行测量，以评估某个词语的情感性。通过这些技巧，能挖掘出丰富的语意学含义，可以将其运用于品牌命名和广告文案测试中
Ⅱ. 完形填空	语句完成	消费者完成一个诸如“买凯迪拉克 XTS 汽车的人______”的语句
	故事完成	消费者完成一个未叙述完的故事
	分析和运用	分析回答的内容以确定所表达的主题。另外，还可分析消费者对不同主题和关键概念的反应
Ⅲ. 构造技术	卡通技巧	让消费者看一幅卡通画，然后要求其填上人物对白或描述某一卡通人物的想法
	第三人称技术	让消费者说出“一个正常的女人”“大多数医生”或“大多数人”为什么购买或使用某种产品。购物单方法（描述一个会买这些东西的人具有哪些特点）、丢失的钱包方法（描述丢失这个钱包的人可能会有什么特点）都属于第三人称技术
	看图说话	给消费者展示一张购买或使用某种产品的人物的照片，让其以此编一个故事
	分析和运用	与完形填空相同

二、基于多重消费动机的市场营销策略

企业在识别消费者购买其产品的各种消费动机后，就应针对这些消费动机制定相应的营销策略。比如，如果图 5.4 所列举的消费动机真实地反映了目标消费者的状况，那么凯迪拉克 XTS 汽车的营销者应采取什么样的营销策略呢？

很明显，由于消费者购买凯迪拉克 XTS 汽车具有多重消费动机，产品应提供多种利益，广告则应传递、反映这些利益。例如，它的一则广告称：从三重抛光的表面涂层（一重用水，两重用油）到极精致的座椅，高品质在车身上得到完美体现。显然，这一广告直接迎合了消费者追求高品质产品的显性动机。

对于隐性动机，由于人们不愿公开承认，因此营销者需要采用间接的沟通方式。上面所说的凯迪拉克 XTS 汽车广告在画面上展现的不是产品的高品质，而是一位看上

去很富有的人驾车来到一家豪华的俱乐部门前。该广告实际上采用了双重诉求方式：广告文案中的直接诉求侧重于产品品质，而画面上的间接诉求则侧重于表现消费者追求的地位。

在一则广告中，诉求重点只能放在一个或少数几个消费动机上，否则会冲淡广告的主题。然而，在整个传播过程中，企业需要考虑目标顾客所追求的所有消费动机。换言之，企业应使各种传播活动与消费者的显性动机和隐性动机相配合，而不能对其中的一些消费动机视而不见。

三、基于动机冲突的营销策略

动机冲突实际上是指消费者面临的两个或两个以上的消费动机，其诱发力大致相等但方向相反。比如，消费者经常面临几种同时想要购买的产品或服务。许多情况下，企业可以对消费者面临的动机冲突进行分析，提供缓解的办法，以吸引消费者选择本企业的产品或服务。通常，消费者面临三种类型的动机冲突。

（一）双趋冲突

这是指消费者具有两种以上倾向选择目标而只能从中选择一种时所产生的动机冲突。在这种情形下，倾向选择目标的吸引力越旗鼓相当，冲突程度就越高。获得一笔年终奖金后，是到三亚一游还是添一套高级音响？星期天是和朋友一起郊游还是去看一场精彩的电影？此类抉择均是双趋冲突的典型代表。在广告宣传中强化某一选择的价值与利益，或者通过降价、延期付款等方式使某一选择更具有吸引力，均是缓解双趋冲突的有效方式。

（二）双避冲突

这是指消费者具有两种以上希望避免的目标但又必须选择其中之一时面临的动机冲突。当家里的洗衣机经常出故障时，消费者可能既不想花钱买一台新的，又觉得请人来修理不甚合算，处于不知怎么办的境地。此时，消费者就面临双避冲突。同样，一些人一方面害怕出现龋齿，另一方面又不敢去看牙医，此种矛盾心态反映的实际上也是双避冲突。企业应对或消除消费者双避冲突的方式有很多。首先，消费者可能对双避冲突中的问题存在不正确的看法，如把看牙医看成是十分可怕的事情。此时，企业就应该通过宣传来消除或改变这种不全面或错误的信念。其次，双避冲突可能恰恰为企业提供了新的市场机会。例如，在洗衣机出故障时，企业通过推出以旧换新的推销方式，或者通过为新洗衣机提供更长时间的保修承诺，均可能促使消费者采取购买行动来消除双避冲突。有时，在没有完全满意的选择方案下，企业承认这一事实也无妨，只要能令消费者相信所推荐的选择方案是最好的，双避冲突就可能被消除，如一些医疗机构在宣传某种戒毒方法、疾病治疗方法时常常采用这一策略。

（三）趋避冲突

这是指消费者在趋近某一目标时又想避开而造成的动机冲突。当被购买的产品既有令人动心和吸引人的特征又有不尽如人意的地方时，趋避冲突就会产生。在购买某些高档产品、耐用品时，消费者可能一方面对所选的商品爱不释手，另一方面又嫌商品价格太高，或者担心所选商品一旦出现质量问题会带来很多麻烦，一些消费者正是在这种犹豫不定的状态下放弃了购买。经验丰富的销售人员在发现这种趋避现象后，常常会灵活地采用各种方法消除消费者的趋避冲突，如提供保修承诺，保证在一定时期内如果消费者发现以更低价格出售同类产品的商家就返回差价甚至予以奖励等。美国米勒酿酒公司针对一些顾客既爱喝啤酒，同时又担心摄入酒精后影响身体健康的心理，开发出不含酒精的啤酒，这就是对消费者的趋避冲突的一种反应。

本章小结

消费者需要与消费动机是消费者行为产生的动力。消费者需要是指消费者生理和心理上的匮乏状态，是消费者行为的源泉。动机则是指引起个体活动，维持已引起的活动，并促使活动朝向某一目标行进的内在作用力，是产生消费者行为的直接动力。引起动机的内在条件是需要，外在条件是诱因。

关于消费动机的理论很多，早期消费动机理论有本能说、精神分析说和驱力理论，现代消费动机理论主要有需要层次理论、双因素理论和显示性需要理论。需要层次理论认为，人的需要按从低到高依次分为五个层级，只有未被满足的需要才构成行为的动因。双因素理论将促动人们行动的因素分为保健因素和激励因素。而显示性需要理论则特别关注成就需要、亲和需要、权力需要三种需要。

消费动机可分为显性动机与隐性动机，前者可由询问消费者了解，后者则需要通过动机研究技术或投射技术来获得。消费者的多个消费动机还常常彼此发生冲突。企业可在了解这些动机冲突及类型的基础上，通过合适的产品、服务和有效的营销手段帮助消费者缓解动机冲突。

关键概念

消费者需要　消费动机　需要层次理论　显示性需要理论　显性动机　隐性动机

复习题

1. 什么是消费者需要？什么是消费动机？举例说明消费者需要与消费动机有何联系与区别。

2. 消费者的具体消费动机有哪些？结合现实营销活动举例说明。

3. 弗洛伊德的精神分析说中关于人格结构的主要观点是什么？对消费者行为的启示何在？

4. 驱力理论的主要观点是什么？在营销中如何运用？

5. 阐述马斯洛的需要层次理论的基本内容，并结合现实营销活动分析说明。

6. 显示性需要理论关注的是哪几种需要？结合现实营销活动举例说明。

7. 怎样发现消费动机？主要的消费动机研究技术有哪些？

8. 描述三类动机冲突，并结合现实中的营销活动举例说明每一种动机冲突。

实训题

项目 5-1　需要层次理论的运用研究

针对选定产品类别，每组成员对每个需要层次进行宣传策略设计。

项目 5-2　联想技术的运用研究

针对选定产品类别，每组成员使用连续词语联想法分析消费动机。

案例分析

“打工人”的养生之道

第六章　消费者的感觉与知觉

本章学习目标

- ◆掌握消费者感觉的基本规律
- ◆掌握影响消费者理解的因素
- ◆掌握影响消费者注意的因素
- ◆掌握感知风险的类型

开篇故事

网红品牌爆红秘籍：高“成图率”让粉丝主动发圈

第一节　消费者的感觉

一、感觉的含义与类型

（一）感觉的含义

感觉（sensation）是一种最简单的心理现象，是人脑对直接作用于感觉器官的外界事物的个别属性的反映，是认识过程的开端。消费者对产品的认识是从感觉开始的。在消费活动中，当消费者与产品发生接触时，总会借助感觉器官来感受产品的物理属性和化学属性，并通过神经系统传递到大脑，从而引起对客观事物的认识。

感觉不仅是人们获得外界信息的来源，也是人们对客观事物的情感、兴趣的依据。消费者购买行为的产生不仅基于对产品本身的感觉，还基于对购物环境、服务人员态度、服务质量等的感觉。因此，消费者的感觉对象是多方面的，有些感觉与商品消费有直接关系，有些感觉与商品消费有间接关系。感觉是消费者的一切知识和经验的基础，离开了感觉，消费行为也就无从谈起。

（二）感觉的类型

人的感觉主要有五种类型，即视觉、听觉、嗅觉、味觉、皮肤觉。

1. 视觉

视觉是指依靠人的眼睛来实现的一种感觉。视觉上的刺激主要包括色彩、亮度、灰度、外形、大小等。色彩给人们以最丰富的视觉感性世界，直接影响人们的情绪感受。企业在营销中应充分利用视觉展现商品的特色。

2. 听觉

听觉是指人们对声音的频率、音量、音色的感觉。听觉是依靠耳朵来实现的。在商品消费过程中，听觉所起的作用也是十分重要的，音乐、影视、戏曲表演等艺术形式的享受，离不开人的听觉器官。听觉信息也是传递商品信息的重要渠道。不同形式的音乐能够让人产生轻松或刺激的情绪，企业在商业环境中可提供功能性音乐来使顾客放松或振奋。

3. 嗅觉

嗅觉的主要感觉器官是鼻子。嗅觉与味觉这两种感觉是紧密相关的。嗅觉是最直接的感觉。与消费者心理密切相关的气味主要是香味，庞大的香水与化妆品市场即来源于人们对香味的消费需要。除了香味之外，商家也要利用其他气味，如食品中的不同气味、服饰中的不同气味、警戒性气味（煤气中加入的臭味）等。气味从多方面影响消费者的反应，是由于人的想象和思维活动参与了感觉过程。

4. 味觉

味觉是一种很个性化的感觉。味觉的主要感觉器官是舌头。味觉的主要类型有酸、甜、苦、咸。其他的味觉类型是在这四大类的基础之上综合或复杂化而形成的，如辣的味觉是在温度觉、痛觉和咸的基础上综合形成的，酸辣的味觉又是在酸和辣的基础之上形成的。

概念运用：味觉与营销

一家名叫调味屋（Flavor House）的专业公司开发了新味道来取悦消费者不断变化的口味。例如，消费者需要味道好、热量低、脂肪少的食品，该公司便生产了一种米糕，尝起来就像黄油爆米花一样。

食品公司竭力提升食品的口感。例如，纳贝斯克公司在监督小甜饼干的生产程序时，聘用感觉讨论员，经过6个月的口感训练，根据一些属性维度，将本公司产品和竞争产品排等级。属性维度包括易融度、浓度、密度、臼齿黏附量和饼干的味道，如苦、咸、甜等。公司测试一种小甜饼干样品就需花费感觉讨论员8小时的时间。

5. 皮肤觉

皮肤觉是指人的皮肤对事物的感觉，包括温度觉、触觉、痛觉等感觉类型。因为温度觉的存在，人们要求自己的周围有一个舒适温度环境，并由此形成了满足舒适温度环境需要的巨大消费市场，商家也生产了相应的产品，如电风扇、空调器、季节性服装等。

触觉中以手部位置使用最为频繁，所以触觉在日常生活中被称为手感。在服装消费中，消费者会摸一摸服装的质料，有些消费者偏好粗糙、硬性挺括的手感，有些消费者喜欢柔软、光滑的手感。人们在选购提包、手机、家具、家电等商品时，会考虑商品表面的手感，有的人喜欢光洁的手感，有的人喜欢粗糙的手感。触觉是促进销售的一个因素。有研究表明，与服务员有适当身体接触的人付的小费更多；超市的食品推销者与顾客有轻微的身体接触，能幸运地得到更多顾客的试吃和更多的订单。

日常用语中还有质感一词。质感是在触觉、视觉、听觉等感觉基础上形成的，这是思维活动参与感官过程所形成的对商品质量的判断。质感已经不是简单的感觉活动，而是复杂的知觉活动及更高级的心理活动。

二、感觉的规律

（一）感觉的感受性

所谓感觉的感受性，是指感觉器官对外界刺激强度及其变化的感觉能力。它是消费者对商品、广告、价格等消费刺激有无感觉及感觉强弱的重要标志。感受性的强弱是用感觉阈限的大小来度量的。感觉阈限是指能够引起感觉并使感觉持续一定时间的刺激量。阈限是界限、门槛的意思。例如，人的耳朵可以听到的声音频率范围是 20~20 000 Hz，在此界限内就产生感觉，超过这个界限就没有感觉。每种感觉都有两种类型的感受性和感觉阈限，即绝对感受性和绝对感觉阈限及差别感受性和差别感觉阈限。

心理学上把能引起感觉的最小刺激强度叫绝对感觉阈限（absolute threshold），对这种能觉察出最小刺激度的能力叫作绝对感受性。绝对感受性与绝对感觉阈限成反比，绝对感觉阈限越小，能引起感觉的刺激强度越弱，绝对感受性就越强，说明人的感觉器官越灵敏。但有时刺激强度发生了变化，人们并不一定能有所感觉，如一台 4 900 元的空调降价 20 元时，消费者并不一定能立即有所感觉，这就是差别感觉阈限在起作用。所谓差别感觉阈限（difference threshold），是指刚刚能引起差别感觉的两个刺激量的最小差别，如空调价格从 4 900 元降到 4 700 元时，人们就会有明显的感觉，其中 200 元就是原来 4 900 元的差别感觉阈限。相应地，我们把能够区别客观事物变化或差别的能力叫差别感受性，差别感受性与差别感觉阈限也成反比。

德国生理学家韦伯于 1834 年发现，个体可觉察到的刺激强度变化量 ΔI 与原刺激强度 I 之比是一个常数，即 $\Delta I/I=K$。这就是著名的韦伯定律。韦伯定律中的 K 在每一种感觉状态下是一个常数，但它随不同感觉状态而变化。

消费者的感觉阈限制约着经营刺激信号。俗话说“耳听为虚，眼见为实”，对于商品的认识和评价，消费者首先相信的是自己对商品的感觉。不同的客体刺激使相同的人产生的感觉不相同，而相同的客体刺激使不同的人产生的感觉也不相同。所以，在市场营销活动中，企业向消费者发出的经营刺激信号强度受消费者的感觉阈限的制约，为推销商品而降价就是如此。在这里，降价的幅度对消费者而言就是经营刺激信号，其必须与消费者的感觉阈限相适应：降价幅度过小，刺激不够，消费者不会积极购买；而降价幅度过大，消费者又会怀疑商品的质量。另外，消费者的感觉阈限还与商品本身有关。例如，几千元的商品降价十几元并不会引起消费者的注意，而日常的生活用品，如蔬菜、肉类、蛋类，即使上涨几角钱也会很快被消费者感觉到。

营销实用技能：差别感觉阈限的运用

●企业在产品品质上的改善要让消费者觉察，同时又不造成浪费。

●在替换原材料、降低或减少产品的重量或数量方面，为了不使消费者发现，变化最好控制在差别感觉阈限内。例如，一家食品公司，23 年内对牛奶巧克力条的价格只调整了 3 次，但重量变了 14 次，未被消费者觉察。

●在价格变动方面，企业至少削价 15%才会促进消费者购买。

●在产品包装方面，产品包装的现代化进程不会使消费者感受到外观的变化，企业应将产品包装的现代化进程与消费者对该产品的好印象结合起来。

●在商标策略方面，名牌商标生产者力求与竞争对手有所区别。

（二）感觉的适应性

所谓感觉的适应性，是指人们的感觉器官因刺激物的持续作用而使感受性发生变化的现象。适应性的增强可能引起感受性的增强，也可能使人们因接触过度而造成感觉的敏感度逐渐下降。例如，当消费者购买一个新产品时，觉得这个产品很新鲜，甚至爱不释手，但过了一段时间，就觉得这个产品不那么吸引人了，这就是人们对持久、恒定作用的环境刺激产生感觉适应的表现。当个体重复经历某种刺激时，就会产生感觉适应。而个体已习惯了的刺激数量或水平就是适应水平。

感觉的适应性也会发生在消费者对企业所传播的广告信息的反应中。例如，消费者会注意到企业所播放的新广告，但看了几次之后，消费者对该广告产生了感觉适应，就可能不太会去注意它了；即使看见了，也不再对其进行加工，即所谓的熟视无睹。因此，企业过一段时间就会更换新的广告，或者对同一个广告主题采用不同的表现形式，以保持受众对其广告的关注。

蝴蝶效应认为人们对有少许差异的东西的感知更为肯定。在适应水平上，人们对刺激的偏好有所下降，但对高于或低于适应水平的偏好达到了最高水平。

蝴蝶效应也可用于解释人们在对日用品（如牙膏、香皂）的消费中会经常更换品牌，即使他们说不出来对原有的品牌有什么不满。根据蝴蝶效应，当消费者已对原有品牌产生感觉适应时，更换品牌可使消费者偏离适应水平，从而带来产品之外的愉悦。因此，我们会看到即使品牌名称不变，企业也会不断地导入新产品，以使消费者对产品产生新鲜感。

（三）感觉的对比性

所谓感觉的对比性，是指当同一感觉器官接受不同的刺激时，人的感受性容易发生变化，产生对比现象。例如，穿红上衣者和穿绿上衣者都手持红花，则穿绿上衣者手中的红花更显眼，这就是同一刺激在不同背景下产生的对比感觉，而使感受性加强或减弱。因此，在商品陈列和广告设计中，亮中取暗、淡中有浓、静中有动等手法有助于吸引消费者的注意力。

（四）感觉的联觉性

所谓感觉的联觉性，是指人体各感觉器官的感受性不是彼此隔绝的，而是相互影响、相互作用的，即一种感觉器官接受刺激并产生感觉后，还会对其他感觉器官的感受性产生影响。消费者在同时接受多种消费刺激时，经常会面临感觉间相互作用引起的联觉现象。例如，消费者在优雅柔和的音乐声中挑选商品，对色泽的感受性会明显增强；进餐时赏心悦目的各色菜肴会使人在味觉上的感受性增强。除不同感觉器官的感受性会发生联觉现象外，同一感觉器官内不同部分的感受性也会发生联觉现象。

第二节　消费者的知觉与理解

一、消费者的知觉

（一）知觉的含义

知觉（perception）是人脑对作用于感觉器官的客观事物的各种属性和各个部分的整体反映。知觉是在感觉的基础上形成的。在认知过程中，消费者不仅借助感觉器官对商品的个别属性进行感受，而且能将各个别属性联系、综合起来，进行整体反映。

但是，知觉并不是感觉在数量上的简单相加，它往往是视觉、听觉、触觉、嗅觉、运动觉等多种感觉协同作用的结果。感觉的产生决定于客观刺激的物理特性，如热水能让人感受到热度。而知觉的产生在很大程度上依赖于主体的态度、知识经验、心理状态和个性特点，尤其是过去的知识经验。例如，在寒冷的冬天洗个热水澡，会让人感到舒服、惬意。这种由热水带来的舒服、惬意属于人的知觉。

在实践中，消费者通常以知觉的形式直接反映产品，而不是孤立地感觉其某一方面的属性。例如，我们在品尝菜肴时，通常用色香味俱全来评价，购买计算机时则通常考虑最佳的价格和性能比。因此，与感觉相比，知觉对消费者的影响更为直接和重要，它决定着消费者对消费信息的理解和接受程度，制约着消费者对产品的比较和选择，是产生购买行为的前提。

（二）知觉的特征

1. 知觉的选择性

个体对外来信息有选择地进行加工就是知觉的选择性。知觉的能动性主要表现在它的选择性上。现代消费者置身于商品信息的包围之中，有大量的消费刺激作用于消费者的感觉器官，消费者不可能同时对所有这些事物作出反应，只对其中的某些事物有清晰的感觉，这就是知觉的选择性。

知觉的选择性还表现在消费者能在众多的商品中把自己所需要的商品区分出来，或者在同一种商品的众多特性中优先注意到某种特性。它使消费者在选择商品中发挥过滤作用，使消费者的注意力集中指向感兴趣的或需要的商品及某些特性。

2. 知觉的整体性

尽管知觉对象由许多个别属性组成，但是人们并不把知觉对象感知为若干个相互独立的部分，而是趋向于把它们感知为一个统一整体。知觉的整体性反映在消费者的购买行为上，就是消费者总把商品的质量、价格、款式、商标、包装等综合在一起，形成对商品的整体印象。知觉的整体性使消费者能够快速将某种产品与其他商品区别开来。当环境变化时，企业可以根据消费对象各种特征间的联系加以识别和辨认，从而提高知觉的准确度。

3. 知觉的理解性

人们在感知客观事物时，总是运用过去所获得的知识和经验去解释它们，这就是知觉的理解性。知觉的理解性受知觉者的知识经验、实践经历、接受的语言指导及个人兴趣爱好等的影响。因此，不同的人对同一事物可以表现出不同的知觉结果。例如，具有电子专业知识的消费者在选购家用电器时，通过阅读商品说明书并进行调试，就能理解商品的原理、结构、性能、特点和品质，并做出正确的评判和选择。

4. 知觉的恒常性

当知觉的客观条件在一定范围内有所改变时，知觉印象仍然保持相对不变，这就是知觉的恒常性。知觉的恒常性反映在消费者的购买行为上，就是消费者能够避免外部因素的干扰，在复杂多变的市场环境中，仍然可以根据以前购买商品后的使用经验来辨别眼前的商品。例如，某种长期受消费者欢迎的名牌商品，在包装材料上做了些许改变，或者提高了附加值，消费者仍然能进行正确的知觉。但知觉的恒常性也可以阻碍新产品的推广。

由于人们不愿放弃自己习惯使用的商品，因此知觉的恒常性成为消费者在连续购买某种商品时的一个重要影响因素。企业可以通过名牌商品带动其他商品的销售，或者通过畅销的老商品带动新商品的销售。

（三）知觉的组织

人们随时随地都会接触到各种各样的信息，但是人们并不是孤立地对一条信息进行感知，而是把这些信息联系起来进行认识，使它们组成一个有意义的整体以便进一步对它们进行理解和处理，这样就大大简化了信息处理的程序。20 世纪早期的完形心理学派（Gestalt Psychology）认为“总体大于部分之和”，并提出了知觉的组织原则。

1. 图形-背景原则（形-底原则）

知觉的图形可看作是那些受到集中注意的刺激物，知觉的背景是指处于注意边缘的其他刺激物。因此，知觉的图形常常是清楚的、稳定的，而知觉的背景常是模糊的、不确定的。人们倾向于根据图形-背景的关系来组织信息。因此，个体对刺激物的感知，从一定意义上说就是把知觉的图形从知觉的背景中分离出来的过程。知觉的图形与知觉的背景的鲜明对比是图形知觉的重要条件。

在市场营销中，企业常想让消费者把自己的广告信息作为知觉的图形，而把竞争对手及其他信息作为知觉的背景，以便让广告信息更加明确，更加有吸引力，更能引起受众的注意和让受众产生好感。即使在企业的单个广告中，企业也总是把最想传达的信息作为知觉的图形，而把其他信息作为知觉的背景，以使产品特征能被消费者清晰地感知。

2. 接近原则

人们容易把在空间上接近或邻近的刺激物组织在一起。接近原则是指人们在对某一刺激物进行认识时，会把它与接近的刺激联系起来。在广告的创意中，企业常把该产品放置在使用该产品的情境中，这样可使消费者在相似的环境和气氛中想起该产品。例如，企业把给孩子洗澡的情境与用品联系在一起，消费者在这样的时刻自然就会想起使用该产品了。

3. 相似原则

人们倾向于把在形状、颜色、功能及其他方面相似的刺激物归于一类，这就是知觉的组织的相似原则。策划人员经常会利用知觉的相似性进行广告创意设计。例如，化妆品广告把眼睛的鱼尾纹与鱼的形状联系起来，形象说明该产品的功效就是要减少和消除鱼尾纹。一些企业也常利用知觉的相似性来使自己的产品与一些名牌产品相似，以提升其产品的信誉。

4. 连续性原则

连续性原则是指视觉对象的内在连贯性。企业在广告中，也会利用连续性原则，通过手势或眼睛的视线把受众的注意力引向产品、企业的标志。

5. 闭合性原则

人们倾向于把不完整的刺激物知觉变为完整的刺激物知觉。也就是说，人们通过过去的经验可把刺激物中的缺失补充起来，从而形成闭合。

（四）知觉的分类

知觉的分类是指当个体感知到外界刺激物以后，就开始把刺激物的特征与记忆中的相关概念进行比较、分析，试图把该刺激物体归入过去记忆中的某一类别。

过去的经验和社会关系有助于形成某种提供分类的期望（或选择性期望），个体用此解释刺激。个体的经验范围越小，可供选择的分类途径就越有限。在市场营销中，企业总想让消费者认识到其产品在该产品类别中的位置及它与其他类别中产品的区别，这往往通过产品定位来实现。

二、消费者的理解

（一）影响理解的因素

1. 个体因素

（1）动机。动机会影响个体对刺激物的理解。在莱维勒（Levine）等人做的一个实验中，实验者将一幅模糊的图画呈现给被试，并要求后者指出图画中画的是什么。结果，越是饥肠辘辘的被试越将其想象成某种与食物相关的东西。这说明，动机直接影响个体对刺激物的理解。

不仅如此，动机还影响理解过程中个体对信息加工的程度。如果刺激物被认为与达到某种目的或提供某种利益相关，那么它越有可能让个体产生各种联系和想法，此时信息加工的程度被提高，反之则被削弱。

（2）知识。储存在头脑中的知识是决定个体如何理解刺激物的一个主要因素。新手和专家在同一事物上的判断可能截然不同。不仅如此，知识还有助于提高消费者的信息理解能力，知识丰富的消费者更可能识别信息传播中的逻辑错误，更少对信息做出不正确的解释。此外，知识丰富的消费者更可能集中思考刺激物中包含的事实，而知识欠缺的消费者则可能更多着眼于背景音乐、图片等非实质性内容。

（3）期望。理解在很大程度上取决于个体对所要看到的事物的期待。如符号“13”，在一串数字之后，人们会把它视为13；在一串英文字母之后，人们会把它认为是字母B。期望还会影响消费者对销售人员所提供的说明信息的处理。有一个研究发现，当销售人员偏离消费者心目中的典型销售人员形象时，消费者会更加审慎地评价他们提供的信息。

2. 刺激物因素

（1）刺激物的实体特征。刺激物的实体特征如大小、颜色等，对消费者如何理解刺激物有着重要影响。苹果公司最初将功能更强但体积更小的计算机推向市场时，很多消费者难以相信这一事实，于是它不得不发起一场“它比看起来要大得多”（it's a lot bigger than it looks）的推销活动，结果改变了消费者的看法，使产品销量上升。

刺激物的颜色在消费者的理解过程中也是重要的认识线索。例如，在美国，橙色被认为很廉价，一家快餐连锁店为突出其食物的物美价廉，在店内与店面的装修中更多地加入橙色，结果销售额增加了7%。家用电器制造企业发现，当用柔和的而不是较深或较暗的色彩时，消费者会觉得产品的重量更轻一些。

在包装方面，一家食品杂货店发现，将鲜鱼处理后用塑料袋包装，消费者会认为鱼存放太久、不新鲜，因为很多人将其解释为已经冷冻过。为此，该商店将鱼直接放在碎冰上。

品牌名与消费者的理解也有紧密联系。例如，温迪（Windy）试图将其“单人”汉堡改名，“单人”汉堡所用的馅料比麦当劳的“巨无霸”汉堡所用的馅料多，但它的名字没有很好地传递这一信息，致使消费者对其实际价值缺乏了解。

（2）语言或符号。同样的语言或符号在不同情境和不同文化背景下可能有截然不同的含义。例如，降价的字面意思是将商品价格降到正常价位以下并进行销售，但如果是时装销售，人们会认为款式过时。因此，区分字、词的字面含义和心理含义十分重要。字、词的字面含义是指一个字或一个词的一般含义，即词典所解释的含义，而心理含义是指基于个人或某个群体的经历、词语使用时的具体情境而赋予的特定含义。

（3）次序。次序在理解上有两种类型：一是首因效应（Primacy Effect），指最先出现的刺激物会在理解过程中被赋予更大的权重；二是近因效应（Recency Effect），指最后出现的刺激物会更容易被消费者记住，并在理解时被赋予更大的权重。在刺激物呈现或信息传播过程中，企业到底是用首因效应还是用近因效应要视情境而定。比如，在广告中是先播品牌名效果好，还是先呈现背景和产品实物效果好，取决于消费者的特性和购买介入程度等多个因素。

3. 情境因素

一些情境因素，如饥饿、孤独、匆忙等暂时性个人特征及气温、在场人数、外界干扰等外部环境特征，都会影响个体对信息的理解。初步研究表明，出现在正面节目中的广告获得的评价也更正面和积极。因此，消费者在消费产品和服务的同时也在体验或消费知觉情境，情境的差异会影响消费者的消费体验效果。

（二）对营销信息的误解

营销者希望消费者正确理解其传递的信息，但误解无法被避免。消费者对营销信息产生误解的原因多种多样，可能是受众注意力不集中所致，如在收看节目时做别的事情，或者与别人聊天，也可能是刺激物本身不明确和模糊所致。此外，消费者的知识局限、误导性信息均有可能引起对营销信息的误解。所以，企业传递信息应预先认真进行测试，以尽可能减少误解。

第三节　消费者的接触与注意

一、消费者的接触

在任何一种营销刺激能够影响消费者之前，首先必须让消费者能够接触到。接触（exposure）是指将刺激物展现在消费者的感觉神经范围内，使其感官有机会被激活。营销者只需把营销刺激置于个人相关环境之内，并不要求个人一定接收刺激信息。比如，电视里正在播放一则广告，而你正在和家人或朋友聊天，没有注意到，但广告展露在你面前则是事实。

对于消费者而言，接触并不完全是一种被动的行为，很多情况下是主动选择的结果。研究显示，当电视广告播放时，只有47%的消费者观看全部的广告，有10%的观众会走出房间。网络电视的开通和遥控器的使用，使消费者更容易控制所看到的广告。为减少广告逃避现象和提高营销信息的接触水平，营销者和广告公司正在试图采用各种方法，如增强广告本身的吸引力，在多种媒体和多个电视频道播放广告，将广告置于最靠近节目开始或结束的位置等。

目前，我们对接触水平的衡量主要有发行量、收听率和收视率等指标。收视率一般是用观众人数来反映的，可以用电话访问法、观众人数计量仪等获取。

营销实用技能：增加偶然接触机会

●企业可在目标消费者最可能接触的环境中宣传产品。例如，一个顾客等售货员为他找钱的平均时间为14秒，售货员可以让他看新产品宣传单。

●企业可在车站、码头、繁忙的交叉路口、市中心等地设置零售点。一家咖啡馆经营三明治、新鲜橘子汁、新鲜法式烤面包、松饼、新月形面包，运用一种星罗棋布的战略，在波士顿市中心开了16家分店，有些店相隔不到100英尺（1英尺=0.304 8米，下同）。虽然没有在每个路口安装大广告牌，但咖啡馆本身就是最好的广告。

●企业应注重广告中的全方位宣传。例如，企业可使用媒体组合，利用出租车、体育馆、轮船、公共汽车做广告，在购物车上放置广告等。

●企业增加消费者对某一品牌偶然接触机会的长期战略是让它进入电影和电视。企业可以雇用一家专门为产品在电影、电视中做广告的公司来宣传品牌。

二、消费者的注意

（一）注意的含义

注意（attention）是人的心理状态对客观事物指向性和集中性的体现。注意是人们获得信息的先决条件，并且与其他的心理活动紧密相连。只有进入人们注意范围之内的事物，才有可能被感知。

在现代营销活动中，研究人员关心消费者对商品及其相关信息的注意。有人认为，消费者的注意效果直接决定一个企业、一个品牌的经济效益，因此将注意效果命名为一种经济行为，即注意力经济，其中视觉的注意占据重要的地位，有人干脆把注意力经济称为眼球经济。

（二）消费者注意的功能

1. 维持功能

维持功能指消费者把对选择对象的心理反应保持在一定方向上，并维持到心理活动终结。由于注意的作用，消费者在对消费对象做出选择后，能够把这种选择贯穿认知商品、做出决策乃至付诸实施的全过程中，而不致中途改变方向和目标，这使消费者心理与行为的一致性与连贯性得到保证。

2. 选择功能

选择功能指消费者选择有意义的、符合需要的消费对象加以注意，排除或避开无意义的、不符合需要的外部影响或刺激。面对浩如烟海的商品世界，消费者不可能同时对所有对象做出反应，只能把心理活动指向和集中于少数商品或信息，将它们置于注意的中心，而使其他商品或信息处于注意的边缘或注意的范围以外。这样，消费者才能清晰地感知商品，深刻地记忆有关信息，集中精力进行分析、思考和判断，在此基础上做出正确的购买决策。

3. 调整功能

调整功能指注意能使消费者的心理活动处于一种积极状态，能使他们及时调整和修正由外界干扰产生的错误和偏差，保证感知的形象清晰和完整，从而更好地进行思维和意志活动，提高消费活动的效率。

（三）注意的形式

1. 无意注意

无意注意又称随意注意，是指没有预定目的、不加任何意志努力而产生的注意。消费者在无目的地的游览观光时，经常会于无意之中对某些消费刺激产生注意。刺激物的强度、对比度、活动性、新异性等，是引起无意注意的主要原因。

2. 有意注意

有意注意又称不随意注意，是指有预定目的、需要经过意志努力而产生的注意。在有意注意的情况下，消费者需要在意志的控制之下，主动把注意力集中起来，直接指向特定的消费对象。因此，有意注意通常发生在需求欲望强烈、购买目标明确的场合。

3. 有意后注意

有意后注意又称随意后注意，是指有预定目的但不经意志努力就能维持的注意。它是在有意注意的基础上产生的。消费者对消费对象有意注意一段时间后，逐渐对该对象产生了兴趣，即使不进行意志努力，仍能保持注意，此时便进入有意后注意状态。在观看趣味性、娱乐性广告或时装表演时，人们经常会出现有意后注意现象。这种注意形式可使消费者不致因过度疲劳而转移注意，注意相对稳定和持久。

（四）影响注意的因素

1. 刺激物因素

任何一种客观事物的存在都是刺激物作用于感官而引起的反应。刺激物因素指刺激物本身的特征，如大小与强度、色彩与运动等，是营销者可以控制的，所以常用来吸引消费者的注意。

（1）大小与强度。一般来说，大的刺激物比小的刺激物更容易引起人们的注意。相关研究显示，广告版面扩大10倍，注意率提高7倍。因此广告的惯用策略是大尺寸，如瑞士钟表广告，直径长16米，重6吨，垂挂在东京的摩天大楼上；国外的一些户外广告用大屏幕显示，有三层楼高，面积有几百平方米；有的飞机广告喷浓烟，在天空拼写文字广告，每分钟喷100万立方英尺（1立方英尺=0.028 3立方米，下同）的浓烟30个左右，方圆20英里（1英里=1.609 344千米，下同）的人们都可看见。

相关的研究表明，刺激物要引起反应必须达到一定的强度，在一定的范围内，随着强度的增强，个体的反应也会增强。高强度刺激物，如强光、强音响、突出位置容易引人注意。因此广告中多采用明亮色彩的字体、响亮的声音。反复、高频率也是提高刺激物强度的方法。例如，某些墙壁上连续贴满许多广告，一张不能吸引注意，但连续几张就有较大的刺激力量；广播广告中，同一内容需要播报3~6个月，否则没有效果。

（2）色彩与运动。彩色画面比黑白画面更易引起注意。黑白广告的注意率为3%，彩色广告的注意率为50%；黑色与单色结合的广告，比黑白广告的注意率高出7%；四色广告比黑白广告高出54%。一项涉及报纸广告色彩效果的研究发现，减价品新增41%的销售量是由于零售商在黑白报纸广告中增加了一种颜色。另外，某些颜色，如红色、黄色更引人注目。

动感的、变化的刺激物更容易引起注意。所以，电视广告吸引注意力的效果好于印刷广告。平面广告是静止的，就要采用似动效果，用活泼的布局、动态的照片来增强吸引力。

（3）位置与隔离。刺激物的位置不同，所引起个体的关注也可能是不一样的。例如，视野正中的物体较处于边缘的物体更容易被人注意，所以企业对与视线平行的货架位置争夺激烈。对于杂志来说，位于封面的广告要比位于封二、封三及封底的广告更容易引起关注。就电视节目之间所插播的系列广告来说，开始及末尾的广告更容易引起人们的关注。

隔离（isolation）是指将某些特定刺激物与其他物体分隔开。隔离有助于吸引注意力。例如，报纸或印刷媒体将大部分版面空出来而不是用文字或图画填满整个版面，采用空白、花边、边框等形式将某广告与其他广告相区别。同样，广播广告之前的片刻沉默或电视广告之前画面的片刻消失，都运用了隔离的原理。

（4）对比与刺激物的新颖性。对象与背景有显著差异、形成明显对比的刺激物，更能吸引人们的注意，因为对比会造成人们的认知冲突，提高信息处理水平。对比有强度对比，如明亮、暗淡、字体大小、声音的骤然增强等；颜色对比，如黑白、红黑、红绿、黄黑对比等，黑白广告在众多彩色广告后更引人注目；动静对比；等等。

人的感觉器官由于有适应性，因此在缺乏新奇的刺激时难以被激活。当刺激物具有新颖性时，出乎意料的不平常的刺激特性，与人们预期大相径庭的画面、内容，带音乐或声音的印刷广告，更能引人注意。

（5）格式与信息量。格式是指信息展示的方式。通常，简单、直接的信息呈现方式比复杂、间接的信息呈现方式更容易受到人们的注意。缺乏明确观点，移动不当，如太快、太慢的广告，会增加人们处理信息的难度。同样，晦涩的文字、难懂的口音、不当的背景杂音，都会降低注意率。但有时，适当的模糊信息也会提高注意率。

过多的信息会使消费者处于信息超载状态，滋生受挫感和沮丧感，从而降低信息处理水平。研究发现，随着收到的商品目录数的增加，消费者购买的商品也增加，但到一定阶段，商品目录数的进一步增加反而会使消费者购买商品的数量减少。其原因在于发生了信息超载现象，在此状态下消费者会停止阅读任何商品目录。因此，企业应考察消费者能够利用多少信息，只提供最重要的信息，更详细、具体的信息及次要的信息可以用表格、产品宣传单、电子邮件等形式提供给那些感兴趣的消费者。

2. 个体因素

（1）需要与动机。处于某种需要状态时，消费者对能够满足这种需要的刺激物会主动关注。符合个体需要的信息最可能成为消费者注意的中心，使消费者对它产生知觉并储存在记忆中。消费者对那些不符合其需要和不感兴趣的无关信息可能视而不见、听而不闻。例如，饥饿的人会对食品及食品信息给予更多的注意，打算外出度假的人更关注旅游信息，药物广告被健康者当作无关信息过滤掉，对患者来说却是福音。

（2）态度。人们对某一问题都有自己的态度，保持一贯看法。如果出现的信息与自己对某问题的看法不一致，人们就会出现认知冲突。认知冲突会引发心理不安和紧张。消费者出于趋利避害的考虑，更倾向于接纳与其态度相一致的信息，也称支持性信息。例如，吸烟者对香烟包装上的“吸烟有害健康”视而不见，不吸烟者却会注意到。爱尔里西有一项研究，给新的汽车买主出示了 8 份汽车广告单，这些广告单涉及各种汽车，让他们去挑选自己认为合适的汽车，结果表明，80%的买主选择了自己拥有的汽车。

（3）适应性水平。当某一刺激物变得熟悉之后，它可能会丧失吸引注意的能力，这种现象被称为适应（habituation）。例如，广告牌刚立起来时引人注意，久了就不会引起注意了。单调、重复、司空见惯的广告、包装或其他营销刺激物都无法引起个体的注意，企业必须加大刺激量或在内容和形式上不时做些变动，才能增强吸引力。

3. 情境因素

情境因素既包括环境中独立于中心刺激物的那些成分，又包括暂时性的个人特征，如个体当时的身体状况、情绪等。一个十分忙碌的人较一个空闲的人可能更少注意呈现在其面前的刺激物。处于不安或不快情境中的消费者，不会注意到很多展露在他面前的信息，因为他想尽快从目前的情境中逃离。

第四节　消费者的意象

消费者在消费过程中逐渐形成一些较为持久的知觉或意象，包括产品形象、品牌形象和企业形象，价格感知，质量认知，风险知觉，这些知觉或意象对研究消费者行为非常有用。

一、产品形象、品牌形象和企业形象

产品形象、品牌形象是消费者对产品、品牌进行认知后得到的总体印象。产品或品牌对消费者来说，不在于它们本身“是什么”，而在于消费者“认为它们是什么”。消费者对一个产品或品牌的知觉既包含它的功能属性（特色、价格等），也包括它的象征属性。消费者对产品或品牌的知觉构成了产品的市场定位。企业要确定产品或品牌在消费者心目中的实际地位，可绘制知觉地图：先询问什么属性对消费者来说是重要的，以及他们觉得竞争产品在这些属性上的等级，然后根据这些信息，画出产品或品牌在消费者心目中“处于”何种位置。知觉地图可以用于制定营销战略。

企业形象是公众对企业的总体感知。同样，消费者对企业形象的知觉既包括公司主要产品，也包括公司的其他行为，如一家公司被认为是高质量或低质量的产品生产商，是富有社会责任感的公司还是完全自私的公司。消费者对企业形象的感知对企业的一切都有影响，如“5·12”汶川地震中王老吉捐款1亿元，获得了消费者对该品牌的好评，引发了该品牌的火爆销售。企业的品牌名称、标识语、广告都影响消费者对企业的知觉。有研究显示，对中国消费者而言，公司名称的表意程度和公司名称或品牌名称是否“吉利”会影响消费者的反应。

二、价格感知

消费者感知的价格（高、低或合理）对消费者的购买意图和购买满意度都有巨大的影响。消费者感知的价格会影响消费者对产品价值的感知，最终影响他们光顾某个商场或服务场所的意愿。

当商品减价时，企业对减价商品的宣传能够强化消费者对价值和节约支出的感知。参考价格不一样，减价广告产生的效果也不一样。参考价格（reference price）是指消费者在比较价格时所使用的任何基础价格。参考价格有外在的，也有内在的。一般来说，广告者会借用一个较高的外在价格（如原价为多少，或者别的地方的卖价为多少）作为参考价格来衬托商品的价廉，告诉消费者这是很合算的交易。而内在价格是指消费者大脑中记忆的价格，它影响着消费者对产品的评价、对广告中产品价值的感知及对广告中使用的外在参考价格的信度。

对于价格，消费者一般有可接受范围和放弃范围。例如，一位消费者最多愿意花50元购买礼品，那么49元是可接受的，而51元是不可接受的。通常消费者有明确的界限来确定可接受的范围，对处于这个界限内的可以接受，对超出这个界限的就会放弃，这就是营销采用尾数定价法的原因，如49.8元属于50元以内，可接受，而50.2元就可能不被接受。

研究发现，消费者在使用信用卡消费时比在使用现金消费时对价格更不敏感，消费者在网上消费时比在线下商场中消费时对价格更不敏感。

三、质量认知

（一）质量认知的含义

质量认知（或质量知觉）（perceived quality）是指消费者对产品适用性和其他功能特性适合其使用目的的主观理解。

消费者评判质量的标准及对各标准所赋予的权重可能与企业的不一致，消费者对产品质量的认知既和产品本身特性相关，又受到很多因素的影响。对于先验产品，即购买前或购买时就能凭感官对产品品质做出大致判断的产品，产品本身的内在质量或客观质量构成评价和选择的基础。对于后验产品，即在购买时无法凭客观指标对产品质量做出判断的产品，消费者更多地会依据产品的外在线索做出判断。

（二）消费者形成质量认知的方式

1. 根据产品的内在特性或内在线索形成质量认知

消费者可以根据产品的内在特性或内在线索（intrinsic clues）形成对产品质量的认知。产品的内在线索对不同的产品可能不同。一般而言，产品特征如外形、所用原材料、大小、颜色、口味等可以作为质量认知的内在线索。例如，对于服装，消费者可能根据所用的布料、烫工、边角的缝合、扣子等判断优劣，并形成总体质量感受。上述这些产品特征有的对服装的内在特性有很大影响，有的则产生相对较小的影响。

需要注意的是，消费者有可能通过那些影响相对较小的内在线索来评价产品质量。例如，影响汽车质量的最为重要的部件是发动机和操作系统，但消费者可能以坐垫所用牛皮的柔软程度、车门把手的精细程度甚至关车门的声音等次要的产品特征为质量认知的线索。

2. 根据产品的外在线索形成质量认知

消费者也会根据产品的外在线索（extrinsic clues）形成对产品质量的认知，如价格、原产地、商标知名度、企业声誉、出售场所等。大量研究表明，当购买风险比较高、消费者对所购买产品的商标不太熟悉时，消费者就倾向于用价格来作为质量判断的线索。

一般来说，当产品特征能够在较大程度上预示产品质量时，消费者一般主要依据内在线索来判断和评价产品质量；而当产品特征难以预示产品质量、消费者对购买缺乏信心时，消费者可能更多地依赖产品的外在线索形成对产品质量的认知。相对于对产品的质量认知而言，对服务的质量认知要难得多。

对企业而言，应针对自己的产品和服务开展调查，以了解消费者主要依据哪些线索形成质量认知，并制定相应的营销措施。同时，企业要充分重视形成质量认知的外在线索，了解这些线索对消费者的重要程度，以及不同消费者依据这些线索所做评价的差异，并据此做出应对。

四、风险知觉

（一）风险知觉的含义及类型

1. 风险知觉的含义

风险知觉（perceived risk）是指消费者在不能预见购买决策后果的情况下感受到不确定性。这种不确定性主要来自人们不能得到或评价所有与决策相关的信息。风险知觉通常有两种影响因素：一是消费者感觉到产品信息中有不确定的数量，消费者缺乏信息和有关的知识会强化对风险的知觉；二是购买结果的因素。显然，几乎不需要信息就能购买的产品或几乎不会产生消极结果的产品，可能被消费者判定为低风险产品。如果消费者需要大量信息，而信息又匮乏时，感受的风险可能增加。如果不良选择会带来不良后果，那么消费者感受的风险也可能增加。

消费者的风险知觉对其购买决策有非常重要的影响。消费者在做出购买决策时，受他们所感知的风险的影响，而不管这个风险是否真实存在。未感知的风险，无论其发生概率有多高，都不会影响消费者的购买行为。不同的人感知风险的能力及对风险的承受能力也是不一样的。有些人的风险承受能力高，而有些人的风险承受能力低。

2. 风险类型

（1）经济风险。经济风险是指产品定价过高或产品有质量问题招致经济上的损失而带来的风险。买到质量有问题的产品，消费者无论采取何种补救措施，均会涉及货币的额外支出，这意味着经济损失。

（2）物质风险。物质风险是指产品如果存在缺陷，可能对消费者自己或他人的健康与安全产生危害的风险。例如，食品的营养与卫生标准是否符合法律的规定，转基因食品是否会对人体健康产生无法预料的影响，消费者的此类担心均属于物质风险的范畴。

（3）功能风险。功能风险是指产品不具备人们所期望的性能或产品性能比竞争产品差所带来的风险。例如，汽车的耗油量比企业承诺的高、电池寿命比正常预期的短均属于功能性风险。

（4）心理风险。心理风险是指买到有缺陷或不满意的产品时，消费者的自我情感受到伤害，消费者常常为此烦恼、不安，有时还抱怨自己的愚蠢和担心别人的嘲讽。

（5）社会风险。社会风险是指消费者因购买决策失误而被他人嘲笑、疏远的风险。例如，消费者对所买的产品是否适合自己，家人、朋友如何看待自己的选择，所买的产品是否会被所渴望加入的群体人员所接受和欣赏等问题的关注和担心就属于社会风险。

（6）时间风险。时间风险是指随着时间流逝，产品不再令人满意。例如，产品迅速过时而导致的风险。

（7）机会成本风险。它是指消费者因购买这种产品而没有购买其他产品所带来的风险。例如，当消费者购买了一台冰箱，由于经济能力有限就失去了购买电视机的机会，这就带来了机会成本风险。

（二）影响风险知觉的因素

1. 个体差异

个体差异是影响人们风险知觉的一个重要因素。相关的研究发现，自信、自尊、不忧虑和对问题不太熟悉的消费者感知的风险比较低，这类消费者在消费过程中，也更乐意接受风险。低风险感知者在使用新产品或服务时经历较少的恐惧，因此他们要比高风险感知者更有可能购买新产品，更早地了解新东西，并且更多地卷入到新的事物中去。低风险感知者在做出购买决策时，常会在比较多的备选产品之间进行选择，因此他们的品牌忠诚度相对比较低；而高风险感知者为了追求安全感和逃避风险，常会在比较少的备选产品（特别是他们熟悉的或亲朋好友推荐的产品）之间做出抉择，因此一旦他们喜欢上某个品牌，就会对该品牌有相对较高的忠诚度。

此外，消费者的自身习惯或态度也会影响他们的风险知觉。例如，一项针对网上购物者的研究发现，经常在网上购物的人比不经常在网上购物的人感知的风险更低。

2. 产品或服务

消费者的风险知觉随产品或服务的不同而出现差异。一般情况下，对比较具体的产品来说，人们的风险意识相对较弱；而产品或服务越抽象，消费者的风险意识就会越强。与有形的产品相比，服务由于抽象、异质、不易储存和不能分离等主要特征，进一步减弱了消费者在做出购买决策时的确定性，从而增加了消费者在购买服务过程中感知风险的可能性。

消费者购买新产品时或对所要购买的产品没有体验过，感知的风险较高。以往在同类产品的购买与消费中有过不满意的经历，消费者感知的风险也较高。消费者购买技术复杂程度较高的产品，或者对备选产品缺乏充分、可靠的信息时，感知的风险也高。

3. 购买情境

购买情境也会影响消费者的风险知觉。同一个人在不同地方购买同样的产品，其感知的风险是不一样的。例如，消费者在大商店购买一种知名品牌的化妆品与在一个批发市场购买一种化妆品而感知的风险就会有很大的差异。此外，与在商店购物相比，消费者在电话购物、网上购物及目录购物中不能亲眼看见商品，那么消费者在这些情境下购物比在商店购物感知的风险更高。

（三）减小风险的方法

1. 寻找更多的信息

消费者为了减少决策的不确定性，可采取寻找更多与产品或服务相关信息的方法。他们或者通过大众媒体，如电视、网络等寻找产品信息，或者通过亲朋好友的口传信息等，对产品或服务类别及备选品牌有更多了解。消费者在介入度高的情况下，常会对产品信息进行比较多的关注。

2. 维持品牌忠诚

由于寻找信息及尝试新产品会给消费者带来比较大的时间和精力等方面的耗费，因此一旦使用某种品牌觉得满意以后，消费者可能就会采取维持品牌忠诚的策略来减小风险。

3. 根据产品或购物地点的形象来购买产品

为了减小风险，当消费者没有相关的知识或缺乏相关的信息时，会根据品牌形象、企业形象决定购买的产品或购买地点。知名品牌在消费者心目中是高质量产品的保证，并且会被更多的人所接受，因此消费者会选择知名品牌以降低风险。当消费者没有相关产品知识时，他们还会采取在知名及信誉好的商店购物，以减少风险。

4. 根据产品价格来购买产品

当产品质量无法确定时，消费者也会根据产品的价格来降低风险。例如，消费者会把价格看作是产品质量的线索，认为价格高的产品，其质量相应也高，因此，会购买价格较高的产品。另外，消费者有时也会购买最便宜的产品，以降低自己的经济风险。

5. 寻求保证

消费者会通过了解企业或销售商所提供的保证信息来降低风险。让消费者试用，可在一定时间内退货、换货等，这些都是给消费者提供的比较有力的保证措施。消费者还可以寻求政府或第三方机构的鉴定来减小风险。

6. 从众购买

根据大多数人的选择来做出购买决定，是很多消费者减少风险知觉的常用方法。在消费者看来，很多人购买同一产品或做出类似的购买决策一定有其合理因素。即使这种决策不是最好的，但也不至于是最糟糕的。

本章小结

消费者对产品和服务的认识首先来自感觉和知觉。感觉是人脑对直接作用于感觉器官的外界事物的个别属性的反映，是认识的开端。营销者要想方设法刺激消费者的视觉、听觉、嗅觉、味觉、皮肤觉，并利用感觉的感受性、适应性、对比性、联觉性以获得消费者对产品的最初认识。

与感觉不同，知觉是人脑对作用于感觉器官的客观事物的各种属性和各个部分的整体反映。营销刺激要利用知觉的选择性、整体性、理解性、恒常性，根据一定的原则对刺激物进行组织和分类。消费者对营销刺激的理解受个体因素、刺激物因素、情境因素的影响。

营销刺激必须置于消费者的感觉神经范围内才能被消费者感知，同时还要设法引起消费者的注意。注意是人们获得信息的先决条件。消费者对营销刺激的注意也受刺激物因素、个体因素、情境因素的影响。

消费者在消费过程中逐渐形成一些较为持久的知觉或意象。质量认知的形成有两种方式：一是根据产品的内在特性或内在线索，二是根据产品的外在线索。消费者感知风险会受到个体差异、产品或服务、购买情境等因素的影响。消费者一旦意识到风险的存在，就会采取各种手段来减小这些风险。

关键概念

感觉　知觉　感受性　感觉阈限　注意　质量认知　风险知觉

复习题

1. 什么是感觉？营销者应如何充分调动消费者的各种感觉？
2. 什么是差别感觉阈限？举例说明差别感觉阈限原理在营销上的应用。
3. 什么是对比、联觉？举例说明这两个感觉规律在营销中的应用。
4. 什么是知觉？营销者如何利用知觉的特性？
5. 知觉的组织主要有哪些原则？结合现实的营销活动举例说明。
6. 影响消费者理解的刺激物因素有哪些？结合现实的营销活动举例说明。
7. 接触为什么对营销非常重要？营销者如何增加与消费者的接触机会？
8. 什么是注意？影响注意的刺激物因素有哪些？
9. 消费者的价格感知有哪些特点？形成质量认知有哪两种方式？
10. 什么是风险知觉？消费者感知的风险有哪些类型？
11. 影响消费者风险知觉的因素有哪些？怎样减小风险？

实训题

项目 6-1　影响注意和理解的刺激物因素研究

针对选定产品类别，每组成员各自找出一个平面广告或电视广告，就引起注意的刺激物因素、影响理解的刺激物因素进行分析，并提出相应的改进建议。

项目 6-2　质量认知方式研究

针对选定产品类别，每组成员采用访谈法，询问外班同学如何形成对该产品类别的质量认知，对访谈结果进行分析并提出营销建议。

案例分析

季节限定：捕捉当季的幸福感

第七章　消费者的学习与记忆

本章学习目标

◆理解学习的含义
◆掌握经典条件反射理论的基本原理
◆掌握操作性条件反射理论的基本原理
◆掌握认知学习理论的基本原理
◆掌握观察学习理论的基本原理
◆掌握记忆的三个子系统
◆熟悉记忆的四个环节

开篇故事

君乐宝单品销售 10 亿元的营销秘密

第一节　消费者的学习

消费者的需要和行为绝大部分是后天习得的。学习是消费者在社会实践活动中不断积累经验，求得知识和技能的过程，也是提高适应环境的能力的过程。同时，在学习过程中，消费者的行为也在不断地调整和改变。

一、学习的含义

学习（learning）是指因经验而导致的行为或行为潜能的相对持久的变化。

首先，学习引起的是行为或行为潜能的变化。虽然我们无法观察学习在大脑中所发生的变化，但从个体行为的改变即可推知学习的存在。当某人表现出一种新的技能，如学会使用电脑、驾驶汽车，我们即可推知，学习已经发生了。个体还可以通过学习获得知识、情感、观点和态度，这些虽然不会立即通过外显行为表现出来，但会影响个体今后的行为，这时个体获得的是一种行为潜能的变化。

其次，学习引起的行为或行为潜能的变化是相对持久的。个体一旦学会了某种行为，行为或行为潜能的变化就会在适宜的场合表现出来。例如，个体学会了驾驶汽车，在驾驶汽车时就知道基本的操作。无论是行为，还是行为潜能，只有发生较为持久的改变，才算是学习。

最后，学习只有基于经验才会发生。个体亲身经历的每件事，形成个体的直接经验。个体也可以通过观察那些对他人产生影响的事件而获得间接经验。个体将这些经验以信息的方式储存在头脑中，加以评价和解释；随着个体不断面对新的刺激，并随之做出反应来影响环境，个体不断地修正着对世界的认识。

二、消费者的学习和分类

消费者的学习可以被认为是个体获取购买及消费相关知识和经验以用于指导未来相关行为的一个过程。也就是说，消费者的学习是一个过程，个体得到的新知识、实际经验在个人实践中不断发展变化，为消费者未来的消费行为提供指导。

根据学习发生的有意性，我们可以将消费者的学习分为有意学习和无意学习。有意学习是指消费者为了消费行为而发生的有意识的学习，如为了购买电脑而主动地搜寻信息，进行分析比较。无意学习是指消费者没有预先准备、意外发生的学习，如通过一则广告获知一个新产品上市。尽管很多消费者的学习是有意的，但很多学习都是偶然发生的。

根据学习材料和消费者原有知识结构的关系，消费者的学习可分为机械学习与意义学习。机械学习是指消费者将符号所代表的新知识与消费者认知结构中已有的知识建立人为的联系。也就是说，消费者对符号所代表的新知识并未理解，只是依据字面上的联系，记住某些符号的词句或组合，如对无意义的品牌的学习或对科技含量较高的产品的学习。意义学习是指消费者将符号所代表的知识与消费者认知结构中已经存在的某些观念建立自然的合乎逻辑的联系，如对有意义的品牌，如美的、蒙牛等的学习。

第二节　有关消费者的学习理论

消费者的学习是如何发生的呢？有关消费者的学习理论主要有三个：行为主义学习理论、认知学习理论以及观察学习理论。

一、行为主义学习理论

行为主义学习理论（Behavioral Learning Theories）认为，学习是外部事件引起的反应。这一观点不关注人的内在心理过程，主张将消费者的大脑看成一个“黑箱”，人们只需观察输入箱子的东西（从外部世界感知到的刺激或事件）和从箱子中输出的东西（对这些刺激的反应或响应），就可以对学习加以解释。这一观点认为学习就是因刺激和反应之间的联结而导致的变化，因此，行为主义学习理论也称为刺激反应理论

（Stimulus Response Theories）。最重要的两个行为主义学习理论是经典条件反射理论与操作性条件反射理论。

（一）经典条件反射理论

经典条件反射理论（Classical Conditioning Theory）是由俄国生理学家伊万·巴甫洛夫（Ivan Pavlov）提出来的。该理论认为，个体借助某种刺激与某一反应之间的已有联系，通过练习可以建立起另一种中性刺激与同样反应之间的联系。这一理论是建立在著名的巴甫洛夫的狗与铃声的实验基础上的。

实验时，实验者先给狗带上一个束缚它的挽具，以固定的时间间隔呈现一种刺激，如一种声音，然后再给狗一点食物。重要的是，声音在此前与食物和分泌唾液没有任何关系。狗对声音的最初反应仅仅是一个定向反应——竖起耳朵，转动脑袋，对声音进行定位。然后，随着声音与食物的反复匹配，定向反应停止了，唾液分泌反应却出现了。在可控制的条件下，这种现象能够被重复。实验者采用中性的各种其他刺激，如灯光和节拍器，也验证了这种效应的普遍性。

图 7.1 说明了经典条件反射作用的过程。经典条件反射作用的核心是反射性反应。反射（reflex）是一种无须学习的反应，如唾液分泌、瞳孔收缩、眨眼等，它是由与有机体生物学相关的特定刺激自然诱发的。任何能够自然诱发反射性行为的刺激，如实验中所用的食物，都叫无条件刺激（Unconditional Stimulus，UCS），由无条件刺激诱发的行为，叫无条件反应（Unconditional Response，UCR）。与无条件刺激相匹配的中性刺激，如实验中的声音，被称为条件刺激（Conditional Stimulus，CS），因为它诱发 UCR 的力量是以它与 UCS 的联系为条件的。经过几次匹配之后 CS 所引发的反应称为条件反应（Conditional Response，CR）。

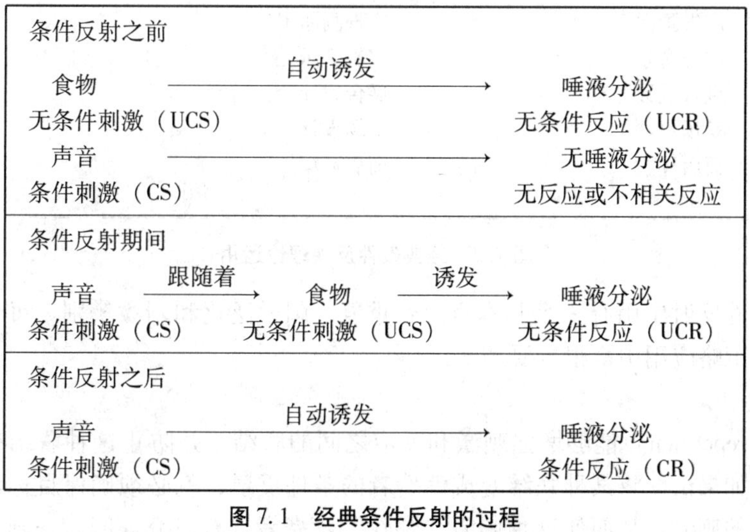

图 7.1　经典条件反射的过程

人类天生就形成了无条件刺激与无条件反应之间的联结，而学习的产生是因为经典条件作用创造了条件刺激与条件反应之间的联结。条件刺激获得了最初只有无条件刺激具有的影响行为的某些力量。因此，经典条件反射过程中，学习者学到的是关于条件刺激和无条件刺激之间的关系。表面上，条件反应类似于无条件反应，如都是唾液分泌，但严格意义上讲，这两者多半是不同的：条件反应作为学习的结果是条件刺激所诱发的任何反应，也就是说，实验中的狗看到食物而分泌唾液与听到声音而分泌唾液是不同的。

经典条件反射理论已经被广泛地运用到市场营销实践中，如图 7.2 所示。一般来说，在低介入度情境下，消费者对产品或产品广告可能并不十分注意，也不大关心产品或广告所传达的具体信息。营销者所要做的，就是将作为中性刺激的营销信息，如产品名称、商标、品牌或广告等尽可能地与能自然诱发消费者好感的无条件刺激物相联系，在一系列对刺激物的被动接触之后，各种各样的联想或联系可能会由此建立起来，使中性刺激成为条件刺激，获得诱发消费者好感的力量。这时，消费者学到的并不是关于刺激物的信息，而是关于刺激物的情感反应。正是这种情感反应，将导致消费者对产品的学习和试用。而一些产品或广告的失败，就在于未能恰当地寻找到能自然诱发消费者好感的无条件刺激，未能建立起刺激与反应之间的联结。

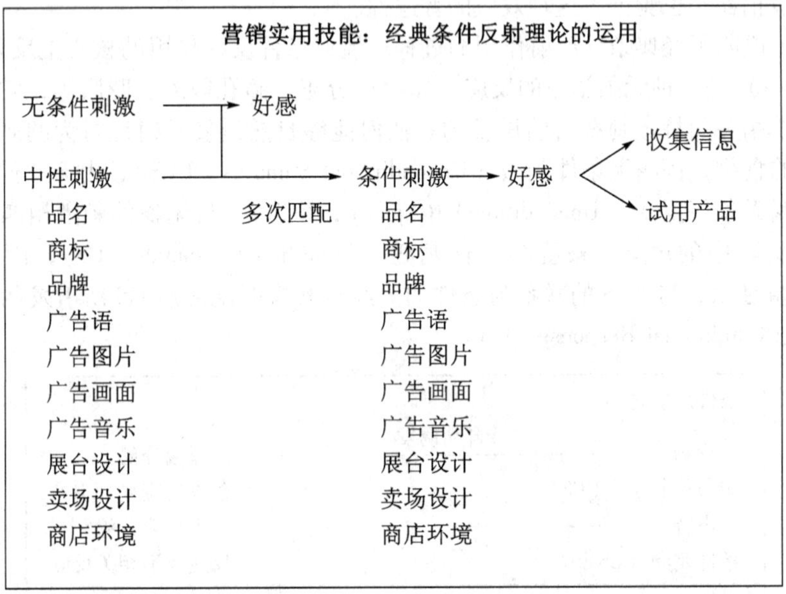

图 7.2　经典条件反映理论运用

经典条件反射作用有三个基本概念：重复、刺激泛化和刺激辨别。每个概念在消费者行为的策略应用中都很重要。

1. 重复

重复（repetition）能够增强刺激和反应之间的联结，并防止这种联结在记忆中淡化。营销者如果试图将某种联结变成消费者的条件反射，就必须确保目标消费者能够受到足够多的刺激，从而使这种刺激“黏住”消费者。有研究证明，一则营销信息至少要重复 3 次才能确保消费者获得并加工这则信息。而有的研究者认为至少要重复 11~12 次才能增强对消费者的影响。而重复的效果或多或少依赖于消费者接触的竞争性广告的次数。

虽然重复有利于联结的增强，但重复次数应有限制。虽然有些过度学习有利于记忆，但在某种程度上消费者通过大量的接触获得满足时，注意力和记忆力会减弱，这就称作广告疲劳（advertising wearout）。营销者常用这样的策略来对付广告疲劳：在重复相同的广告主题的时候变化其他的广告信息，如使用不同的背景、不同的代言人。

2. 刺激泛化

通常某个特定条件刺激能引起条件反应，与这个条件刺激相类似的刺激也能诱发该反应，如曾被一条狗咬过的小孩，很可能对所有的狗都产生恐惧反应。条件反应自动扩展到从未与最初的无条件刺激匹配过的刺激上的现象叫刺激泛化（stimulus generalization）。新的刺激与最初的条件刺激越相似，反应就越强烈。

消费者在某一刺激处境中学习了某一反应后，一旦出现其他类似的刺激，他会做出同样或类似的反应。比如，使用海尔洗衣机并产生好感的消费者，可能对海尔冰箱、海尔彩电、海尔热水器也会产生好感。

刺激泛化原理在营销中有广泛的运用。一是在品牌策略上的运用，如万科在成都推出的新楼盘，如“万科·金域蓝湾”“万科·金域西岭”“万科·魅力之城”等，一律挂以“万科”的品牌，就是试图运用刺激泛化原理建立这些产品与万科公司的联系。很多企业采用了品牌延伸策略，如“康师傅”不仅用于方便面，还用于饮品、糕饼，这也是运用了刺激泛化原理。二是在包装策略上的运用，如椰树牌天然椰汁获得成功后，其后推出的天然珍珠椰汁、天然咖啡椰汁、粒粒天然椰汁都采用类似的包装。三是在广告上的运用，如“贵州小九寨——荔波”“塞上江南——宁夏”都或多或少运用了刺激泛化原理。四是授权与加盟，利用授权厂商建立的商誉与品牌知名度，可以很快让消费者接受一家新开的加盟店。

对企业而言，刺激泛化是一把“双刃剑”：一方面企业可以利用它将购买者形成的关于本企业或产品的一些好的情感和体验传递到新产品上，以此促进新产品被接受；另一方面，企业或其产品的不好信息通过刺激泛化，会对企业的营销活动产生严重的后果。

3. 刺激辨别

刺激辨别就是指个体学会在某些维度上对与条件刺激不同的刺激做出不同反应的过程。对消费者而言，要学会如何从相似的营销刺激中分辨出不同的刺激。企业在营销中使用的差异化策略及基于差异化策略的定位策略就是典型的应用刺激辨别原则的例子。有些模仿厂商企图利用刺激泛化原则来与知名品牌鱼目混珠，而知名企业或品牌则利用刺激辨别来凸显自己与模仿者的不同。

刺激辨别与刺激泛化是具有内在联系的学习现象。美国学者霍华认为，先经过刺激泛化阶段，再进入刺激辨别阶段，是新产品最终获得成功的必由之路。对于新产品，消费者首先要弄清楚与该产品最类似的产品是什么。只有弄清这一问题，消费者才会将已知产品的某些特性赋予新产品，也就是对刺激予以泛化。同时，新产品要获得成功，还要使消费者感觉到它具有某些与已有产品不同的独特性，而这种独特性就使新产品和原来同属一类的其他产品相区分，这就是刺激辨别。只有经过这两个阶段，新产品才能成功。

很多新产品失败的一个原因是引入时缺乏刺激泛化，难以找到产品归属的类别。

如果不能确认一种新产品应归入哪类产品中，此时消费者需建立起关于该商标和它所属的产品类别的全新概念，而这是一个令人望而生畏的任务，除非消费者对该产品具有特别的兴趣和强烈的了解动机，否则他会对该产品采取漠视或抵制的态度。

概念运用：刺激辨别

一家生产口腔喷雾产品的企业，在广州试点运营，产品主要针对都市白领，功效为清新口气、保护口腔健康，还突出了都市白领在日常交往中因口气问题而产生的尴尬。企业采取目标人群的跟随传播策略，主要通过电视、报纸广告树立产品形象，在写字楼集中派发宣传手册，直达消费人群。企业在表面上仿佛做得无懈可击，可是几个月下来，钱没少花，销量却丝毫未见起色。

分析其原因可以看到，在消费者的产品归类里，牙膏用来保护口腔健康，口香糖用来清新口气，而对喷雾的一般印象是用来治疗口腔疾病，消费者难以将该产品成功归类。

新产品在经过刺激泛化阶段后，如果不能顺利地进入刺激辨别阶段，难以与其他同类产品相区分，那么其市场前景也很难预料。也就是说，如果新产品不能提供竞争品所不具备的新利益，消费者就没有足够的理由选择该产品。

（二）操作性条件反射理论

操作性条件反射理论（Operant Conditioning Theory）又称为工具性条件反射理论（Instrumental Conditioning Theory），是由美国著名心理学家斯金纳提出来的。该理论认为，学习是反应概率上的变化，而强化是提高反应概率的手段。如果一个操作或自发反应出现之后，有强化物或强化刺激尾随，则该反应出现的概率就会提高；经过条件作用强化了的反应，如果出现后不再有强化刺激尾随，则该反应出现的概率就会降低，直至不再出现。

斯金纳发明了一种操纵行为结果的装置——操作箱。在这种特殊设计的用于研究老鼠的典型装置里，实验者按压一次杠杆就会出现一粒食丸。实验者将饥饿的老鼠置于操作箱中，老鼠在箱中可自由活动和做出各种反应。起初，老鼠在箱内不安地乱跑，在活动中偶然触碰到了杠杆，结果有食丸落到食物盘中。经过多次反复，老鼠触碰杠杆，食丸落入盘内，老鼠最后会主动触碰杠杆以获取食物。如果将食物换成电击，老鼠每触碰一次杠杆将遭受一次电击，多次反复以后，老鼠将不再触碰杠杆。

在这里，斯金纳认为，行为受到回报的巨大影响。老鼠有触碰杠杆（或不触碰杠杆）的反应，是因为看到了行为的结果是获得食物（或电击），因此，行为是其结果的函数。由于触碰杠杆（或不触碰杠杆）是获得食物（或逃避电击）的一种手段或工具，采取行动可以影响环境，因此触碰杠杆（或不触碰杠杆）称为操作性行为（operant），这种学习称为操作性或工具性条件反射。

经典条件反射理论认为行为由刺激诱发，而操作性条件反射理论认为行为被强化物强化。经典条件反射理论通过广告宣传使消费者对该产品产生好感，在此基础上吸引消费者进一步搜寻产品信息或尝试使用该产品。而操作条件反射理论认为，企业应先采用诸如样品发放、有奖销售等方式促使消费者试用产品，在试用的基础上，了解产品质量、特色，对产品形成好感。

1. 改变行为的四种基本方法

改变行为有两种情况，行为发生的概率提高和行为发生的概率降低。人们想改变行为，就要运用强化物进行强化。强化物（reinforcer）是指伴随着某一反应之后出现的、能使该反应在以后发生的概率发生变化的任何刺激。强化（reinforcement）是指在行为发生之后呈现强化物，以增加或减少行为发生的可能性。有四种基本方法可以改变行为：积极强化、消极强化、惩罚、消除，如表 7.1 所示。

表 7.1　改变消费者行为的四种基本方法及营销意义

强化方法	特点	对行为的影响	营销意义
积极强化	得到了自己想要的	行为增加	市场竞争条件下，采取各种措施激发、满足消费者的各种需要
消极强化	避免得到自己不想要的	行为增加	垄断市场条件下,或者产品匮乏条件下,或者市场竞争条件下,即便没有任何促销措施,消费者也都会为满足自己的基本需要而消费、购买
惩罚	得到了自己不想要的	行为减少	产品或服务不仅未能满足消费者的需要,反而让消费者受挫
消除	没有得到自己想要的	行为减少	产品或服务未能满足消费者的需要

积极强化（positive reinforcement）是指当某一行为出现后伴有喜爱刺激的出现，增加这一行为今后发生的可能性。例如，消费者在购买某品牌家电产品后，发现产品质量好，使用方便、安全，那么今后可能会继续购买这个品牌的产品。

消极强化（negative reinforcement）是指当某一行为出现后伴有讨厌刺激的解除，增加这一行为今后发生的可能性。例如，消费者定期到理发店修剪自己的发型，是为了避免发型蓬乱影响自己的良好形象。

惩罚（positive punishment）是指当某一行为出现后伴有讨厌刺激的出现，减少这一行为今后发生的可能性。例如，消费者到某一家餐馆就餐后，发现饭菜味道不好，他以后就不会再去这一家餐馆了。

消除（negative punishment）也称消极惩罚，是指当某一行为出现后伴有喜爱刺激的去除，会减少这一行为今后发生的可能性。例如，消费者因某产品造型独特而购买该产品，当他发现购买的产品不再具有独特性时，就会减少对该产品的购买。

改变消费者行为的四种基本方法中，惩罚对消费者造成的伤害最大，这就可以理解当消费者在消费产品或享受服务后，如果感到不满意，往往产生气愤、抱怨、不满的情绪，就不会再购买该品牌或光顾该商店，而且会采取媒体曝光、投诉、传播负面信息等行动。由此可见，对消费者实施惩罚也不利于企业自身的发展。消除可以解释消费者停止购买、更换品牌或商店的现象，这是因为产品或服务未能满足消费者的需要，不一定代表消费者对原品牌不满。消极强化让我们理解了为什么有的产品、服务不那么令人满意也会有人消费、购买，特别是在垄断市场条件下。而在自由竞争市场条件下，各个企业会千方百计地采取各种积极强化的方法，促进消费者的重复购买，如大打价格战。其实，按照操作性条件反射理论的观点，企业改变消费者行为的最有效方法是积极强化和消除。对于企业而言，除了重视积极强化外，更应该关注消除。当竞争对手都在促销、打价格战时，企业不如认真分析是什么原因造成了顾客的流失。

营销者需要注意的是，用来作为强化物的各种营销刺激的性质对每个消费者来说都是不一样的。例如，某一产品实行低价销售，对有的消费者来说是积极强化，会增加购买行为；而对有的消费者来说则是消除，没有得到关于产品高质低价的保证，会减少购买行为。所以，站在消费者的角度，仔细辨别各种营销刺激对消费者行为的意义，是成功引导消费者购买行为的关键。

营销实用技能：进行积极强化

为什么质量是产品的生命？我们从操作性条件反射理论中可以得到一些答案。消费者购买产品的基本目的是获得产品的功用和效能，当产品的功用和效能能够满足消费者的基本需要时，质量本身就作为最重要的强化物产生积极强化的作用，能增加消费者购买产品的可能性。此外，企业常用的积极强化的手段如下：

●赠送样品，提供奖券，给予折扣，鼓励消费者试用产品。

●对消费者购买行为给予奖励，如赠送礼品、奖励积分等。

●进行用户访问，或者在用户购买产品后给予信函以示感谢、打电话回访。

●创造良好的购物环境，以使购物场所成为一种强化因素或强化力量。

●在广告宣传中，强调用户群的卓尔不凡，强调产品使用场合的特性，以此对消费者行为予以强化。

●同客户建立紧密的私人关系。

2. 强化程序

刺激与反应之间的学习，在很大程度上取决于强化程序（reinforcement schedules），即对强化物的安排。如果给予连续强化（consistent reinforcement），即每次正确反应后就给予强化物，个体对正确反应的学习速度很快，但当强化物不再呈现或终止强化时，个体对正确反应的消退速度也很快。相反，如果间断性地或部分强化（partial reinforcement），即不对所有正确反应予以强化而只对部分正确反应予以强化时，虽然个体在最初对正确反应的学习速度较慢，但在强化物消失后，个体对正确反应的消退速度也比较慢。进行部分强化的方法主要有四种，如表 7.2 所示。

表 7.2　四种部分强化方法的比较

强化方法	给予强化时的学习速度	终止强化的消退速度	营销意义
固定间隔强化	快速，不稳定	快速，随即消失	适合在短时间内提升销量，如特价大甩卖
变动间隔强化	中等，稳定	较慢	保持中等的购买率、光顾率，如周期性的促销活动

表7.2(续)

强化方法	给予强化时的学习速度	终止强化的消退速度	营销意义
固定比率强化	快速，稳定	快速，随即消失	适合在较长时间内提升销量，如满百送券、积分奖励
变动比率强化	快速，稳定	缓慢，难以消退	保持较高的购买率、光顾率，如抽奖活动

固定间隔强化（fixed-interval reinforcement）：指在经过一个固定的时间间隔后，强化在个体做出第一次行为时出现。在这种情况下，强化行为一结束，反应会减少，甚至消失；但在下一次强化来临时，人们的行为反应就会增强。例如，季度大甩卖时，人们会大量涌入，之后要等到下次季度大甩卖时，类似的情况才会发生。

变动间隔强化（variable-interval reinforcement）：指在经过一个不确定的时间间隔后，强化才会出现。在这种情况下，人们必须保持中等但很稳定的行为反应水平，行为消退比较慢。例如，商场每个月有一天实行特价销售，但具体是哪一天并不清楚，消费者就会保持光顾该商场。

固定比率强化（fixed-ratio reinforcement）：指个体只有做出一定数量的反应后，强化才会发生。这会激励人们不断地重复同一种行为，行为反应水平较高，但行为消退也很快。例如，一个消费者为了领取奖品而收集 50 个饮料瓶盖，他会重复购买该饮料。但一旦集齐了 50 个，他可能就会停止购买。

变动比率强化（variable-ratio reinforcement）：指个体在做出一定数量的反应后会得到强化，但他并不知道这个数量是多少。在这种情况下，个体的行为反应维持在一个比较高且稳定的水平，并且这种类型的行为难以消退。

商家给予顾客奖券、奖品或其他促销物品，在短期内可以增加产品的销售量，但这些手段消失后，销售量可能会马上下降。企业要与顾客保持长期的交换关系，需采取一些间断性的强化手段。同理，产品或品牌形象是建立在消费者对品牌的间断性体验的基础上的，是消费者在长期的消费体验中，经过点滴的积累逐步形成的，因此构成品牌形象的各种联想和象征含义也需要经过很长的时间才可能逐步消退。

二、认知学习理论

认知学习理论（Cognitive Learning Theories）认为，学习是建立在认知活动的基础上的。认知指的是知识表征和加工所涉及的心理活动，如思维、记忆、知觉和语言的运用。与行为主义学习理论相比，认知学习理论强调内部心理过程的重要性，认为部分行为是认知过程的产物。这种观点把消费者看作问题的解决者，人们积极地运用来自周围的信息来掌控他们的环境。这种观点也强调学习过程中的创造力和领悟力。

最早对行为学习理论提出反对意见的是完形心理学家，其中以德国心理学家柯勒最为著名。柯勒通过观察黑猩猩在目的受阻的情境中的行为反应，发现黑猩猩在学习解决问题时，并不需要尝试与犯错误的过程，而是通过观察发现情境中各种条件之间的关系，然后才采取行动。柯勒称黑猩猩的此种类型的学习为顿悟（insight），他认为顿悟是主体对目标和达到目标之手段之间关系的理解，顿悟学习不必靠练习和经验，只要个体理解了整个情境中各成分之间的相互关系，就会自然发生。

托尔曼开创了研究认知学习过程的先河。他以老鼠为实验对象，设计了一个 3 条通路的迷津实验，见图 7.3。白鼠在迷津中到处游走后，已掌握了整个迷津的认知地图（cognitive map），其随后的行为根据认知地图和环境的变化予以调整，而不是根据过去的习惯行事。由此可见，个体的行为并不是由行为结果的奖赏或强化所决定的，而是由个体对目标的期待所引导的。

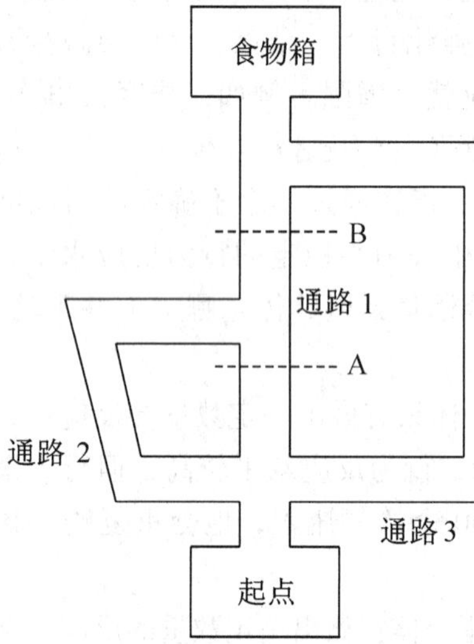

实验分预备练习与正式实验两个阶段。在预备练习阶段，实验者让老鼠熟悉整个环境，并确定它对自起点到食物箱 3 条通路的偏好程度。结果发现，通路 1 畅通时老鼠选择这条直接通路的偏好程度最高。

在正式实验阶段，当实验者在 A 处设置障碍物时，老鼠会迅速从 A 处退回，选择通路 2。当实验者在 B 处设置障碍物时，老鼠才选择路程最远的通路 3。

老鼠的行为似乎表明，它们拥有获取食物的最佳线路的认知地图。

图 7.3　迷津实验

托尔曼与霍齐克关于潜伏学习的实验发现，在既无正强化也无负强化的条件下，学习仍可采用潜伏的方式发生。例如，现实中消费者可能不会有意识地对广告内容予以学习，在其行为上也未表现出受某广告影响的迹象，但并不能由此推断消费者没有获得关于此广告的某些知识与信息。也许，当消费者要达成某种目标时，会突然从记忆中提取源自该广告的信息，此时，潜伏学习会通过外显行为表现出来。

关于认知学习的理论很多，这些理论虽然互有差异，但共同点是强调心灵活动，如思维、联想、推理等在解决问题、适应环境中的作用，认为学习并不是在外界环境支配下被动地形成刺激与反应之间的联结，而是主动地在头脑内部构造定型，形成认知结构；学习是新旧知识同化的过程，即学习者在学习过程中把信息归入先前有关的认知结构中去，或者在吸收了新信息之后，使原有认知结构发生某种变化；而认知结构又在很大程度上支配着人的预期，支配着人的行为。学习实际上是学习者头脑内部认知结构的变化。

认知学习理论在营销中的运用主要是强调消费者在消费过程中的认知学习。营销者在详细阐述产品的功能和效用时，要运用判断、推理等思维方式帮助消费者理解；有的时候营销信息可以模糊点，以调动消费者的好奇心、求知欲去解决所面临的问题。

三、观察学习理论

观察学习理论（Observational Learning Theories）也称为社会学习理论（Social Learning Theories），该理论认为学习发生在个体对他人行为的观察之后。此种观点强调学习不一定发生在直接强化的情况下，消费者通过观察其他个体的行为及其后果，而产生自身行为的变化。观察学习使个体突破直接经验的限制，获得很多来自间接经验的知识、技能和观念。

观察学习主要由美国心理学家班杜拉（Albert Bandura）所倡导。他认为，所谓观察学习也称代理学习，是指通过对他人的行为及其强化性结果的观察，一个人获得某些新的反应，或者使现有的行为反应得到矫正，同时在此过程中观察者并没有外显的操作示范反应。观察学习并不必然产生外显的行为反应，也不依赖直接强化，不同于模仿。模仿是指学习者对榜样行为的简单复制，而观察学习则是指学习者从他人的行为及其后果中获得信息，它可能包含模仿，也可能不包含模仿。从对观察学习的分析中可以看到，一方面，个体由于观察他人的行为及其结果而形成和改变自己的行为，证实了强化原理对行为的影响；另一方面，这也证实了个体有能力运用认知，借助替代奖赏和替代惩罚来改变行为。所以，观察学习理论是行为主义学习理论和认知学习理论的综合。

在观察中学习，同在实际做的过程中学习一样，非常有用。它使个体不必经历逐渐去除错误反应并获得正确反应的冗长的、试误的过程，就可以获得大量、完整的行为模式。个体可以从他人的错误和成功中立即获益。

在观察学习过程中，观察学习的对象被称为榜样或示范者（model），观察学习的主体称为观察者。榜样既可以是活生生的人，也可以是以符号形式存在的人或物。比如，个体在学习如何使用复印机时，有关复印机的使用手册或用户指南就是观察学习中所指的榜样。

营销实用技能：最具有影响力的榜样行为

在现场展示活动或广告活动中，什么样的榜样行为对消费者具有影响力呢？

●观察到的榜样行为产生了强化的结果（突出强调榜样人物使用产品或享受服务的效果）。

●榜样被看成是正面的、令人喜爱的和值得尊敬的（可以理解为正确选择名人做广告非常重要）。

●榜样和观察者的相貌和特点具有可知觉的相似性（瞄准目标市场选择榜样）。

●榜样的行为可以被看到并且很突出（使用产品或享受服务的流程非常清晰）。

●榜样的行为在观察者所能模仿的能力范围内（关注目标市场的行为能力，包括理解能力、购买能力、使用能力）。

观察学习包括四个相互联系的过程：注意过程、保持过程、再造过程、动机过程，如表 7.3 所示。

表 7.3　观察学习的四个过程及营销意义

过程	含义	营销意义
注意过程	学习者应对榜样或示范的影响给予足够的注意	（1）榜样要有影响力、吸引力； （2）示范活动要有特点，要新奇； （3）示范行为有实用价值
保持过程	将观察到的现象以言语形式记录下来，据此指导行为	（1）示范信息尽量表象化，多采用图片、图像； （2）言语尽量形象化，利于编码
再造过程	个体把以符号形式编码的示范信息转化为适当的行动	（1）现场邀请试用； （2）形成使用情境，鼓励试用； （3）试用中使用积极强化手段，如赠送礼品、抽奖
动机过程	形成积极的诱因，行为由潜伏状态转化为行动状态	（1）强调产品或服务的使用效果； （2）激发积极联想："当你……，会……"； （3）利用社会比较："某某……，你……"

事实上，在消费者学习活动中，经典条件反射理论、操作性条件反射理论、认知学习理论、观察学习理论并没有截然分开，而是交织在一起的。消费者学习本身就是一个复杂的过程，这些理论只不过从各自不同的角度来探讨学习的基本规律，它们都为解释复杂的学习行为做出了贡献。行为主义学习理论的观点适用于低介入度的状况，广告通过产品、动人的音乐、美丽的画面或模特动人的微笑的一起出现，并不断重复，使消费者形成对该产品的良好印象，如牙膏、饮料等产品常用这种手法。认知学习理论由于需要较多的认知资源与认知活动，较适用于消费者愿意花较多时间认识产品的状况，也就是高介入度的情况，如房屋和汽车的购买。观察学习则在与同辈群体、邻居、家人等的互动中出现，当我们观察到他人的消费行为及其结果时，我们也可能改变行为。

第三节　消费者的记忆

一、记忆的含义

记忆（memory）是过去经验在人脑中的反映。凡是人们感知过的事物、体验过的情感及练习过的动作，都可以保留在人们的头脑中，在必要的时候，人们又可以把它们再现出来，这个过程就是记忆。

记忆是一个复杂的心理过程，包括识记、保持、再认或回忆三个基本环节。识记是记忆的开端，是个体识别和记住事物从而积累知识和经验的过程。保持是个体巩固已获得知识和经验的过程。再认或回忆是个体从头脑中提取知识和经验的过程。

记忆在消费者的日常生活中具有十分重要的作用。凭借记忆，消费者在购买决策过程中能够把过去关于某些产品的知识和体验与现在的购买问题联系起来，从而迅速做出判断和选择。

二、记忆的系统

记忆的运作模式如图 7.4 所示。外部信息首先进入感觉记忆系统，其中一部分信息受到特别注意进入短时记忆系统，若信息给人的刺激极为强烈、深刻，也可能直接进入长时记忆系统，那些没有受到注意的信息则很快消失直至被遗忘。在短时记忆系统中，个体主动对信息进行处理，然后对一部分短时记忆的信息进行复述和编码，使之移至长时记忆系统做永久的储存，另一部分则被遗忘。

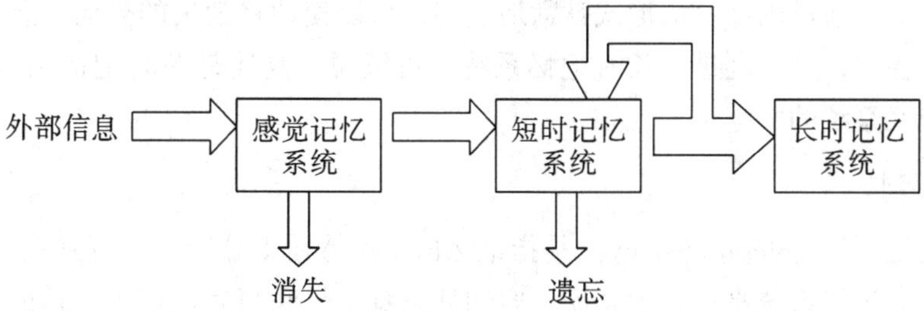

图 7.4　记忆的运作模式

（一）感觉记忆

感觉记忆（sensory memory）又称瞬时记忆，是指个体凭感觉器官感应到刺激时所形成的短暂记忆，其持续时间往往按几分之一秒计算。感觉记忆只留存在感官层面，如不加以注意，转瞬就会消失。例如，个体乘车经过街道，对街道旁的店铺、招牌、广告和其他景物，除非特别注意，否则看完即忘。感觉记忆按感觉信息原有形式储存，反映的内容是对外界刺激的简单复制，尚未经过加工和处理，因此，感觉记忆的内容最接近于原来的刺激。

感觉记忆有以下特点：一是具有鲜明的形象性。由于感觉记忆中的信息未经任何加工，完全按信息所具有的物理特征编码，并按感知的顺序被登记，因此具有鲜明的形象性。二是信息保持时间极短，图像记忆为 0.25~1 秒，声像记忆为 1~4 秒。三是记忆容量相对较大，进入感官的信息几乎全部被登记。四是记忆容易衰退，一部分信息经特别注意或模式识别，进入短时记忆系统，另一部分因未受到注意而很快消失。

因此，对营销者来说，让消费者看到广告或信息也许并不太困难，但若不能引起消费者的兴趣并使其做进一步处理，则形成的也不过是残存在消费者脑海中 1~2 秒的感觉记忆。

（二）短时记忆

短时记忆（short-term memory）是指记忆信息保持时间在 1 分钟以内的记忆。例如，你在电话簿中找到一个公司的号码，然后记住这个号码直到拨出这个电话；但事后，你就不记得这个号码了。短时记忆是一种即时的信息处理状态，是指个体运用已有的知识对获得的信息进行编码或解释的记忆。

短时记忆系统的容量是有限的，大体上为 7±2 个信息块。所谓信息块（information chunks），也叫组块，指可以方便地为个体进行信息处理的信息单位，它可以是一个数字、一个字母，也可以是一个单词、词组，还可以是一个短语。一个信息块所包含的信息量可大可小，而且并非固定不变。进入短时记忆系统的信息一旦超出这一容量，则会造成信息过载（information overload）。例如，当你到超市只购买几样商品（7 样商品加上或减去 2 样商品），你把这几样商品记住是不成问题的。但是，如果你需要购买更多的商品，你可能就记不住了，最好把要购买的商品写在纸上。

短时记忆系统中的信息只能保持较短时间且易受干扰，只要加入新的识记活动，信息将很快消失且不能恢复。短时记忆系统内的信息可以经过复述而转移至长时记忆系统。如果个体通过内部言语形式默默地复述，可以使即将消失的微弱信息重新强化，变得清晰、稳定，并顺利进入长时记忆系统。可以说，复述是短时记忆系统中的信息进入长时记忆系统的关键。

（三）长时记忆

长时记忆（long-term memory）是指记忆信息保持在 1 分钟以上直到数年乃至终生的记忆。长时记忆系统是一个大仓库，容纳从感觉记忆和短时记忆中获得的所有体验、事件、信息、情感、技能、词汇、范畴、规则和判断等。长时记忆构成了每个人对世界和自我的全部知识。

长时记忆系统的容量是相当大的，甚至被认为是无限的，而且是以类似于网络结构的方式有组织地储存的。长时记忆系统就如同一个网络（network），由一系列代表存储的语义概念的记忆节点（nodes）组成，联结这些记忆节点的直线代表存在的联系（links）。图 7.5 是一个有关雪佛兰汽车的语义记忆网络。

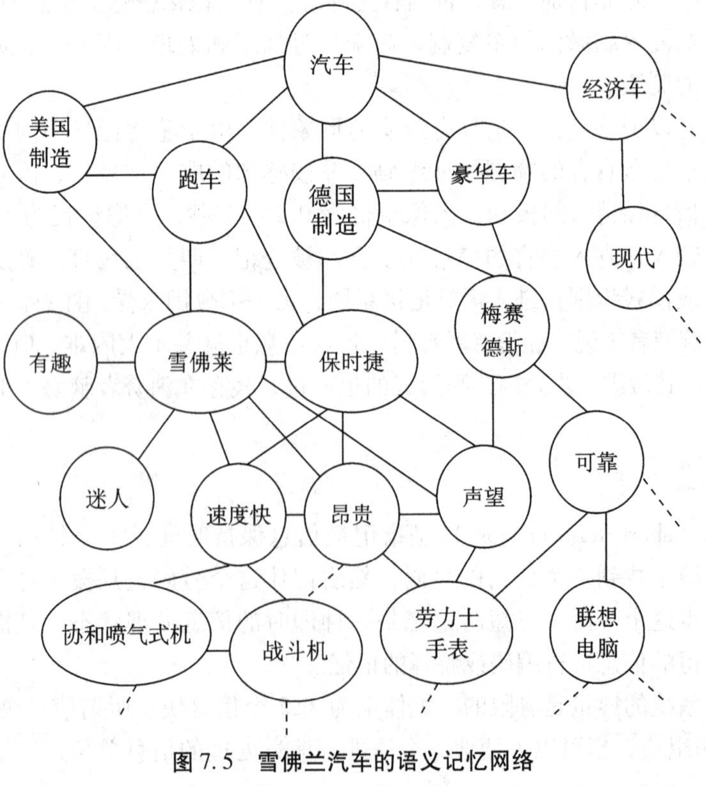

图 7.5　雪佛兰汽车的语义记忆网络

研究人员认为，有五种消费信息可被存储到记忆节点中去：品牌名称、品牌特征、品牌广告、产品类别、可评估的对产品和广告的反应。例如，在图 7.5 中，品牌名称雪佛兰形成了一个连接各种概念的记忆节点，连接着品牌特征（速度快、价格昂贵）、品牌广告（美国制造）、产品类别（跑车、保时捷）及可评估的对产品和广告的反应（有趣、迷人）。当然，消费者拥有各自不同的记忆结构，一个语义概念的激活对不同的人可能导致完全不同的关联组合。

当消费者获得更多有关汽车的信息后，整个网络结构的关系也会随之进行调整，这个过程称为活化作用。活化作用（activation）是指将新知识融入旧的知识，并产生一套新的知识架构，以使整个知识内容更具意义的过程。同时，消费者根据一个概念，可以激活并联系上下左右各相关概念，并在此基础上做出推论，并验证新获取的信息是否与已知道的信息相一致，而激活的记忆节点代表提取出的记忆。

消费者对不同的品牌、店铺、广告拥有层次化的概念系统，这些概念及其相互联系对消费者的推理或推断具有重要影响。因此，营销者了解消费者有些什么概念，这些概念是如何联结的，对预测消费者的行为反应非常重要。

三、记忆的四个环节

（一）复述

复述（rehearsal）是指个体在内心对短时记忆系统中的信息或刺激予以默诵或进一步加工。复述具有两大功能：一是保持信息在短时记忆系统中被激活，二是将短时记忆系统中的信息转移到长时记忆系统中。复述最初是指个体在短时记忆系统中对信息机械重复，后来复述被描述为处理容量的分配，这种容量分配是与个体的目标和任务密切联系的。例如，消费者记住某一产品价格或某些产品特征，并不是反复默诵或复述的结果，而是将其与他已了解、掌握的信息相联系的结果。

（二）编码

编码（encoding）是指对短时记忆系统中的信息赋予意义，将其与长时记忆系统中已经存在的信息建立联系并纳入长时记忆系统中信息储存体系的过程。编码分为感觉意义的编码和语义意义的编码两种。消费者有可能只凭感觉意义（sensory meaning）简单处理刺激，如颜色或形状。当消费者看到刺激画面的时候，就会激活这种感觉意义。例如，消费者看到饮料上的冰山图案，产生凉爽的感觉。在许多情况下，刺激在抽象的环境中进行语义意义（semantic meaning）的编码。例如，消费者对“冰川时代”这一刺激理解其象征意义、品牌形象。

营销实用技能：提升编码效能

●对个体而言，对具有特殊意义的事件进行编码的动机是很强烈的。

例如，大学生对收到大学录取通知书、进校第一天等印象深刻，这些特别鲜活的联想被称为闪光灯记忆（flashbulb memories）。营销可唤起消费者对过去的美好回忆，如唤起结婚多年的夫妻对第一次约会的回忆，可以促进消费。

●采用高度形象化的商标。

当商标与产品所激起的联想相符时，该商标可能更便于记忆。有研究认为，高度具体化和形象化的名字更容易被记住，原因是这样的名字可以在视觉和语意上作双重编码（dual coding）。该研究还发现，形象化程度高的名字，如海洋、雾、花等较形象化程度低的词汇，如历史、真理、将来等更容易唤起回忆。

●采用叙述、讲故事、播放图片的方式传递产品信息。

营销者传递产品信息的一种方法是叙述（narrative）或讲故事。叙述能够帮助消费者对获取的信息建立有意义的联系。播放图片可以帮助消费者建立更完善和详细的意义联系。因此，广告中运用这些方法就是充分利用有效的营销技术。

（三）储存

储存（storage）是指个体将业已编码的信息留存在记忆中，以备必要时供检索之用。信息经编码加工后，在头脑中储存，这种存储虽然是有秩序、分层次的，但不能理解为像放文件一样一成不变。随着时间的推移和经验的影响，储存在头脑中的信息在质和量上均会发生变化。从质上看，储存在记忆中的内容会比原来识记的内容更简略、更概括，一些不太重要的细节趋于消失，而主要内容及显著特征则被保持；同时，原来识记的内容中的某些特点会更加生动、突出甚至扭曲。

信息以两种方式储存在长时记忆系统中：插曲式储存和语义式储存。插曲式（episodically）储存是指依照信息取得的先后顺序来储存，由于插曲式储存针对的是单一个人所发生的事情，因此又称为自传式（autobiographically）储存。例如，回忆上次的休闲活动，你可能依照当天的时间先后顺序，逐一回忆当天参与的各项活动。语义式（semantically）储存是指依照信息中的重要观念来储存。例如，回忆上次的休闲活动，你可以将休闲的性质（静态休闲或动态休闲）作为储存编码的主要依据。一般来说，知识储存大部分属于语义式储存。对于插曲式储存和语义式储存，现实中的消费者是混杂使用两种储存方式的。

（四）提取

提取（retrieval）是指个体将信息从长时记忆系统中抽取出来的过程。个体对熟悉事物的提取几乎是自动的和无意识的；对有些事物和情境则很难回忆，需要经过复杂的搜寻，甚至借助各种外部线索和辅助工具，才能完成回忆任务。

提取和编码、储存等环节是相互作用、相互影响的。有时记忆中的信息提取不出来，可能与编码有关。个体对刺激物编码时，会同时将刺激物编成形码、声码和意码，并将三种代码置于长期记忆系统中的不同部位，如果三个代码在联结上出现困难，即个体只能解出形码与意码，而对声码提取失败，就会出现诸如叫不出人的名字、说不出某个物品名称的情形。提取失败或信息提取不出来，可能与信息在记忆中的放置位置有关，也可能是由于个体在信息搜寻过程中迷了路，即在错误部位搜寻。所以，人们在很多时候，需要将纸、笔或文字材料作为记忆的辅助工具。

长时记忆系统中的信息提取，也可被看作一个解码的过程。一些学者认为，这一过程并不是对以前进入记忆系统中的信息原封不动地予以恢复，而是运用先前储存在记忆系统中的部分线索或信息，重新构建识记时的情境。

营销实用技能：如何帮助消费者提取信息

- 提供足够的产品信息。
- 营销信息应出现在消费者注意力较集中的环境中。
- 将消费者购物时的心境状态与见到营销信息时的心境状态相匹配。
- 提高产品的熟悉程度。
- 增强营销信息的显著性（salience）。
- 使用图画线索。

四、遗忘及其影响因素

（一）遗忘的定义

遗忘是指个体对识记过的内容不能再认和回忆，或者表现为错误的再认和回忆。从信息加工的角度看，遗忘就是信息提取不出来，或者提取出现错误。

最早对遗忘现象进行实验研究的是德国心理学家艾宾浩斯。艾宾浩斯以自己为被试，以无意义音节为记忆材料，用时间节省法计算识记效果。实验结果制成的曲线被称为艾宾浩斯遗忘曲线，见图 7.6。该曲线表明了遗忘变量与时间变量之间的关系：遗忘进程是不均衡的，个体在识记的最初一段时间很快遗忘，以后逐渐减慢遗忘速度，过了一段时间后，几乎不再遗忘。可以说，遗忘的进程是先快后慢，呈负加速型。

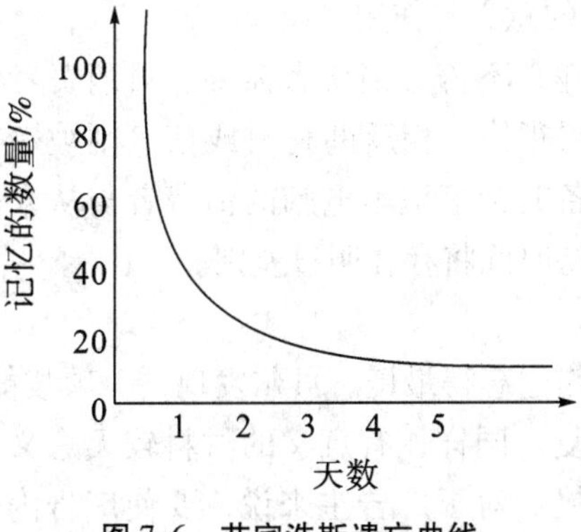

图 7.6 艾宾浩斯遗忘曲线

（二）遗忘的原因

1. 痕迹衰退说

这种学说认为，遗忘是记忆痕迹得不到强化而逐渐减弱，以致最后衰退造成的。20 世纪 20 年代，完形心理学派的学者最早提出记忆痕迹的概念，认为学习时的神经活动会在大脑中留下各种痕迹，即记忆痕迹。如果个体学习后一直保持练习，已有的记忆痕迹将会得到强化，反之，如果个体学习后长期不再练习，既有记忆痕迹将随时间的流逝而衰退（decay）。重复或经常提取让个体频繁接触这些信息，可以减少衰退。

2. 干扰抑制说

这种学说认为，遗忘是识记材料之间的干扰（interference）产生相互抑制作用，使所需的材料不能提取造成的。为这一学说提供有力支持证据的是前摄抑制和倒摄抑制。所谓前摄抑制，是指原来学习的材料对新学习的材料的提取所产生的干扰作用。所谓倒摄抑制，是指新学习的材料对原来学习的材料的提取所产生的干扰作用。由于个体最先遇到或最后遇到的事项往往是最容易被回忆起来的，因此许多广告公司认为电视广告、杂志广告等的最佳发布位置是开头或末尾。

在语义网络联结十分紧密时，由于干扰，个体无法记住哪些特性与品牌或概念相联结，如头脑中大量的汽车广告，让消费者对哪些特性与哪款轿车相联结感到困惑。当消费者同时接触两个以上情境相似的广告时，这种相似性会干扰品牌回忆。竞争性广告也会导致干扰，而且当竞争品信息与本品牌信息越接近，干扰和抑制的作用就越大。因此，营销者在设计广告主题和决定广告内容时，一定要体现独特性原则，力求避免与竞争对手的广告雷同。

3. 压抑说

这种学说认为，遗忘既不是痕迹衰退所造成的，也不是记忆材料之间的干扰和抑制所造成的，而是人们对某些经验的压抑造成的。压抑引起的遗忘，是某种动机导致的，因此它又被称为动机性遗忘。这一理论出自弗洛伊德的精神分析说。弗洛伊德认为，回忆痛苦经验将使人回到不愉快的过去，为避免痛苦感受在记忆中复现，人们常常对这些感受和经验加以压抑，使之不出现在意识中，由此引起遗忘。

（三）遗忘的影响因素

1. 识记材料对消费者的意义与作用

凡不能引起消费者兴趣、不符合消费者需要、对消费者购买活动没有太多价值的材料或信息，往往被遗忘得很快，相反的材料或信息则被遗忘得较慢。例如，有关笔记本电脑的宣传材料，准备购置笔记本电脑的消费者与从未想过购置笔记本电脑的消费者相比，他们的记忆保持时间将存在明显差别。

2. 识记材料的性质

一般说来，熟练的动作遗忘得最慢。贝尔发现，一项技能在一年后只被遗忘 29%，而且个体稍加练习即能恢复。同样，有意义的材料较无意义的材料、形象生动的材料较平淡乏味的材料遗忘得慢。对于广告主来说，要使广告内容被消费者记住，并长期保持，那么广告主题、情境、图像等要有独特性或显著性，否则广告内容可能很快被遗忘。广告中经常运用对比、色彩变化、特殊规模等表现手法，目的就是突出宣传材料的显著性。

3. 识记材料的数量

识记材料的数量越多，个体在识记后遗忘得也就越多。实验表明，个体识记 5 种材料的保持率为 100%，识记 19 种材料的保持率为 70%，识记 100 种材料的保持率为 25%。

4. 识记系列材料的位置

一般而言，系列材料的开头部分最容易被记住，其次是末尾部分，中间靠后部分的内容则容易被遗忘。之所以如此，是因为前后学习的材料在相互干扰，前面学习的材料受后面学习材料的干扰，后面学习的材料受前面学习材料的干扰，中间学习的材料受前后学习的材料的干扰，所以个体更难记住，也更容易遗忘。

5. 学习的程度

一般来说，个体学习的强度越大，遗忘的内容就越少。过度学习达到150%时，记忆效果最佳。低于或超过这个限度，记忆的效果都将下降。所谓过度学习，是指一种学习材料在达到恰好能背诵时，个体仍继续学习的状况。

6. 学习时的情绪

个体在心情愉快时习得的材料将在记忆中保持更长的时间，而在焦虑、沮丧、紧张时学习的内容容易被遗忘。实验表明，积极的情绪状态会使个体从记忆中提取出更全面和更完整的各类知识，从而有助于个体对当前输入的信息进行编码。

营销者应努力营造一种气氛，使消费者在接触或接收有关企业产品或服务的信息时，产生一种积极愉快的情绪。比如，营销者在广告中使用幽默手法，或者在向客户介绍产品时给客户赠送一些小礼品，以便尽可能地使受众或目标顾客产生积极愉快的情绪。

本章小结

消费者必须通过学习和记忆才能建立起与产品、品牌的联系。学习是指因经验而导致的行为或行为潜能的相对持久的变化。有关消费者学习的理论主要有三个：行为主义学习理论、认知学习理论及观察学习理论，它们从不同的角度对复杂的消费者学习行为进行解释。

最重要的两个行为主义学习理论是经典条件反射理论与操作性条件反射理论。经典条件反射理论认为个体通过练习可以建立起刺激和反应之间的联系，重复、刺激泛化和刺激辨别三个基本概念在营销中要合理应用。操作性条件反射理论认为学习是反应概率上的变化，营销者要灵活使用积极强化、消极强化、惩罚和消除四种方法去引导消费者行为，在营销活动设计中要充分考虑固定间隔强化、变动间隔强化、固定比率强化、变动比率强化四种强化方法对消费者行为产生的不同影响。

与行为主义学习理论相比，认知学习理论强调内部心理过程的重要性，认为学习实际上是学习者头脑内部认知结构的变化。观察学习理论认为，学习发生在个体对他人行为的观察之后。观察学习的四个过程包括注意过程、保持过程、再造过程、动机过程。

消费者的学习离不开记忆。记忆是过去经验在人脑中的反映。消费者的记忆系统包括感觉记忆系统、短时记忆系统、长时记忆系统三个相互联系的子系统。营销者应充分利用记忆过程中的复述、编码、储存、提取四个主要环节的基本规律，提升消费者记忆效能。与记忆相对应的概念是遗忘，营销者应采取相应措施防止消费者遗忘。

关键概念

学习　经典条件反射理论　操作性条件反射理论　认知学习理论　观察学习理论
记忆　遗忘

复习题

1. 什么是学习？消费者的学习有何意义？

2. 经典条件反射理论的基本观点是什么？在营销中如何运用？

3. 什么是刺激泛化和刺激辨别？结合现实营销活动举例说明。

4. 操作性条件反射理论的基本观点是什么？

5. 改变消费者行为有哪四种基本方法？其营销意义是什么？结合现实营销活动举例说明。

6. 对消费者进行强化的方法有哪四种？在营销中如何运用？结合现实营销活动举例说明其不同的强化效果。

7. 认知学习理论的基本观点是什么？举例说明其在营销中的运用。

8. 观察学习理论的基本观点是什么？结合现实营销活动，说明观察学习的四个过程在营销上的运用。

9. 什么是记忆？记忆的三个子系统之间的联系是什么？

10. 什么是编码？分为哪两种类别？营销中如何提升编码效能？

11. 储存的方式有哪两种？消费者为什么会出现提取错误？如何帮助消费者提取？

12. 什么是遗忘？影响遗忘的因素有哪些？

实训题

项目 7-1 学习理论运用研究

针对选定产品类别，每组成员各自找出一个平面广告或电视广告，指出其基于的是何种学习理论，分析其是如何运用相应的学习原理的。

项目 7-2 强化程序研究

针对选定产品类别，每组成员收集该类产品在节假日期间（如国庆节、“五一”劳动节、元旦节）的促销活动，分析其采取的积极强化措施、使用的强化方法及效果。

案例分析

品牌跨界联名，各显神通？

第八章 消费者的态度

本章学习目标

- ◆了解态度的含义与功能
- ◆熟悉态度测量的方法
- ◆了解有关消费者态度的基本理论
- ◆掌握霍夫兰德态度说服模式
- ◆熟悉塑造态度的三种策略

开篇故事

年轻人就这样被洽洽圈粉了

第一节 消费者的态度概述

一、态度的含义与功能

（一）态度的含义

态度（attitude）一词源于拉丁语中的 Aptus，有“合适”“适应”的意思。在现代心理学中，态度是指个体对人、客体或观念的一种稳定的基本看法，是一种倾向性的心理反应。

当我们说“L 产品还不错”“M 店的服务太差劲了”这类话语时就在表达自己的态度。因此，态度是对人、客体或观念的积极或消极评价。“L 产品还不错”意味着我们对 L 产品的特性、特点有了认识，形成肯定看法，随后产生“还不错”的喜欢、赞赏的积极的情绪体验，进而显示我们对 L 产品有接近或接纳的行为倾向。而“M 店的服务太差劲了”意味着我们在对 M 店的服务的认知基础上形成否定看法，产生讨厌、不满等消极的情绪体验，进而显示我们对M店有排斥、拒绝、远离的行为倾向。

消费者的态度总是针对某一有形产品或无形服务而产生的。因此，消费者的态度是消费者在消费过程中对产品、服务及观念等表现出来的倾向性心理反应。消费者的态度具有以下几方面的特征：

（1）消费者的态度不是与生俱来的，而是后天习得的，是个体在对某一事物的体验和学习的基础上形成的。

（2）消费者的态度是一种倾向性反应，因此，它存在于人们的头脑中，人们不一定能直接观察到，但可从个体的脸部表情、言谈举止和行为活动中做出推断。

（3）消费者的态度会导致持久性的反应，也就是说，消费者的态度一旦形成，就具有相对持久和稳定的特点，并逐步成为个性的一部分，使个体在反应模式上表现出一定的规律性和习惯性。因此，消费者的态度可以用来预测行为，而行为也可以暗示消费者的态度。

（4）消费者的态度与行为不一定一致。消费者的态度与行为是否一致，主要取决于购买能力、购买动机及一些情境因素。“L产品还不错”意味着消费者多半会购买L产品，但也有可能因收入、销售地点等而没有产生购买L产品的行为；“M店的服务太差劲了”预示着消费者多半不会到M店购物，但也有可能因时间压力、临时购买任务而产生到M店购物的行为。

（二）态度的功能

1. 功用功能（utilitarian function）

功用功能也称实利功能或适应功能，是指态度能使人更好地适应环境和趋利避害。对能满足个体需要的东西，个体就持肯定的态度；对未能满足个体需要或使个体受到惩罚的东西，个体就持否定的态度。态度的形成直接依赖于人们对得益或受损的知觉或体验，所以消费者会表现出对某些能满足他们需要的产品或服务的喜爱，对损害他们利益的产品或服务表示拒绝。同时，消费者形成某种态度后，能在下次遇到产品和服务时以前后一致的方式做出反应，从而节省在购买决策上的时间和精力。

2. 自我防御功能（ego-defensive function）

自我防御功能是指个体形成某种态度后能回避或忘却那些严峻环境或难以正视的现实，从而保护现有人格和保持心理健康。例如，收入不高的消费者也会购买一些高级美容品、抗衰老保健品或对这种行为持积极的态度，实际上就是出于自我防御的目的，有意识或无意识地防御因身体衰老或自感容貌平常而滋生的不安情绪。处于贫困阶层的消费者不会对一套高级家庭影院设备产生好感，这个态度能帮助消费者回避购买力有限的现实，从而保护自己的人格和保持心理健康。

3. 知识或认识功能（knowledge function）

知识或认识功能是指在个体形成态度后更有利于其认识和理解事物的功能。事实上，消费者的态度可以作为一种帮助消费者理解产品或服务的标准或参照物。消费者在已经形成的倾向性态度的支配下，可以决定是趋利还是避害。这种方式可以使外部环境简单化，从而使消费者集中精力关注那些更为重要的事件。另外，知识或认识功能也有助于解释品牌忠诚的影响。消费者对某一品牌形成好感和忠诚，能够减少信息搜寻时间，简化决策程序，并使消费行为趋于稳定。

4. 价值表达功能（value-expressive function）

价值表达功能是指个体通过态度能够向外界展现核心价值观、生活方式和自我形象。在社会生活中，消费者会以各种不同方式来对外展示自我，通过表明对产品或服务的态度，可以向社会公众展示其崇尚的价值观。例如，消费者对绿色食品的欢迎态度表明其关注环境、希望健康幸福，而对摇滚音乐的欢迎态度显示的是其追求刺激生活和独特的文化品位。

二、态度的构成与影响层次

（一）态度的构成

态度是由认知成分、情感成分和行为成分三个成分构成的复合系统。各个成分在态度系统中处于不同的层次地位，担负不同的职能，如图 8.1 所示。

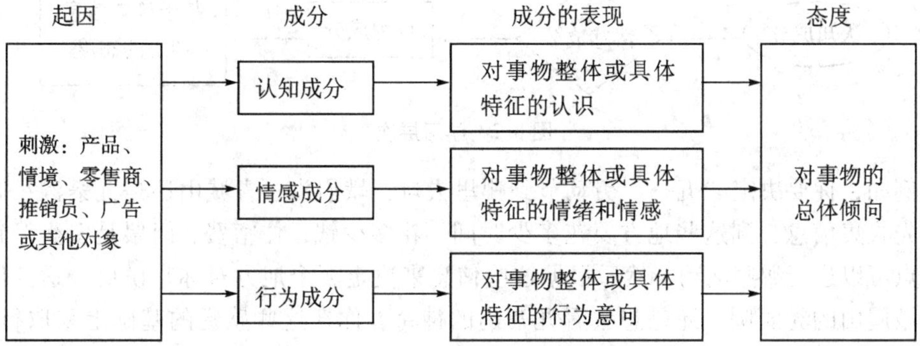

图 8.1　态度的成分及其表现

1. 认知成分（cognitive component）

认知成分是指个体对人、对事的认识、理解与评价，包括感知、思维、看法、评价，以及赞成或反对，它是态度的基础。在消费方面，表现为消费者对所要购买的产品或服务的有关特性如质量、外观、性能、价格、品牌等的印象、理解、观点和意见等。消费者只有在对产品和服务有所认知的基础上，才有可能形成对某类商品的具体态度，而认知的准确性将直接决定消费者的态度的倾向性或方向性。因此，保持公正准确的认知是端正消费者的态度的前提。

2. 情感成分（affective component）

情感成分是指个体对人、对事是否满足自己需要的一种主观体验。它是态度的核心并和人的行为紧密相连，构成消费者态度的动力。它表现为消费者对产品或服务的喜好或厌恶、欣赏或反感等各种情绪反应。情感对消费者的态度形成具有特殊作用，在态度的基本倾向或方向已定的条件下，情感决定了消费者的态度的持久性和强度。

3. 行为成分（behavioral component）

行为成分是指个体对态度对象的肯定或否定的反应倾向，即行为的准备状态，在消费中表现为消费者对有关产品或服务的购买意向，其中包括表达态度的语言和非语言的行动表现。行为成分是态度的外在显示，也是态度的最终体现。行为成分能使态度成为具有完整功能的有机系统。此外，行为成分是态度系统与外部环境进行交流和沟通的媒介。通过语言和非语言的行动表现，消费者可以向外界表明自己的态度，其他社会成员、群体、生产者及经营者也可以从行动表现中了解消费者的真实态度。

（二）态度的影响层次

态度是由认知成分、情感成分和行为成分构成的，尽管这三种成分都很重要，但是消费者对态度对象的动机不同，因此，态度的三种成分的相对重要性也不同。研究者提出了态度的影响层次（hierarchy of effect）的概念来说明三种成分的相对重要性。每一层次都规定了态度形成的固定步骤。

1. 学习层次

最常见的态度的影响层次称为学习层次。在学习层次里，首先起作用的是认知成分，然后是情感成分，最后是行为成分，见图8.2。

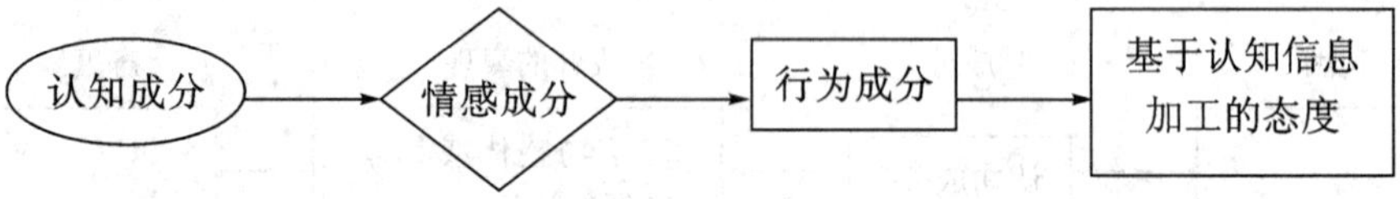

图8.2 学习层次

例如，你要决定“五一”劳动节到哪里去玩：峨眉山、青城山还是九寨沟？假设你首先收集信息，到这些地方要花多少时间，花多少钱，住宿费、门票是多少，到每个景点可以进行哪些活动，然后根据这些信息来决定哪个地方对你来说更合适。你是喜欢峨眉山的秀丽呢，还是想去看九寨沟的神奇。你在这些感觉的基础上采取行动，选择一个地方作为你的目的地。这就是学习层次，也叫理性层次。学习层次认为个体对产品或服务的认知决定情感，而情感导致个体对产品或服务的购买和使用。因此，学习层次是基于认知信息加工而形成的态度，在学习层次下，消费者通常会进行大规模的信息搜寻，并进行决策。

2. 情绪层次

在情绪层次里，情感成分首先起作用，然后是行为成分，最后才是认知成分，见图8.3。比如，你在决定“五一”劳动节去哪里游玩时，九寨沟的风景浮现在你的脑海里，很美丽，对你产生较强的吸引力，你就决定去九寨沟，到九寨沟游玩后，你获得了关于九寨沟的许多认识。情绪层次认为消费者是根据他们的情感反应来做出行动的。消费者在对某一产品或服务的喜爱或讨厌的情感基础上决定是否接受、购买和使用它，在体验之后，才了解到更多有关它的信息。冲动性购买便是典型的情绪层次购买方式，消费者在一时的热情中买回产品，在使用后才发现该产品并不好。

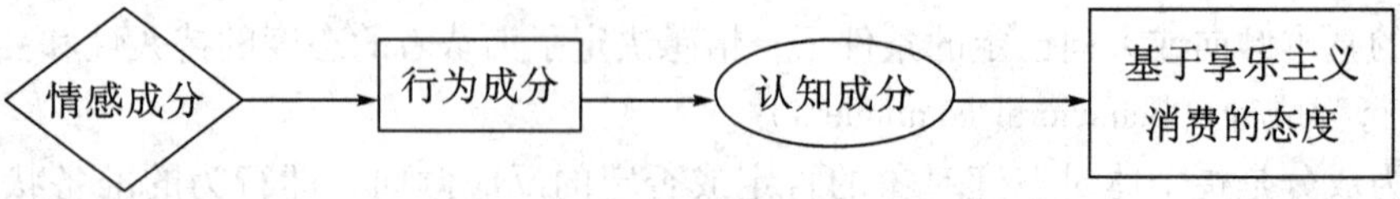

图8.3 情绪层次

3. 行为层次

在行为层次里，行为成分首先起作用，然后是情感成分，最后才是认知成分，见图 8.4。比如，你在超市里发现一种新牙膏，你对它还没有形成态度，你会在全面了解它或真正被它吸引之后才购买吗？大概不会，因此在这种情况下，学习层次和情绪层次都不适用。你所做的就是把它买回来，在实际使用后你感觉还不错，你才会去仔细了解它的活性成分、阅读配方说明等。

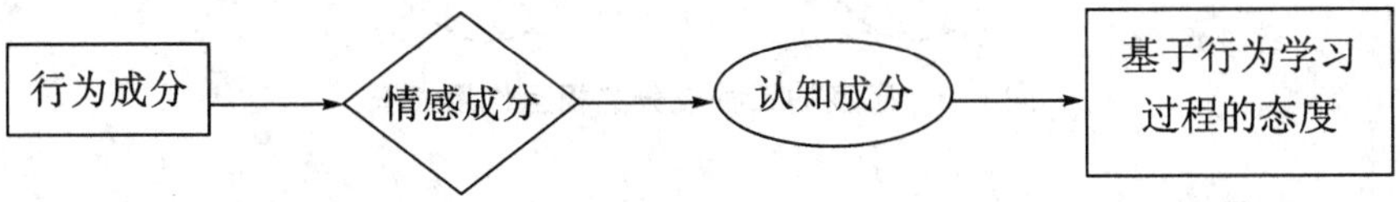

图 8.4　行为层次

学习层次和情绪层次都是高介入度模式，行为层次是低介入度模式。产品或服务对消费者而言是高介入度还是低介入度因人而异；而介入度不是鲜明的两极分化的问题，而是一个度的问题。因此，图 8.5 展示了介入度与态度的层次。

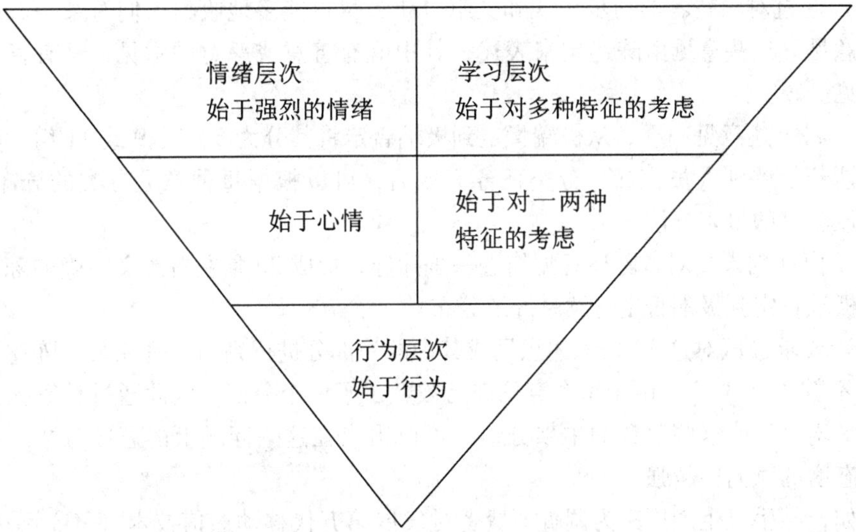

图 8.5　介入度与态度的层次

（三）态度的三种成分的一致性

虽然态度的三种成分是按顺序起作用的，但它们之间是你中有我、我中有你的。一般情况下，态度的三种成分的作用方向是一致的，消费者的态度往往表现出一致性原则（principle of consistency）。消费者会在他们的认知成分、情感成分和行为成分上保持一致与和谐。特定的认知不可避免地导致某种情感和行为倾向，反之亦然。

不管三种成分起作用的顺序如何，它们必然都具备一致性，且都有相互塑造的作用。因此，图 8.6 没有按顺序来表示它们之间的关系，而是用双箭头来表示它们之间的相互作用情况。

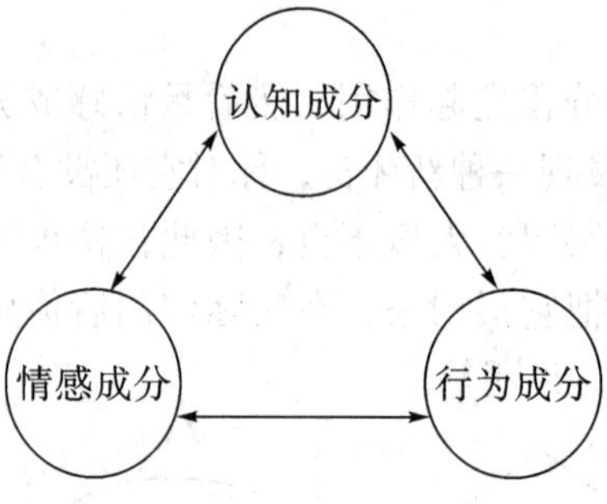

图 8.6　态度的三种成分的相互作用情况

三、态度的测量

(一) 瑟斯顿等距量表

瑟斯顿（L. L. Thurstone）和蔡夫（F. J. Chave）在 1929 年出版的《态度的测量》一书中提出了态度测量的等距量表法。其基本步骤如下：

（1）通过对消费者的初步访谈和文献分析，尽可能多地收集人们对某一态度对象的各种意见。这些意见由陈述句来表述，其中既有善意或恶意的意见，又有肯定或否定的意见。

（2）将上述意见归类，从极端肯定到极端否定将其分为 5、7、9 或 11 组，具体归类可邀请若干评判人员完成。分类任务完成后，可以根据每种意见分类的分布情况，计算出该意见的量表分值。

（3）由评判人员对各陈述意见作进一步筛选，形成 20 条左右意义明确的陈述，并使之从极端肯定到极端否定连续系统地分布。

（4）要求被试对这 20 条陈述意见或其中的一部分进行判断，赞成某一陈述意见打“√”，不赞成打“×”。由于每个意见都已被赋予了一个分值，因此通过计算被试同意项数的平均分值或这些项数的中项分值，可以得出在这一问题上的态度分数。得分越高表明态度的倾向性越强。

例如，某手机生产厂家为调查消费者对发展第五代移动通信技术（5G）手机的看法，采用瑟斯顿等距量表设计出如表 8.1 所示的问卷。被试赞成该题目时，就在括号内打“√”。调查者根据得分高低判断消费者的态度倾向。

表 8.1　瑟斯顿等距量表部分项目及其分值

题号	题目	是否赞成	分值
1	今后应发展 5G 手机，普通手机可淘汰	（　）	6.5
2	应以发展 5G 手机为主，可少量生产普通手机	（　）	5
3	5G 手机、普通手机各有优点，应共同发展	（　）	3.5
4	对发展什么样的手机无所谓	（　）	2
5	普通手机售价低,符合中低收入者的消费需求,应以普通手机为主	（　）	0.5

注：正式测量时，各题分值一律不在卷面上标出。

调查者运用瑟斯顿等距量表测试消费者态度，要求被试给予积极的合作、诚实的回答，否则调查结果会出现偏差。同时，它需要许多评审者对数目众多的陈述意见进行筛选，并分别计算每一陈述意见的分值，是一项极为费时、费力的工作，由此也极大地限制了这一方法在实际中的运用。

（二）李克特量表

李克特量表又称总和等级评定法，是由李克特（R. Likert）于1932年提出来的。该方法采用肯定或否定两种陈述性语句，要求被试对各项陈述意见表明赞同或不赞同的程度，供选择的态度在量表中用定性词给出，并分别标出不同的分值。程度的差异一般可划分为5级或7级。由于每一态度范畴可以从多个层面来测量，即可以由被试对多个陈述意见的赞同或不赞同程度予以刻画，所以在实际测量中，对被试在各陈述意见上的分值加以汇总，可获得该被试的总体态度。假如M物流公司想测量消费者对本公司快递服务的看法，可以采用李克特量表进行测量，如表8.2所示。

表8.2 李克特量表部分项目及其分值 单位：分

态度成分	M公司的快递服务	绝对赞同	比较赞同	一般	比较不赞同	绝对不赞同
认知成分	M公司的快递服务非常可靠	1	2	3	4	5
	M公司的快递服务比其他公司的服务更省钱	1	2	3	4	5
	M公司能够根据我的快递需求提供定制化的服务	1	2	3	4	5
情感成分	M公司为我快递东西，我有种安全感	1	2	3	4	5
	M公司的快递服务让我非常高兴	1	2	3	4	5
	我不在乎M公司会不会关门（R）	1	2	3	4	5
行为成分	我用M公司的快递服务比用其他公司的多	1	2	3	4	5
	我经常向其他人推荐M公司	1	2	3	4	5
	我正在寻找其他物流公司（R）	1	2	3	4	5

注：请在合适的分值上画圈，以示你对该陈述的赞同或不赞同的程度。（R）项为否定陈述，应反向计分。

李克特量表容易操作，是目前应用最广泛的态度测量方法之一。与瑟斯顿等距量表相比，李克特量表的工作量只有前者的几分之一到几十分之一，而结果与瑟斯顿等距量表所得结果的相关度达0.80，由此不难解释李克特量表受欢迎的原因。当然，由于采用自我报告的方式，加上将问题简化处理的倾向，人们在运用李克特量表测量较复杂的态度问题时，效果并不十分理想。

（三）语意差别量表

语意差别量表又叫语意分析量表，是奥斯古德（C. E. Osgood）等人于1957年提出来的一种态度测量方法。该量表的基本思想是，人们对某一主题的态度可以通过分析主题概念的语意，确定一些相应的关联词，然后根据被试对这些关联词的反应加以确定。

语意差别量表包括三个不同的态度测量维度，即评价维度、力度维度和活动维度，每一个维度由几对反义形容词或两极形容词予以刻画。在具体测量中，测量者先提出一个关于态度对象的关键词，要求被试按自己的想法在两极形容词间的7个数字上圈选，各系列分值的总和即代表他对所测事物的态度。

假如S购物网站想了解网购者的看法，可以采用语意差别量表进行测量，如表8.3所示。

表8.3　语意差别量表部分项目及其分值

维度	关键词	分值								
评价维度	方便性	方便	1	2	3	4	5	6	7	不方便
	价格	便宜	1	2	3	4	5	6	7	昂贵
	选择面	广	1	2	3	4	5	6	7	窄
力度维度	有趣性	有趣	1	2	3	4	5	6	7	枯燥
	满意度	满意	1	2	3	4	5	6	7	不满意
	愉悦性	愉快	1	2	3	4	5	6	7	不愉快
活动维度	浏览情况	经常	1	2	3	4	5	6	7	偶尔
	购买情况	频繁	1	2	3	4	5	6	7	很少

语意差别量表的构造比较简单，适用范围广泛，因此语意差别量表几乎可以用来测量消费者对任何事物的态度。局限性是，这种量表并未摆脱被试自我报告的方式，而且量表中各项目的确定仍带有一定的主观性。

（四）行为反应测量

行为反应测量是指人们观察和测量被试对有关事物的实际行为反应，以此作为态度测量的客观指标。

1. 距离测量法

距离测量法（distance measure）是指通过观察人与人交往时的身体接近程度和亲切表现来研究人的态度。人与人交往时，或者在对事物进行观察、审视时，如果产生好感或希望购买，就有自然趋近的动作或行为，具体表现为缩短空间距离、保持目光接触、降低紧张程度和增加亲切感等。通过观察和测量这些变化，我们可以发现消费者的态度倾向。

2. 生理反应测量法

生理反应测量法（physiological measure）是指人们通过检查被试的生理状态的变化来测定其对某一事物的态度的一种方法。生理反应主要测定态度中的情感成分。当人们形成某种态度时，情感成分会引起有机体的植物性神经系统的某些变化，如瞳孔扩张、心跳加快、血压升高等。我们通过对生理指标的监测可以推测人们的态度倾向。

3. 任务完成法

任务完成法是指让被试去完成某项任务，人们通过观察任务完成质量来确定被试对这件事的态度。如果任务完成得认真、及时、高效，表明被试对事物的态度是积极的，否则就是消极的。当然，任务的完成受诸多因素影响，我们在运用任务完成法推测消费者的态度倾向时，应设法对这些因素进行控制。

第二节 有关消费者的态度理论

西方学者在对态度的研究中提出了多种理论，这些理论对态度形成和改变所做的解释虽然各有其侧重点，但它们并不相互矛盾和冲突，而是相互补充的。

一、学习论

学习论又称条件作用论，代表人物为霍夫兰德（C. Hovland）。霍夫兰德认为，人的态度同人的其他习惯一样，是后天习得的。人们在获得信息和事实的同时，也学习到与这些事实相联系的情感与价值。人的态度主要是通过联想、强化和模仿三种学习方式而逐步获得和发展的。

学习论认为，态度的形成和变化一般要经历三个阶段：①顺从，即在社会影响下，个体仅仅在外显行为上表现得与别人一致。这时没有太多的情感成分，也没有多少深刻的认知，个体的行为受奖惩原则支配，一旦外部强化或刺激因素消失，行为就可能终止。因此，这种态度是表面的、暂时的和易变的。②认同，即个体由于喜欢某人、某事，因此乐于与其保持一致或采取与其相同的行为。这种态度带有较多的情感成分，虽然不一定以深刻的认知为基础，但较顺从阶段的态度更为深刻，也更为积极主动。③内化，即个体把情感认同的事物与自己的价值观、信念等联系起来，使之融为一体，对情感、态度给予理性上的支持。此时，态度以认知成分占主导，同时附有强烈的情感成分，因此比较持久而不易改变。

二、诱因论

诱因论是指根据趋近因素和回避因素的冲突看态度问题，即将态度的形成看成是在权衡利弊之后做出抉择的过程。消费者对一种产品或服务既有一些趋近的理由，也有一些回避的理由，前者使消费者产生积极的态度，后者则会使之产生消极的态度。消费者最终的态度是由趋近因素和回避因素的相对强度来决定的。

美国学者爱德华（W. Edwards）在 1954 年提出期望价值（expectancy value）概念，认为由于诱因冲突的复杂性，人们在做抉择时，总是试图对每种可能出现的情况及其预期后果的价值做出评价，并尽可能趋利避害，使主观效用达到最大，即 $U=V\times P$。其中，U 为主观效用，V 为预期后果的价值，P 表示预期后果出现的概率。如果消费者的购买活动带来较大的主观效用，那么消费者对此次购买活动持积极肯定的态度，否则会持消极否定的态度。在涉及两种产品的比较时，能带来较大主观效用者，将使消费者对其产生更为肯定的态度。

三、平衡理论

平衡理论由海德（F. Heider）于 1958 年提出，是指人们会考虑他所认为相互关联的一些事物的关系。一般而言，所考虑的关系主要包括三种：他自己（P）、他对他自己与其他人（O）关系的知觉及他自己与其他人对态度标的物（X）的知觉，如图 8.7 所示。所有的关系都是以正号或负号来标示的。正号代表肯定、支持、喜欢等积极态度，负号代表否定、反对、不喜欢等消极态度。当三种关系的正、负号相乘结果为正号，表明个体处在平衡状态；若为负号，表明个体处在不平衡状态。

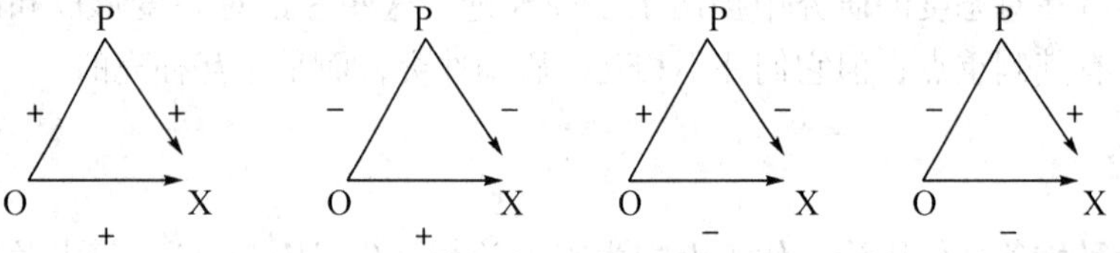

平衡状态

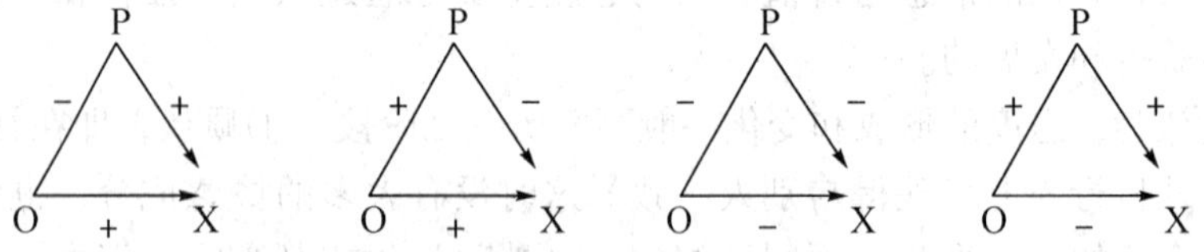

不平衡状态

图 8.7　个体的平衡状态和不平衡状态

平衡理论认为，平衡状态是一种理想的或令人满意的状态，个体如果出现了不平衡状态，就会产生心理上的紧张、焦虑、不舒适和不愉快。个体为了从不平衡状态恢复到平衡状态，就需要重新改变认知来达成平衡。

例如，小张（P）完全不喜欢爵士乐（X），他的好朋友小李（O）很喜欢爵士乐，这种三方关系可以见图 8.8（1）。此时，小张出现了不平衡状态，因此，他可以采取以下方式之一来重新获得平衡：

（1）改变对相关人员的态度。例如，不再喜欢小李，甚至讨厌小李，如图 8.8（2）所示。

（2）改变自己对态度标的物的态度。例如，从不喜欢爵士乐变为喜欢爵士乐，如图 8.8（3）所示。

（3）说服相关人员，使之转变对态度标的物的态度。例如，促使小李由喜欢爵士乐变为喜欢其他类型的音乐，如图 8.8（4）所示。

（4）当然也可以采取鸵鸟政策，刻意去忽略这件事，假装不在乎相关人员对态度标的物的态度。例如，忽略小李对爵士乐喜欢的事实。

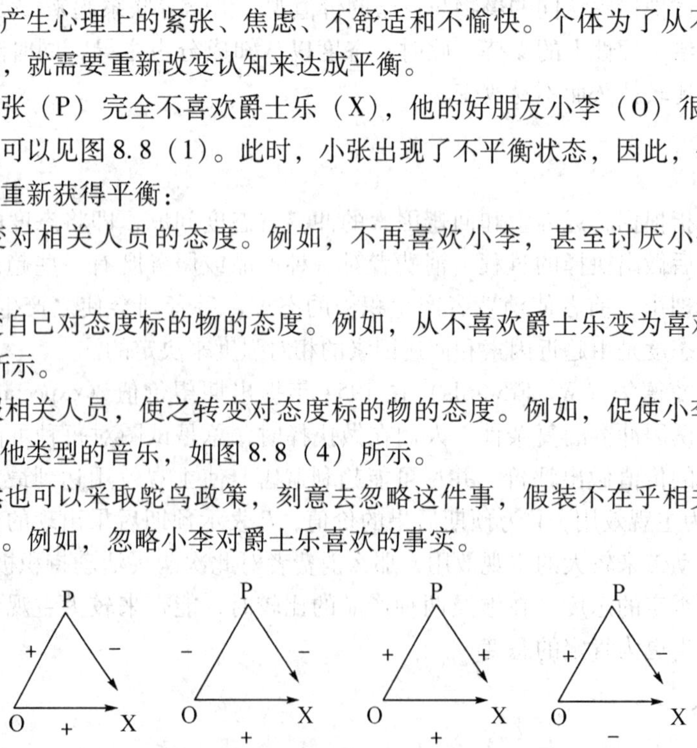

（1）　　（2）　　（3）　　（4）

图 8.8　平衡理论的应用

概念运用：平衡理论在营销中的运用

平衡理论有助于解释为什么消费者喜欢与那些能得到积极评价的物体相联系。当某人与一个流行产品形成一种归属关系（如购买和穿着时髦的衣服、开豪华的汽车），也会促使这个人与三角关系中的其他人形成正向关系。

平衡理论也有助于解释广泛采用名人代言的行为。营销者可以通过产品品牌和某位名人之间的关系，利用消费者对名人的积极情感，在产品品牌和消费者之间创造一种积极的情感关系。当名人对某种行为给予批评时，这种行为就会受到阻止，就像著名运动员出现在反对毒品的公益广告中所要达到的效果一样。

值得注意的是，如果名人与产品品牌之间只有利益关系，并非真心认同这个产品品牌，消费者也不一定会对产品品牌产生好感。而且，更有风险的是，如果公众对名人的支持态度从正面转向负面，那么名人代言会起到引火上身的反作用。

四、认知失调理论

认知失调理论由费斯廷格（L. Festinger）于 1957 年提出。费斯廷格认为，任何人都会产生许多认知因素，如关于自我、他人、环境等方面的看法、信念，这些认知因素之间存在三种情况：相互一致和协调，相互冲突和不协调，相互无关。当认知因素处于第二种情况，即相互冲突和不协调时，个体就会不由自主地驱使自己去减少矛盾和冲突，力求恢复和保持认知因素之间的相对平衡和一致。

例如，小王因为健康问题必须减轻体重，“医生告诉我不能吃甜食，以免体重过重而造成心脏超负荷。”当她看到香甜可口的巧克力蛋糕时，她说：“好想尝一口。”这时，两个认知因素是相互冲突的，小王出现认知失调。为了消除认知失调，她可以采用下面的方法：

（1）改变其中的一个认知，使之与自己持有的其他认知一致。例如，把“医生告诉我不能吃甜食，以免体重过重而造成心脏超负荷”改为“甜食不是影响体重的因素，好多体重偏轻的人也喜欢吃甜食”，这样两个认知之间便协调一致了。

（2）改变行为，使行为与其他认知相一致。例如，把“好想尝一口”改为“一口都不能吃，医生说的话我要做到”。

（3）在不改变原来两个认知因素的条件下，增加新的认知。例如，增加“为了身体健康不能吃甜食是对的，但我只尝一小口，应该没有太大影响”等辩解性理由，以减轻认知失调带来的压力。

认知失调理论可以解释为何有些消费者在购买前犹豫不决，即几种认知因素出现了冲突和不协调，甚至有些消费者在购买了产品以后，发现并没有解决他的问题，反而出现更频繁的产品信息搜寻行为。特别是消费者在花高价购买商品时，如房子、汽车等，因为不知道自己的购买决策是否正确，所以会进一步搜寻信息来判断决策的对错。因此，营销者必须提供进一步的信息来使消费者形成正向的态度，以消除其认知失调。

五、自我知觉理论

自我知觉理论由达里尔·贝姆（Daryl Bem）于1972年提出，是指人们会通过观察他们自己的行为来决定他们的态度，就像通过观察他人的行为来判断其所持的态度一样。也就是说，消费者根据自己对某产品或服务的购买或消费行为推断自己对该产品或服务的态度。

自我知觉理论的一个重点是行为产生在态度之前，也就是个体先做出行为，然后根据行为来形成态度。这种态度形成与低介入度有关，消费者在最初采取某种购买行为时，并不具有强烈的内在态度，事后，态度的认知成分和情感成分才得以统一。这就是说，习惯性的购买行为可能会在事后产生积极的态度——既然我决定买它，相比之下我是喜欢它的。

六、社会判断理论

社会判断理论又称为同化对比理论，其观点认为人们会根据他已知的信息将新收到的信息同化。也就是说，人们会以它自己目前的态度为参考架构，然后将新收到的信息进行归类。

社会判断理论的重点在于每个人的可接受标准并不相同。基本上，人们在一个态度标准上，会形成一个接受与摒弃的区间（latitudes of acceptance and rejection）。新的意见处在这一范围内，则会被接受，这表明新意见与已有意见较为一致，此时会产生一种同化效果（assimilation effect）。如果新的意见处在这一范围外，则不会被接受，这表明新的意见与已有意见差异较大，此时会产生一种对比效果（contrast effect）。

一般来说，每个人的接受与摒弃的区间有很大差异。有很多因素会影响这一区间，其中一个因素是个体对该态度的执着程度。当个体对某一态度的执着程度越高，接受与摒弃的区间越狭窄，个体越不能容忍与其意见稍有不同的意见，个体的态度越不容易被改变。反之，个体对某一态度的执着程度越低，接受与摒弃的区间越宽阔，个体越能接受各种差异性大的意见，个体的态度被改变的可能性也就越大。

七、精细加工可能性模型

精细加工可能性模型（Elaboration Likelihood Model，ELM）是一种说服理论，描述人们有多大可能将他们的认知过程集中在精心考虑的说服性信息上。这一模型对说服路径做了重要的区分：中心路径和边缘路径。

中心路径（central routes）是指人们仔细思考说服性的信息，因此态度改变与否取决于论点的强弱。例如，有人试图通过论证让你相信一种新产品具有诸多优点，你可能就会以这种精细的方式来处理信息。

边缘路径（peripheral routes）是指人们不怎么集中精力关注信息，而是对情境中的表面线索做出反应。例如，卖方安排一位有吸引力的模特来推荐新产品，目的就是希望你的思维能避开要害，利用情感性的反应来转变态度。

人们采用中心路径还是边缘路径取决于一个人的介入度。

当介入度高的时候，消费者会倾向仔细去评估产品的特性与优缺点，这时消费者对产品的评价主要来自深入的思考与认知处理的结果。这时消费者采用的就是中心路径，消费者根据信息的论证来形成他们的态度。

当介入度低的时候，消费者会进行相对有限的信息寻找与评估，也就是说，这时的消费者对产品的评价主要来自重复、暗示、线索及整体的知觉等，消费者偏向情感性的处理。这时消费者采用的就是边缘路径，根据信息的表面线索如代言人、音乐、图片等来形成他们的态度。

第三节　消费者的态度改变

消费者的态度改变包括两层含义，一是指态度强度的改变，二是指态度方向的改变。消费者由原来有点喜欢某品牌到现在非常喜欢某品牌，涉及态度强度的变化；消费者由原来不喜欢某品牌到现在喜欢某品牌，或者由原来喜欢某品牌变成现在不喜欢某品牌，则涉及方向的改变。消费者的态度改变一般是在某一信息或意见的影响下发生的，从企业角度看，又总伴随着宣传、说服和劝导，从这一意义上说，态度改变的过程也就是劝说或说服的过程。

一、态度改变的说服模式

霍夫兰德（C. Hovland）和詹尼斯（I. L. Janis）于1959年提出了一个关于态度改变的说服模式，见图8.9。这一模式虽然是关于态度改变的一般模式，但它指出了是否引起态度改变和如何改变态度的过程及其主要影响因素，对理解和分析消费者态度改变具有重要的借鉴与启发意义。

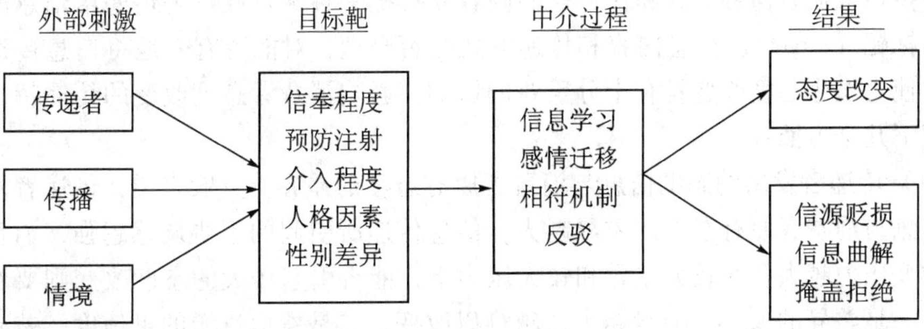

图8.9　态度改变的说服模式

霍夫兰德认为，任何态度改变都涉及个体原有的态度和外部存在着的与此不同的看法。由于两者存在差异，由此会导致个体内心冲突和心理上的不协调。为了恢复心理上的平衡，个体要么接受外来影响，改变自己原有的态度，要么采取各种方法抵制外来影响，以维持原有的态度。

图8.9描绘的模式将态度改变的过程分为四个相互联系的部分：外部刺激、目标靶、中介过程和结果。

（一）外部刺激

外部刺激包括三个要素：传递者、传播与情境。

1. 传递者

传递者或信息源，是指持有某种见解并力图使别人接受这种见解的个人或组织。例如，发布某种产品信息的企业或广告公司，劝说消费者接受某种新产品的推销人员等。一般来说，影响说服效果的信息源特征主要有以下四个：

（1）传递者的权威性。传递者的权威性指传递者在有关领域或问题上的学识、经验和资历。例如，企业邀请专家、学者宣布新产品信息，目的就是增加信息的可信度和影响力。

（2）传递者的可靠性。传递者的可靠性指传递者在信息传递过程中做到公正、客观、不存私利和偏见。很多消费者对商业信息来源缺乏信任，原因就在于商业信息的传递者难以做到客观、公正。

（3）传递者外表的吸引力。传递者外表的吸引力指传递者是否具有一些引人喜爱的外部特征。传递者外表的魅力能吸引人注意和引起好感，自然会增强说服的效果。研究显示，外表有魅力的人会被想象为更加敏感、热忱、谦虚和幸福。大部分广告研究表明，越是有吸引力的模特所宣传的产品，越容易获得好的评价和积极反应。但是，传递者的外表魅力不一定能单独发挥作用，可能受制于其他一些因素。

（4）对传递者的喜爱程度。对传递者的喜爱程度指受众或消费者对传递者的正面或负面情感。喜爱能引起态度改变，因为人们有模仿自己喜爱对象的倾向，较容易接受喜爱对象的观点，受其情趣的影响，仿效他的行为方式。喜爱程度和相似性有密切关系，人们一般更喜欢和自己相似的人接触和相处，从而受其影响。

2. 传播

传播指人们以何种方式和什么样的内容安排把一种观点或见解传递给信息的接受者或目标靶（target）。信息内容和传递方式是否合理，对能否有效地将信息传达给目标靶并使之发生态度改变具有十分重要的影响。影响消费者态度改变的传播特征主要包括以下几个方面：

（1）传递者发出的态度信息与消费者原有态度的差异。一般来说，传递者发出的态度信息与消费者原有态度的差异越大，信息传递所引起的不协调感越强，消费者面临的改变压力越大。在较大差异和较大压力下，能否引起较大的态度改变则要看两个因素：一是差异的大小，差异越大，越难以改变；二是看信息源的可信度，差异太大时，信息接收者不一定通过改变态度来消除不协调感，而可能以怀疑信息源、贬低信息源来消除不协调感。多项研究发现，中等差异最容易引起态度改变，当差异超过中等差异之后并进一步增大，态度改变则会越来越困难。

（2）信息的生动性。当信息以图片等视觉刺激的形式出现时，容易引起接收者的注意并能更深刻地留在其记忆中，使其做出审美方面的评价，引发情感反应。因此营销者常常运用生动、富有创新的插图或照片。因为视觉刺激会引发联想推理，并使消费者因图像中的意象而改变信念，所以能影响消费者的态度。

营销者用文字形式展现信息时，会影响消费者对产品功能效用方面的评价。由于处理文字表述需要付出更多的努力，因此它更适合高介入度的情况。文字材料很容易被忘掉，因此，需要经常出现才能达到改变态度的效果。当然，营销者在传递具体实际的信息时，可以将文字表述与图片相结合，尤其在图片信息与文字材料强相关时，文字材料的表述将更有效。

（3）单面论述与双面论述。在说服过程中，是陈述一方面的意见与论据好，还是同时陈述正反两方面的意见与论据好？研究显示，双面论述给消费者一种客观、公正的感觉，可以减少消费者对信息和信息源的抵触情绪，但可能减弱信息的冲击力，从而影响传播效果。一般来说，对与消费者观点一致的信息和消费者不太熟悉的问题，单面论述的效果更好；如果传递的信息与消费者的观点不一致，并且消费者对该问题又比较熟悉时，双面论述的效果会更好。

（4）对比信息。对比信息是指营销者将本产品或服务的信息与竞争者的信息进行对比。对比信息可以分为两种：一种是间接对比信息，即营销者将本产品或服务与不具名的竞争者进行对比；另一种是直接对比信息，即营销者将本产品或服务与具名的竞争者进行对比。研究表明，直接对比信息在引起注意和增强品牌意识方面是有效的，可以正面强化信息的处理、态度、意图和行为。新产品或低市场份额的品牌可以通过强调它是如何区别于或优于其他品牌的来改进消费者的态度，从而给消费者一个购买该品牌的可信理由。

3. 情境

情境因素是指对信息传播和接收者有附带影响的周围环境。情境虽然由一些暂时性的事件和状态构成，但是它对说服的效果会产生重要影响。

（1）预先警告。如果某一消费者在接触说服信息前，对劝说企图有所了解，可能形成反驳观点，从而增强抵御说服的能力，那么其态度的改变也较为困难。研究表明，预先警告所起作用的大小与意见内容是否涉及个人利益有紧密关系，预先警告对没有利益介入的个体能促进其态度改变，而对有利益牵连的个体能阻挠其态度改变。

（2）分心。分心是指个体由于内外干扰而分散注意力或不能使注意力集中的现象。在劝说过程中，若情境中存在噪音，如极具吸引力的模特，反而会使受众分心，影响劝说的效果。

（3）重复。重复对消费者的态度改变亦会产生重要影响。当消费者接收重复信息时，一方面，重复信息减少不确定性，增加对刺激物的了解，带来积极和正面的反应；另一方面，重复信息增加，厌倦和腻烦也增长，在某一点上，超过正面影响，引起消费者反感。所以，营销者为了避免或减少受众的厌倦感，最好在不改变主题的条件下对广告的表现形式不时做一些小的变动。

（二）目标靶

目标靶，即信息接收者或企业企图说服的对象。在同样的说服条件下，有的消费者容易被说服，有的消费者较难或根本无法被说服，这主要取决于目标靶的以下几个特征：

1. 对原有观点、信念的信奉程度

如果消费者对某种观点的信奉程度很高，如在多种公开场合表明了自己的立场和态度，或者根据这一信念采取了行动，此时，要改变消费者的态度将是相当困难的。反之，说服消费者改变其原有的态度相对会容易一些。

2. 预防注射

预防注射是指消费者已有的信念和观点是否与相反的信念和观点有过交锋，是否曾经构筑过对相反观点的防御机制。个体已形成的信念和观点若从未与相反的信念和观点有过接触与交锋，就易于被说服而发生改变。相反，如果个体的观点、看法曾经受过抨击，那么其在应付这种抨击中建立了一定的防御机制，我们想要改变其态度就非常困难。

3. 介入程度

消费者对某一购买问题或某种想法的介入度越高，他的信念和态度可能就越坚定，难以被改变。比如，消费者购买手机，可能要投入较多的时间、精力，从多个方面搜寻信息，然后形成关于手机的功能、特性等方面的认识，这些认识一旦形成，可能相当深刻，难以被改变。而在低介入度的购买情况下，如购买纸巾，消费者在没有找到原来熟悉的品牌时，可能就会选择售货员所推荐的某个品牌。

4. 个体因素

个体因素包括自尊、智力。研究发现，低自尊者较高自尊者更容易被说服，因为前者不太重视自己的看法，遇到压力时很容易放弃自己的意见；而后者往往很看重自己的观点与态度，不会轻易放弃自己的观点。总体上，高智商者和低智商者在被说服的难易程度上没有显著差异，但高智商者较少受不合逻辑的观点的影响，低智商者则较少受复杂论证的影响。

5. 性别差异

大量实证研究显示，男性与女性在谁更容易被说服的问题上并不存在显著差异。差异主要集中在双方各自擅长的领域。例如，在技术、管理等方面，女性可能较为缺乏自信，在遇到与此有关的问题时可能较男性更易被说服。但在家务和孩子抚养上，女性较为自信，在遇到与此有关的问题时可能较男性更难被说服。

（三）中介过程

所谓中介过程，是指说服对象在外部劝说和内部因素交互作用下改变态度的心理机制，包括信息学习、感情迁移、相符机制、反驳等。信息学习是指说服对象接收外在信息，获取信息的意义，并将其整合进已有的认知结构中去的过程。感情迁移是指外在信息的输入引起说服对象强烈的情感反应，从而使态度发生变化。相符机制是指说服对象的内在调适过程，即说服对象对外在影响是否满足自己的需要，是否与自己已有的价值观、观点一致等进行衡量、匹配后改变态度的调整过程。反驳是指说服对象出于自我防御的目的，运用各种观点、实例对外在影响的观点进行驳斥的过程，也就是在内心中论证是否接受外在影响的观点的过程。

（四）劝说效果

劝说效果不外乎两种：一是接受信息传递者的劝说，改变态度；二是对劝说予以抵制，维持原有态度。从劝说方的角度看，能改变目标靶的态度当然是理想的，但很多情况下，劝说可能并未达到理想目标，目标靶对外部影响加以抵制，以维持自己原有态度。常见的方法如下：

（1）贬损信源，如目标靶认为信息发送者存有私利和偏见，其信誉很低，以此降低劝说信息的价值。

（2）歪曲信息，如目标靶对传递的信息断章取义，或者故意夸大某一论点使其变得荒唐而不可信。

（3）掩盖拒绝，即目标靶采用断然拒绝或美化自己的真实态度的方法抵御外部的劝说和影响。

营销实用技能：如何使人们依从

●互惠。社会中人们遵循互惠规范（reciprocity norm），当某人为你做了些事情，你也应该为他做些事情。“我给你打八折”“这是免费赠送的样品”这种策略往往让消费者出于回报而购买产品。由互惠规范衍生出来的说服技巧是“走面子”技巧（the door-in-the-face technique）。当人们对一个较大的请求说“不行”之后，他们往往会对一个小的请求说“行”。

●承诺。人们也会信守自己的承诺，由此衍生出的说服技巧是“脚踏入门”技巧（the foot-in-the-door technique）。人们一旦有一只脚跨入了门槛，就能利用承诺增强依从性。你同意一个小的请求后，更有可能会接受一个较大的请求。“我一看就知道你是那种买东西看重质量的人，所以，我知道你也不在乎多花几个钱”就是运用了“脚踏入门”技巧。

●稀缺。人们喜欢获得其他人得不到的东西，讨厌得不到某种东西的感觉，这就是稀缺性原理。营销者很清楚，如果他们让商品显得稀缺，就能增加消费者购买的可能性。“我手里就剩这最后一件了，所以我不敢肯定你是否应该等到明天。”“刚才有人让我留着，他等会儿回来买。”这会让你觉得正在失去一个关键的机会，除非你立刻购买。

●示范。人们都有从众心理，一旦从众，就会接受参照群体的影响。营销者通过示范所期望的行为可以促进消费者的改变。即使情境中没有看得见的模特，营销者也依然试图利用规范和信息的影响，如“这些汽车我只卖给聪明、自信的人”“这款项链最走俏，适合那些时尚的人”。

二、消费者的态度塑造策略

构成消费者的态度的三种成分及态度的影响层次，可以为消费者的态度改变带来一些启示，帮助营销者改变消费者的态度。由于认知成分、情感成分和行为成分三种成分保持一致，因此营销者可以首先通过改变某一种成分来塑造消费者的态度。所谓态度塑造，既包括营销者帮助消费者形成以前不存在的态度，也包括改变消费者已经存在的态度。相应地，态度塑造分为三种：基于认知的态度塑造、基于情感的态度塑造、基于行动的态度塑造。

（一）基于认知的态度塑造

基于认知的态度塑造是根据态度的学习层次展开的，态度的认知成分形成后，认知成分会产生相应的情感成分和行为成分。其具体方法如下：

1. 为产品和服务赋予一定的联想意义

如 A 品牌具备×属性。如果消费者接受了这种联想意义，品牌信念就形成了，消费者就能形成某品牌与某属性相联系的认知。例如，“海飞丝，能有效去除头屑”“工商银行，你身边的银行”。

2. 为消费者介绍新知识

营销者向消费者介绍有关某一事物的新知识，消费者就有可能改变旧有的看法。如果你对网上购物的安全性持怀疑态度，营销者向你介绍网上账号信息的安全编码方法，并且提供个人隐私保护声明，你的原有看法可能就会发生改变。

3. 让消费者主动陈述信息

当人们主动论述比让他们被动地听他人论述更能让其改变态度。比如，让消费者谈谈使用某产品的感受，消费者会对有关信息进行认真思考，而且往往还有即兴发言的机会，当话讲完了，那些具有高支持度的论据会继续影响着讲话人的看法，对消费者的态度产生持久的影响。

（二）基于情感的态度塑造

基于情感的态度塑造是根据态度的情绪层次展开的。消费者先形成情感成分，然后产生相应的行为成分，最后改变认知成分。其具体方法如下：

1. 为消费者创造情感联系

营销者将产品或服务与积极的、美好的情感相联系，如以爱国主义、母爱、友爱、爱情、亲情、故土等为诉求，激发消费者的爱、快乐、希望，可以使消费者产生强烈的情感感受。当消费者不能区分品牌之间的差别，尤其是成熟品牌之间的差别时，采用情感诉求策略会产生更好的效果。

2. 创造激发情绪的环境

营销者可以在营销环境中使用音乐、色彩等调节消费者的心情。例如，轻缓舒适的音乐使消费者流连忘返；红色具有让人兴奋的传染力量，春节促销采用铺天盖地的红色能渲染节日气氛。

3. 幽默手法

营销者用幽默的手法可以吸引消费者的注意力。幽默的作用是使消费者卸下认知防御、抑制思辨，因此增加了被接受的可能性。巧妙的幽默不会取笑潜在的消费者，没有“淹没”品牌信息，而且符合产品的形象，会产生更好的效果。

4. 恐惧手法

恐惧手法强调的是如果消费者不改变他们的行为或态度就可能导致消极的后果。恐惧手法被广泛运用到营销活动中，如国际商业机器公司（IBM）利用 FUD 因素：恐惧（Fear）、不确定性（Uncertainty）、怀疑（Doubt）来宣传其电脑的风险是最小的。在社会营销环境中恐惧手法用得更为普遍，如戒烟、安全驾驶等。研究显示，只有恐惧程度适中、解决问题的方案恰当、信息源的可信度较高时，恐惧手法才会产生较好的效果。

营销实用技能：如何运用恐惧诉求

为了使恐惧诉求的运用更为有效，营销者在传播内容时应注意以下几个方面：

●对如何减少恐惧给出具体明确的指导。

●指出根据指导行事是解决问题的有效途径。

●避免对感受到威胁和易受恐吓的受众传递恐惧信息。

●避免对低自尊者和自卑感强者传递恐惧信息。

●包含迅速解决问题的信息。

5. 艺术手法

由于营销传递的产品利益是无形的，因此营销者必须以一种具体而鲜明的方式来表达，以给予其真正的意义。营销者可采用比喻、寓言、故事、戏剧等艺术手法，将抽象的概念、深层的意思变得浅显易懂，让消费者产生情感共鸣，使产品或服务更加个性化。

（三）基于行为的态度塑造

基于行为的态度塑造是根据态度的行为层次展开的。态度的行为成分先起作用，然后是情感成分，最后才是认知成分。行为会直接受到诸如免费使用、打折等促销活动的影响。一旦行为受到影响，情感也会变得强烈。所以，无风险的试用活动越来越普遍。其具体方法如下：

1. 促销活动

降价、发放优惠券、返款等都是促使消费者按照某种方式行事的常用方法。通过促销活动改变行为的情况有三种：一是低介入度产品和服务；二是当两种或几种品牌比较相似，消费者对它们的喜好程度相同，促销活动就会引导许多消费者的购买行为；三是如果产品或服务已经使消费者有了正面的态度，但还不足以使他采取行动，那么促销就起到一个推动作用。比如，消费者不会因为促销活动购买其他品牌的手机，而只会购买他已经考虑购买的那个品牌的手机。

2. 设计购物环境

营销者可以通过为消费者设计购物环境来直接促使他们进行冲动性购买或下意识购买。例如，营销者在超市的收银台摆上口香糖、杂志或一些新奇的小玩意儿促进冲动性购买，或者利用吸引人的店铺陈设，令人愉悦的色调、音乐，宽敞的走廊和较好的照明条件等来促进消费者的下意识购买。

3. 政府命令

相关部门可颁布政府命令或消费禁令来促使消费者采取行动，从而转变态度。需要采取禁令的一种情况是消费者缺乏知识和能力进行判断，如禁止吸烟、购买汽车保险等；另一种情况是消费者个人只有长远的利益，或者集体利益超越了个人利益，如废物回收、使用无铅汽油、超市禁塑令等。

4. 商业操作

营销者也可以通过一些商业操作的规定来设定某种行为，并引起消费者对这些规定的注意，从而塑造消费者的态度。例如，营销者规定消费者在特定时间段排队购物、在店内增加监督设备、对消费者提出着装要求等。

5. 安排信息结构

营销者还可以通过恰当地安排信息结构来引导消费者朝某个方向行动。有的销售人员或零售商会有选择地提供一些信息，如宣称出清存货，或者在那些能够提升商店品牌形象的商品品牌上加上商店名称，也可以针对潜在消费者安排特殊的信息。前面提到的“走面子”技巧和“脚踏入门”技巧就对信息结构进行了巧妙的安排。

本章小结

消费者的态度决定着其对产品和服务的评价和接受程度。态度是指个体对人、客体或观念的一种稳定的基本看法，是一种倾向性的心理反应。消费者的态度是由认知成分、情感成分和行为成分三种成分构成的复合系统。按照三种成分对态度形成的不同影响，态度可以划分为学习层次、情绪层次、行为层次这三个影响层级。不管三种成分起作用的顺序如何，它们必然都具备一致性。消费者的态度测量，主要有瑟斯顿等距量表、李克特量表、语意差别量表及行为反应测量四种方法。

人们对消费者的态度的解释形成了很多理论，虽然这些理论各有其侧重点，但它们并不相互矛盾和冲突，而是相互补充的。学习论、诱因论主要解释了态度形成的基本过程。平衡理论和认知失调理论解释了态度不一致的原因和协调方法。自我知觉理论、社会判断理论、精细加工可能性模型则分析了个体态度形成中的判断标准、参考构架和信息加工的路径问题。

霍夫兰德和詹尼斯提出了改变消费者的态度的说服模式，指出了是否引起态度改变和如何改变态度的过程及其主要影响因素。该模式主要包括外部刺激、目标靶、中介过程、结果四个相互联系的部分。由于认知成分、情感成分和行为成分三种成分相一致，因此态度塑造分为三种：基于认知的态度塑造、基于情感的态度塑造和基于行动的态度塑造。

关键概念

态度　态度的影响层次　平衡理论　认知失调理论　精细加工可能性模型
态度改变的说服模式

复习题

1. 什么是态度？消费者的态度有何功能？

2. 态度由哪三种成分构成？相应地，态度的影响层次分为哪三个？结合现实营销活动举例说明。

3. 消费者的态度测量方法有哪些？试比较各自的特点。

4. 平衡理论的基本观点是什么？消费者可以采取哪些方式来重新获得平衡？

5. 认知失调理论的基本观点是什么？怎样消除认知的不一致？

6. 精细加工可能性模型的基本观点是什么？结合现实营销活动，举例说明其在营销中的运用。

7. 阐释态度改变的说服模式。

8. 列举一则不适当地将名人作为代言人的广告，并说明理由。

9. 影响消费者的态度改变的传播特征主要有哪些？结合具体营销实例说明。

10. 目标靶的哪些特性会影响说服效果？结合自身情况举例说明。

11. 消费者的态度塑造分为哪三种？分别有哪些具体方法？结合现实营销活动举例说明。

实训题

项目 8-1　说服路径研究

针对选定产品类别，每组成员各自找出一个平面广告或电视广告，分析其态度说服的路径，并评价其效果。

项目 8-2　态度塑造设计

针对选定产品类别，每组成员运用所学的态度塑造策略设计一个宣传方案。

案例分析

美妆与食品联姻，竟让成分党狂喜？

第九章　消费者的个性、自我概念与生活方式

本章学习目标

◆了解有关个性的理论
◆掌握个性理论对消费者购买行为的影响及其在营销中的应用
◆掌握自我概念的含义、测量方式
◆掌握自我概念与消费者购买行为的关系及其在营销中的应用
◆掌握生活方式的含义、测量方式
◆了解生活方式研究在营销中的运用

开篇故事

奈雪的茶凭什么能抢跑 IPO？

第一节　消费者的个性

在现实生活中，受动机驱使的消费者的行为，建立在感觉、知觉、记忆、思维、想象等心理活动的基础上，受个体的情绪、情感、态度、意志等的影响。消费者的行为还具有明显的个人特色，消费者的个性不同，表现出来的行为方式迥然不同。

一、个性的含义

个性有时也称人格，来源于拉丁语 Persona，意为古希腊罗马时代戏剧演员在舞台上戴的面具，以此代表剧中人的身份。心理学家引申其含义，把个体在人生舞台上扮演的角色的外在行为和心理特质都称为个性。

消费者行为学意义上的个性是指一个人的整体心理面貌，是一个人在一定社会条

件下形成的、具有一定倾向的、比较稳定的、可以影响别人并使其和别人在整体行为上有所区别的心理特征的总和，即消费者所具有的和经常表现出来的特征性的行为模式。

二、个性的理论

（一）西格蒙德·弗洛伊德（Sigmund Freud）的精神分析说

西格蒙德·弗洛伊德的精神分析说既是一种动机理论又是一种人格理论。弗洛伊德认为，个体是一个由本我（Id）、自我（Ego）和超我（Superego）组成的人格结构系统，人的个性表现和个性发展是三种力量相互作用的结果。弗洛伊德还认为，个性发展是有阶段的，个性的形成取决于个体在不同心理期如何应付和处理相应的各种危机。例如，在口腔期，即 0~1 岁，婴儿的欲望主要通过口腔部位的吸吮、咀嚼、吞咽等活动获得满足，婴儿的快乐也多得自口腔活动。当婴儿断奶或不再用奶瓶吮吸时，危机就产生了，如果婴儿的口腔需要没有得到很好的满足，其在成人后就会“固着”（fixation）于这一阶段，展现出诸如依赖、过度的口腔活动等行为倾向，如抽烟、过度饮食及性格特点表现为被动、易上当等。总之，弗洛伊德的精神分析说是以本能尤其是性本能为基础的理论。

在营销领域，弗洛伊德的精神分析说也有一定的作用。受到弗洛伊德强调性本能是人类行为的原动力的影响，营销者在广告中使用性象征手法屡见成效，现实中以成人为对象的广告常常大力宣传广告产品在吸引异性方面的好处。

（二）卡尔·荣格（Carl Jung）的个性类型说

荣格曾是弗洛伊德的精神分析说的支持者，后因观点不同而自创分析心理学。个性类型说认为，人格结构由很多两极相对的内动力所形成，如感觉对直觉、思维对情感、外倾对内倾、知觉对判断等。具体到一个人身上，这些彼此相对的个性倾向常常是失衡的或有所偏向的。例如，有的人更多地凭直觉、情感进行决策，另外一些人更多地凭理智、逻辑做出判断。个性类型的四个维度和八种机能类型如表 9.1 所示。

表 9.1　个性类型的四个维度和八种机能类型

<table>
<tr><td colspan="2">1. 内倾-外倾维度</td></tr>
<tr><td colspan="2">用以表示个体心理能量的获得途径和与外界相互作用的程度，即个体的注意是较多地指向外部的客观环境还是较多地指向内部的概念建构和思想观念</td></tr>
<tr><td>内倾（I）</td><td>外倾（E）</td></tr>
<tr><td>个体的注意力和精力指向内部的精神世界</td><td>个体的注意力和精力指向客体</td></tr>
<tr><td>心理能量通过内部的思想、情绪等获得，在内部世界中获得支持，并看重发生事件的概念、意义等</td><td>需要通过经历来了解世界</td></tr>
<tr><td>许多活动是精神性的，倾向于在头脑中安静地思考以加工信息</td><td>更喜欢参与大量的活动，并偏好通过谈话的方式来思考，在语言的交流中对信息予以加工</td></tr>
<tr><td>经常勤于思考而缺乏行动</td><td>经常先行动后思考</td></tr>
</table>

表9.1(续)

2. 感觉-直觉维度	
用以表示个体在收集信息时注意的指向，即倾向于通过各种感官去注意现实的、直接的、实际的、可观察的事件还是对事件将来的各种可能性和事件背后隐含的意义及符号和理论感兴趣	
感觉（S）	直觉（N）
倾向于接受能够衡量或有证据的任何事物	自然地去辨认和寻找一切事物的含义
关注真实而有形的事件	重视想象力，更注重将来
维持事物的现状	努力改变事物
较具有实际意识	较有改革意识
3. 思维-情感维度	
用于表示个体在做决定时采用什么系统，即做决定和下结论的方法，是客观的逻辑推理还是主观的情感和价值	
思维（T）	情感（F）
较少受个人感情的影响	期望自己的情感与他人保持一致
通过对情境做出客观的、非个人的逻辑分析来做决定	做决定的基石是什么对自己和他人是重要的
理性判断时注重因果关系并寻求事实的客观尺度	理性判断的依据是个人的价值观
4. 知觉-判断维度	
用以描述个体的生活方式，即倾向于以一种较固定的方式生活（或做决定）还是以一种更自然的方式生活（或做决定）	
知觉（P）	判断（J）
偏好于知觉经验	以一种有序的、有计划的方式对其生活加以控制
不断地收集信息以使其生活保持弹性和自然	期望看到问题被解决，习惯并喜欢做决定

值得强调的是，将上述两极相对的个性倾向每两组配对，还可以组成很多彼此不同的组合，如外倾感觉型、内倾思维型、直觉思维型等。在营销实践中，分析消费者的个性类型，有助于营销者了解每种类型的个性在行为上的特点，从而据此制定更加有效的营销策略以满足消费者的需要。

（三）新弗洛伊德个性理论

弗洛伊德的一些同事和门徒并不同意弗洛伊德关于个性是由本能或性本能所决定的观点，他们更多地注意环境因素，尤其是社会文化因素对人类行为的影响。这些被称为“新弗洛伊德”的学者认为，个性的形成和发展与社会关系（social relationships）密不可分。在20世纪40年代到60年代，精神分析的中心从欧洲转移到美国，形成了大量的新精神分析理论，其中以阿德勒、沙利文、凯伦·霍妮等学者为代表。

阿德勒（A. Adler）认为，自我在个性的组织和形成上所处的地位最为重要。他认为人具有相当的自主性，并不受制于本我与潜意识内的盲目和冲动。他认为，作为无助的、依赖的儿童，人人都会体会到自卑感，消除自卑感才是个人行为的原动力。人能够自己设定目标，并且设法达到目的，具有与生俱来的追求卓越的内在动力，这是人类共同的人格特质。由于在实际生活中所用的追求方式及由此产生的后果并不相同，因此每个人会逐渐形成彼此各具特色的生活格调。个人的生活格调一经形成，就不易改变，它对以后的行为方式将产生深远的影响。

沙利文（Harry Stack Sullivan）则认为，人们不断追求与他人建立具有互惠价值的关系，他提出自我系统概念，主张人生来就有追求满足和安全的需要，在人际关系中逐渐形成了稳定的人格模式，因此他特别关注个体为缓解各种紧张、焦躁和不安所做的努力。

凯伦·霍妮（K. Horney）特别强调环境因素对个性形成的影响，认为是儿童期的不正常的人际关系，特别是那种制造焦虑的家庭环境，使儿童的需要受挫，会导致焦虑感以至成年后的神经症表现，而焦虑感在引起和指导个人行为上要比性欲来得强而有力。她将人分为三类：①顺从型或依赖型（compliant）。这一类型的人倾向于与他人打成一片，特别希望获得别人的爱和被别人欣赏。②攻击型（aggressive）。这一类型的人渴望权力和出人头地，好动、自信和坚强。③我行我素型或离群型（detached）。这一类型的人倾向于独立、自给自足和摆脱各种各样的束缚。三种类型的人在消费行为上也表现不同。研究显示，依赖型的人喜欢购买品牌的产品，如拜耳阿司匹林；攻击型的人对老香料（old spice）牌除臭剂情有独钟，因为该品牌具有男性化形象；我行我素型的人喜欢喝茶（或许是为了显示不妥协性）。

新弗洛伊德个性理论没有受到研究人员的应有注意，但是还是有不少的实用价值。例如，依据阿德勒关于个体总是不断追求卓越的观念，我们可以将购买含杰出技术或性能的产品的目标顾客定位为社会成功人士。运用霍妮的分类体系探查消费者的行为选择方向，将产生良好的效果。

（四）特质理论

与个性类型说不同，特质理论强调根据具体的心理特征来测定人的个性，是一种实证和定量分析取向的个性理论。特质理论认为，特质（traits）一般是指人拥有的、影响行为的品质或特性，即个体之间有所不同的任何可加辨别且较为持久的属性，如风险性、自信、社交性等。特质理论认为，特质具有共通性，人们之间的差异在于特质绝对量的多寡。不管人们面对的情境或环境是什么，这些特质都是相当稳定的，同时其对行为的影响具有普遍性，也就是说，我们基于特质能够预测很多行为。我们可以由行为指标的衡量来推断特质的内涵，常见的量表包括加利福尼亚心理调查表（California Psychology Inventory，CPI）及爱德华个人偏好量表（Edwards Personal Preference Scale，EPPS）

卡特尔（B. Cattell）将构成个性的特质分为两类，即表面特质和根源特质（surface traits and source traits）。前者是个体每个具体行为中表现出来的个性特点，后者则反映每个个体的总体个性，是依据表面特质分析推断而来的。卡特尔及其同事在前人的基础上经过长期的研究，确定了16种根源特质，并据此编制了16种个性因素问卷来测定每个人的特质，如表9.2所示。

表 9.2　16 种个性因素问卷

特质	低分者的特点	高分者的特点
A：乐群性	缄默、孤独	乐群、外向
B：聪慧性	迟钝、学识浅薄	聪颖、富有才识
C：稳定性	情绪激动	情绪稳定
D：恃强性	谦虚、顺从	好强、固执
E：兴奋性	严肃、审慎	轻松、兴奋
F：有恒性	权宜、敷衍	有恒、负责
G：敢为性	畏缩、退却	冒险、敢为
H：敏感性	理智、着重实际	敏感、感情用事
I：怀疑性	信赖、随和	怀疑、刚愎自用
J：幻想性	现实、合乎成规	幻想、狂妄不羁
K：世故性	坦白、直率天真	精明能干、世故
L：忧虑性	安详沉着、有自信心	忧虑抑郁、烦恼多虑
M：实验性	保守、服从传统	自由、批评激进
N：独立性	依赖、随群附众	自主、当机立断
O：自律性	矛盾冲突、不明事理	知己知彼、自律严谨
P：紧张性	心平气和	紧张困扰

近年来发展起来的人格特性衡量工具是包含了五个基本维度的五因素人格特性结构，又称五因素模型（见表 9.3）。五因素模型经过大量的实证研究，被认为比其他特质理论更具有普遍性。

表 9.3　五因素模型

因素	双极定义
外向性	健谈的、精力充沛的、果断的/安静的、有保留的、害羞的
和悦性	有同情心的、善良的、亲切的/冷淡的、好争吵的、残酷的
负责性	有组织的、负责的、谨慎的/马虎的、轻率的、不负责任的
情绪性	稳定的、冷静的、满足的/焦虑的、不稳定的、喜怒无常的
创造性	有创造性的、聪明的、开放的/简单的、肤浅的、不聪明的

在消费者行为研究领域，我们可以测定某些与企业营销活动密切相关的个性特质，如消费者的创新性、对人际影响的敏感性等。实践表明，这类研究对理解消费者如何做选择、是否消费某一大类产品颇有帮助。

三、个性与消费者行为

从营销学角度看，绝大多数个性研究都是为了预测消费者的行为。心理学和其他行为科学关于个性研究的丰富文献促使消费者行为学研究者认定，个性特征应当有助于预测品牌选择或店铺偏好等购买活动。尽管影响消费者的行为和营销策略的因素和条件很多，但是人们不应忽视个性与产品选择和使用之间的关系。

（一）品牌个性

研究表明，在许多产品上，一方面，个性与产品选择存在联系，相关系数一般都在 0.3 以上。这些产品有两个共同的特征：一是能引起自我介入；二是具有较高的社会能见度，如家具、电器、服装、汽车。另一方面，当某个品牌个性和消费者的个性保持一致时，这个品牌将会更受欢迎。既然个性会影响产品和品牌的选择，在营销实践中，企业的产品和品牌自然就不可避免地要迎合消费者的个性状况，体现出其个性与特质。因此，现代社会里品牌个性就顺理成章地得以张扬和发展。

品牌个性是指产品或品牌特性的传播及在此基础上消费者对这些特性的感知，品牌个性是品牌形象的一部分，是一个品牌与另一个品牌相区别的重要因素。现在，越来越多的研究人员认为具体的品牌具有激发消费者一致性反应的作用。正是从这个角度讲，各类商业广告在塑造品牌个性以便吸引具有类似个性的消费者前去购买等方面功不可没。

既然品牌具有个性，营销策划与管理者就必须重视产品的品牌个性。品牌个性可以从三个方面挖掘：一是品牌的物理或实体属性，如颜色、价格、构成成分等；二是品牌的功能属性，如汰渍洗衣皂较普通肥皂具有去污渍力更强的特性；三是品牌的形象特质，即消费者对品牌社会形象方面的评价和感受。当然品牌的个性具有一定的主观性，然而它一旦形成就会与其他刺激因素共同作用于信息处理过程，使消费者得出这一品牌适合自己或不适合自己的最为重要的第一印象。品牌个性既有激发情绪和情感，为消费者提供无形价值的作用，又有引发消费者生理反应和购买欲望，从而增加消费支出、提高消费金额的功效。

（二）与采用创新产品相关的个性特征

1. 消费者的创新性（consumers of creativity）

由于消费者的个性不同，因此其在接受新产品、新服务、新消费活动和新消费理念与模式方面也必然有差异。消费者的创新性反映的实际上是消费者对新事物的接受倾向与态度。有些人几乎对所有新生事物都抱有排斥和怀疑的态度，另外一些人则持开放和乐于接受的态度。消费者采用新产品是有先后顺序的，有些人是新产品的率先采用者或创新采用者，而另外一些人则是落后采用者。创新采用者和落后采用者有哪些区别性特征，这是营销者特别希望了解的。

消费者的创新性可以用一定的方法进行测量，表 9.4 就是这样一个量表，虽然仅有 6 个项目，但是这些项目具有代表性意义，可以在很多产品和领域对消费者的创新性进行测量。

表 9.4　测量消费者创新性的量表

序号	项目
1	通常，当新产品出现时，在朋友圈中我是最晚购买的*
2	如果我听说商店有新产品出售，我会很感兴趣并去购买
3	相对于我的朋友来说，我拥有的新产品很少*
4	一般来说，我在朋友圈中最晚知道这种新的产品*
5	即使我以前没有听说过它，我也会买这种新产品
6	我比别人更早知道这种新产品的名称

说明：采用 5 点“同意”量表衡量；* 表示在这些陈述句上的得分越高，创新性越低，反之则越高。

2. 教条性或教条主义（dogmation）

教条主义反映个体对不熟悉的事物或与其现有信念相抵触的信息在多大程度上持僵化立场。与灵活的消费者相比，教条主义的消费者不太愿意接受新事物，在对待不熟悉的新事物时抱有防御的心态。一般来说，僵化的人对陌生事物非常不安并怀有戒心，相反，灵活的人对不熟悉或相对立的信念持开放的立场。现实生活中，灵活的消费者更可能选择创新性产品，而教条主义倾向严重的消费者则更可能选择传统产品。另外，教条主义倾向严重的人比较愿意接受带有权威诉求的新产品广告。部分企业正是出于这一目的，用名人和专家作为代言人来推广其新产品，这在使那些疑心重重的消费者认知和购买新产品方面效果十分明显。

3. 社会性格（social character）

社会性格用来描述个体从内倾到外倾的个性特质。有证据显示，内倾型消费者倾向于运用自己内心的价值观或标准来评价新产品，他们更可能成为创新采用者；相反，外倾型消费者倾向于依赖别人的指引做出是非判断，因此较少成为创新采用者。同时，这两种类型的消费者在信息处理上也存在差别。一般来说，内倾型消费者似乎比较喜欢强调产品特性和个人利益的广告，而外倾型消费者更偏爱那些强调社会接受性的广告。由于后者倾向于根据可能的社会接受性来理解促销内容，因此这类消费者更容易受广告影响。可见对于内倾型消费者和外倾型消费者，营销者在广告促销和营业推广中应该慎重选择手段。

4. 最适激奋水平（Optimum Stimulation Level，OSL）

不同类型的消费者具有不同的激奋水平，有些人喜欢过简朴、宁静的生活，而另外一些人则喜欢过具有刺激和不寻常体验的生活。最适激奋水平测量值反映的是个体所渴望的生活方式。个体渴望的生活方式与个性特质有很多联系，同时还会影响消费者的行为。一般来说，一个人的实际生活方式与 OSL 相适应，他就会对自己的生活相当满意；如果其生活方式缺乏刺激，即 OSL 低于现实水平，他就会感到乏味和苦闷；如果 OSL 比现实水平高，个体则会寻求宁静与安逸。由以上分析可知，消费者目前的生活方式与 OSL 之间的关系会影响他们对产品和服务的选择，对此，企业应引起足够的重视。

（三）个性特质与决策

个性特质是将消费者划分为不同群体的重要依据，它与消费者的决策也有千丝万缕的联系，这可从以下三个方面得到体现和印证：

1. 认知需要（need for cognition）

认知需要是指个体进行思考的努力程度，或者更通俗地说它是指个体喜爱思考活动的程度。由于消费者的民族、职业、年龄、文化程度、生存环境和经历各不相同，因此其喜爱思考活动的程度自然有差别。不同的促销手段对不同认知需要的个体有不同的影响。研究发现，高认知需要者更多地被广告的内容与陈述的质量所影响，而低认知需要者更多地被广告的边缘刺激，如陈述者的吸引力所影响。

2. 风险承担（risk taking）

风险本意为活动或实践主体对未来活动或实践行为结果的不确定性或将要发生损失的可能性。风险分为不可控的系统性风险和可控的非系统性风险。在消费者行为学中，风险承担指是否愿意承担风险将直接影响消费者对诸如新产品推广和目录销售等营销活动的反应。风险是可以进行管理的。规避风险的措施主要有四种，即完全回避风险、风险损失控制、转移风险和风险自留。任何一个消费主体天生有一种防范风险的意识和能力，当然这种意识和能力是有差别的。

一些消费者被描绘成“T 型顾客”（thrillseekers），这类顾客较一般人具有更高的寻求刺激的需要，很容易变得厌倦，他们具有追求冒险的内在倾向，更可能将成功和能力视为生活的目标。与此相反，风险规避者更可能将幸福和快乐视为生活的首要目标。

3. 自我掌握或自我驾驭（self monitoring）

自我驾驭反映个体是更多地受内部线索（internal clues）的影响还是更多地受外部线索（external clues）的影响。消费者自我驾驭程度是高低不一的，自我驾驭程度低的个体，对自身内在的感受、信念和态度特别敏感，并认为行为主要受自己所持有的信念和价值观等内在线索的影响。与此相反，自我驾驭程度高的个体，对自身内在的感受、信念和态度不太敏感。国外学者凡恩和舒曼（Schumann）发现，消费者与销售人员的自我驾驭特质存在交互影响。当双方自我驾驭水平不同时，互动效果更加正面和积极。相反，当双方自我驾驭水平不相上下时，互动效果不甚明显。

第二节　消费者的自我概念

与个性一样，消费者的自我概念也是客观存在的，而且有着持续性。消费者的自我概念使得其具有不同于其他消费者的消费行为，消费者的自我概念不是一成不变的，随着环境的变化，自我概念也会发生改变。

一、自我概念的含义与类型

（一）自我概念的含义

自我概念（self-concept）是对“我是谁”的理解，即个体对自我的看法、对自身存在的体验，是个体对自身一切的知觉、了解和感受的总和。自我概念是一个有机的认知部分，由态度、情感、信仰和价值观等组成，贯穿整个经验和行动，并把个体表现出来的各种特定习惯、能力、思想、观点等组织起来。一般认为，消费者将选择那些与其自我概念相一致的产品和服务，避免选择与其自我概念相抵触的产品和服务。例如，在穿着方面，性格外向的人喜欢新颖、时髦的款式和对比强烈的色彩，以此显示自我。服饰最初只是一种象征性的东西，穿着者试图通过它引起别人的赞誉。正是在这个意义上，研究消费者的自我概念对企业特别重要。

（二）自我概念的类型

自我概念是一个多层次的复杂的心理系统，实际生活中每一个消费者都可以有多重的自我概念。消费者自我概念的类型如表 9.5 所示。

表 9.5 消费者自我概念的类型

序号	类型
1	实际自我（actual self）：一个人实际上如何看待自己
2	理想自我（ideal self）：一个人希望如何看待自己
3	社会自我（social self）：一个人认为别人如何看待自己
4	理想的社会自我（ideal social self）：一个人希望别人如何看待自己
5	期望自我（expected self）：一个人期望将来如何看待自己。期望自我介于真实自我和理想自我之间

在不同的时期与地域，消费者可以选用不同的自我概念来指导自己的态度和行为。例如，对某些个人消费品而言，消费者的购买行为可以用实际自我的概念来指导；而对某些社会可见度较高的商品消费品而言，消费者则可能以社会自我的概念来指导其购买决策。当然，对轿车、住房等昂贵的大宗消费品，消费者则可以用理想自我的概念来规划按揭消费行为。

二、自我概念的测量

消费者不仅对自身进行评价和知觉，同样也对产品进行评价，形成产品意象，这种产品意象与消费者自我概念的相似性是制约消费者决策的重要因素之一。马赫塔（Malhotra）发展了一种既可测量自我概念又可测量产品意象的语意差别量表，由 15 对彼此对应的形容词构成，它们可以在许多不同的场合应用，借此来测定消费者自我概念，如表 9.6 所示。马赫塔提出的这一量表在描述理想的、实际的和社会的自我概念及汽车与名人形象方面很有效。

表 9.6 马赫塔量表

序号	项目		
1	粗糙的	____ ____ ____ ____ ____ ____ ____	精细的
2	易激动的	____ ____ ____ ____ ____ ____ ____	沉着的
3	不舒服的	____ ____ ____ ____ ____ ____ ____	舒服的
4	主宰的	____ ____ ____ ____ ____ ____ ____	服从的
5	节约的	____ ____ ____ ____ ____ ____ ____	奢侈的
6	令人愉快的	____ ____ ____ ____ ____ ____ ____	令人不快的
7	当代的	____ ____ ____ ____ ____ ____ ____	非当代的
8	有序的	____ ____ ____ ____ ____ ____ ____	无序的
9	理性的	____ ____ ____ ____ ____ ____ ____	感性的
10	年轻的	____ ____ ____ ____ ____ ____ ____	成熟的
11	正式的	____ ____ ____ ____ ____ ____ ____	非正式的
12	正统的	____ ____ ____ ____ ____ ____ ____	自由的
13	复杂的	____ ____ ____ ____ ____ ____ ____	简单的
14	黯淡的	____ ____ ____ ____ ____ ____ ____	绚丽的
15	谦虚的	____ ____ ____ ____ ____ ____ ____	自负的

在营销实践中，企业应该设法使产品代言人的形象、产品或品牌形象与目标市场的消费者自我概念相匹配。企业用马赫塔量表对消费者进行调研，往往会收到满意的效果。

三、自我概念与产品的象征性

（一）自我概念与产品的象征性的联系

日常生活中，消费者追逐产品或服务的使用价值是消费行为的直接目的，但是，在现代社会，有时消费者购买产品或服务不仅仅是为了获得其使用方面的功效，而是为了获得产品所代表的象征价值。某些产品对拥有者而言具有特别重要的意义，这些东西对他们而言超出了它们的市场价值，往往被用来表明关于他们的某些特别重要的方面，能向别人传达关于自我的独特的信息。一个人的衣着、住房、轿车抑或是具有独特意义的小物品，如纪念品、相片、礼物、随身物品等都凝聚着情感或记忆。贝尔克（Belk）用延伸自我（extended self）这一概念来说明产品与自我概念的关系。贝尔克认为，延伸自我由自我和自我拥有物两部分构成。换句话说，人们倾向于根据自己的拥有物来界定自己的身份（self identity），某些拥有物不仅是自我概念的外在显示，也是自我身份的有机组成部分。我们如若丧失了那些关键性的拥有物，我们将成为不同的或另外的个体。一件物品融于延伸自我的状况可以用表 9.7 进行测量。

表 9.7　测量一件物品融于延伸自我的状况的量表

序号	项目
1	我的____帮助我取得了我想拥有的身份
2	我的____帮助我减小了“现在的我”和“我想成为的我”之间的鸿沟
3	我的____是我身份的中心
4	我的____是现实自我的一部分
5	如果我的____被偷了，我将感到我的自我从我身上剥离了
6	我的____使我获得了一些自我认同
备注	以上“____”上可以填充手表、电脑或任何其他自己的物品

就消费者个体而言，消费者会选择一些和其自我概念相符的产品或商店，这种相符除了受自己看法的影响外，还受其他人看法的影响，也就是自己和其他人都必须认可产品所具有的符号象征意义。象征性产品的购买具有传递自我概念的重要意义，如图 9.1 所示。消费者首先会购买某种能向公众传递自我概念的产品，希望他人特别是参照群体看到产品的象征性，最为重要的是他希望参照群体能将产品特有的象征品质视为其人格或自我的一部分。一句话，消费者购买这个产品是为了象征性地向社会传递关于自我概念的信息。例如，消费者不是因为摩托车的性能才购买摩托车，而是因为摩托车象征着独立自主；另外，李宁运动鞋也不是因为舒适性和耐磨性而受欢迎，消费者购买李宁运动鞋主要是强调他的自我形象。

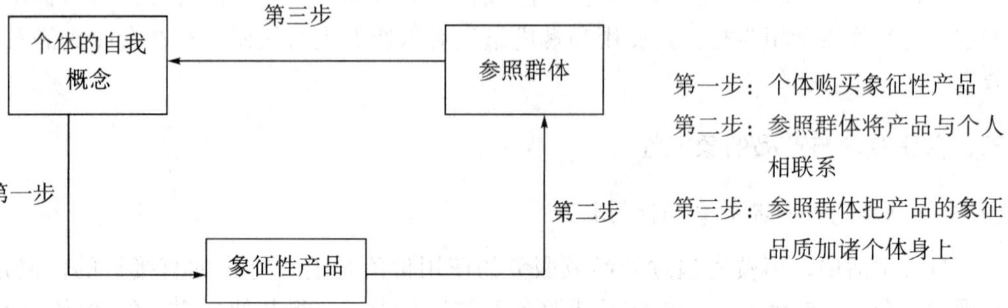

图 9.1　运用象征性产品传递自我概念

那些最可能被当成象征符号用来向他人传递自我概念的产品具有三个特征：第一，产品应具有可见性，这些产品的销售和处置对他人的影响是很明显的；第二，产品必须具有变动性，也就是说一些消费者有资源来拥有该产品，而另外一些人则没有资源来拥有它，如果每个人都能拥有这个产品，其就不能成为一个象征符号；第三，产品应具有拟人化性质，能在一定程度上体现出使用者的典型形象，从这个意义上讲，华丽的珠宝自然成为现代社会时髦的象征性产品。

消费者不仅购买单一象征性产品来表达自我，而且通过购买一群产品来对外传递自我概念。产品族群（product constellations）是指在象征意义上高度联结的一群互补性产品，如同样能塑造高级形象的不同类别的产品，别墅、豪华游艇、劳力士名表、劳斯莱斯名车就可能形成具有某种象征意义的产品族群。从营销和广告商的角度来说，同一产品族群的不同品牌产品可能存在联合营销的空间。

（二）自我概念与产品的象征性的营销应用

自我概念与产品的象征性可以大量应用于营销活动中，如营销者运用它进行营销战略和策略的谋划。表 9.8 揭示了自我概念与营销战略的关系。

表 9.8　自我概念与营销战略

维度	与营销的关系	举例
实际自我	作为显示给世界的形象，最希望去影响他人	对汽车、房子、化妆品、时装和发型的明显消费
理想自我	导致购买提高自我的产品	课程、乐器等
社会自我	它在改变一些观点或强化被感知的正面形象时影响我们	一个认为他的朋友把他视为沉静或令人厌烦的人，可能为改变形象去买一辆赛车

图 9.2 揭示了自我概念与品牌形象影响之间的关系，自我概念对品牌形象有极大的支持作用，品牌形象可以体现并强化自我概念。产品可以通过强化或保持理想的或社会的自我概念来促销，如劳力士手表、皮尔·卡丹套装、李宁跑鞋及红旗汽车产品强化了追求时尚、豪华的自我概念，营销者在促销时理应将其作为高端消费群体的理想选择产品。

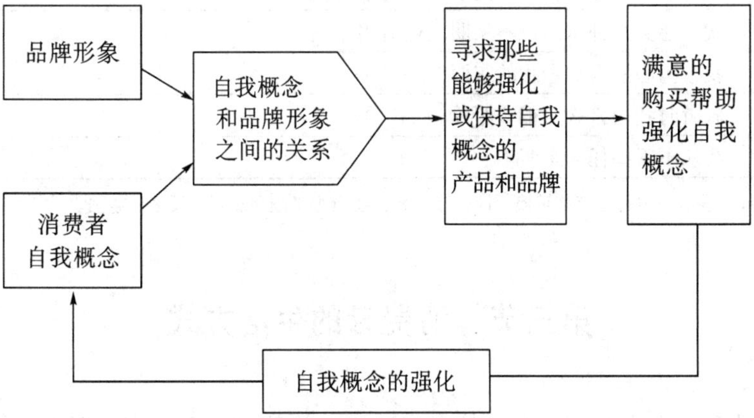

图 9.2　自我概念与品牌形象影响之间的关系

四、身体、物质主义与自我概念

（一）身体与自我概念

自我意识是一种隐藏在个体内心深处的心理结构，是个体意识的高度发展，每个个体都会形成对自己身体及各个构成器官的看法，这些看法也构成自我概念的一部分。国外学者肖顿（Schouten）采用了深度访谈方式访问了 9 位做过整容手术的消费者，以考察整容与消费者自我概念的关系。结果发现，消费者一般在对自己的形象不满时才做这类手术，手术后他们的自尊心得到了增强。

个体在形成自我概念的过程中，身体的各个组成部分或各个构成器官的重要作用是不同的。身体里形成自我概念的核心器官有眼睛、头发、心脏、生殖器等，而其他器官就没有这么重要。

（二）物质主义与自我概念

自我概念从某种意义上讲是由个体所拥有的那些物质性的东西所界定的，然而不同的个体对这些世俗物质的重视程度是存在差别的，有的人特别关注物质类产品，并将他们作为追求的目标，还有的人则可能淡化物质类产品的价值。物质主义是指个人通过拥有世俗物质而追求幸福、快乐的倾向。物质主义倾向极端化的人往往将拥有世俗物质置于生活的最重要位置，认为它们是满足感的最主要来源。由于不同个体在物质主义倾向上存在明显差别，因此，测量这种差别是很重要的。表 9.9 为贝尔克测量物质主义倾向的量表。

表 9.9　贝尔克测量物质主义倾向的量表

序号	项目
1	租一辆车比买一辆车对我更具吸引力（R）*
2	我对那些也许应该扔掉的东西总是恋恋不舍
3	即使是价值很小的东西被偷，我也会非常不安（R）
4	我掉了东西后并不会特别不安
5	较之于大多数人我较少把东西锁起来（R）
6	我宁愿买某种东西也不从朋友处借用
7	我很担心别人拿走我的东西
8	旅游时我很喜欢照很多照片
9	我从不丢掉任何东西

* 说明：“R”表示该项得分应该转换，即得分越高，物质主义倾向越弱，反之则越强。

第三节　消费者的生活方式

生活方式是一个人自我概念的外在表述，它与消费者个性密切联系。社会由不同的群体构成，不同的人群，其个性与自我概念不一，这就使得生活方式必然也多种多样。

一、生活方式的含义

生活方式（lifestyle）是指消费者个体在其与环境发生交互作用的过程中所形成和表现出来的不同于他人的活动、兴趣和态度的模式，也就是在他们的生活环境中，他们认为什么比较重要及他们对自己和周围世界的看法，具体表现为消费者怎样生活，在自我导向、他人导向、环境导向作用下对时间和金钱花费的态度等。

有学者认为，研究生活方式有两种途径：一是研究人们一般的生活方式，二是将生活方式分析应用于具体的消费领域，如户外活动、与公司所提供的产品和服务最为相关的东西。一般的消费者很少意识到生活方式在购买中的作用，但参与户外活动等的消费者例外，因为户外活动的特殊方式使得他们对对其有益的商品，如登山鞋、帐篷等十分感兴趣。

生活方式与个性、自我概念既有联系又有区别：一方面，个性、自我概念影响甚至决定着生活方式；另一方面，生活方式更多的是体现人们的外显行为，而个性、自我概念则侧重从内在角度体现思维、情感等个体特征。营销活动中，区分个性、自我概念与生活方式有十分重要的意义，人们不应该以个性、自我概念划分市场，而应该以生活方式划分市场，这可以让营销者识别出大量的具有相似生活方式的消费者群体。

二、生活方式的测量

目前国内外较为流行的测量生活方式的方法主要有两种：一是 AIO 方法，即活动、兴趣、意见测量法；二是 VALS 方法，即价值观念和生活方式结构法。

（一）活动、兴趣、意见测量法

活动（Activity）、兴趣（Interest）、意见（Opinion）测量法（AIO 方法）是指测量者通过问卷调查的方式了解消费者的活动、兴趣和意见以区分不同的生活方式类型。这是一种心理描述方法，是目前用来测度生活方式的最常用的方法。研究人员首先设计一份 AIO 清单，然后从消费者中抽取大量样本，以问卷的方式向被调查者提出一系列问题，请消费者以文字表述或选择答案的方式回答。提出的关于活动方面的问题是消费者做什么、买什么、怎样打发时间等，兴趣方面的问题是消费者的偏好和优先考虑的事物，意见方面的问题是消费者对经济和社会事务的看法等。最后，研究人员运用计算机分析消费者的回答，把回答相似的消费者归为一类，以此识别不同的生活方式。表 9. 10 列出了 AIO 清单的主要构成，包括测量消费者活动、兴趣和意见的主要指标及回答者的统计项目。

表 9. 10　AIO 清单的主要构成

活动	兴趣	意见	统计项目
工作	家庭	自我	年龄
爱好	家务	社会问题	教育
社会活动	工作	政治	收入
度假	社区事务	商业	职业
娱乐	流行	经济	家庭规模
购物	休闲	教育	居住
社区活动	食物	产品	地理
体育活动	媒介	未来	城市大小
俱乐部会员	成就	文化	生命周期阶段

一般来说，AIO 问卷中的问题可分为具体性问题和一般性问题两种类型。前者与特定产品相结合，测试消费者在某一产品领域的购买、消费情况；后者与具体产品或产品领域无关，意在探测人群中各种流行的生活方式。两种类型的问题均有各自的价值。表 9. 11 列举了 AIO 问卷中的一些典型问题。

表 9. 11　AIO 问卷中的一些典型问题

1. 活动方面的问题
（1）何种户外活动你每月至少参加两次?
（2）你一年通常读多少本书?
（3）你一个月去几次购物中心?
（4）你是否曾经到国外旅行?
（5）你参加了多少个俱乐部?
2. 兴趣方面的问题
（1）你对什么更感兴趣? 运动、电影还是工作?
（2）你是否喜欢尝试新的事物?
（3）出人头地对你是否很重要?
（4）星期六下午你是愿意待在家里陪家人还是一个人外出钓鱼?
3. 意见方面的问题（回答同意或不同意）
（1）俄国人就像我们一样。
（2）对于是否流产，妇女应有自由选择权利。
（3）教育工作者的工资太高。
（4）我们必须做好应付核战争的准备。

（二）VALS 方法

1. VALS 生活方式分类系统

VALS 意即价值观念及生活方式，是英文 values and lifestyles 的缩写。VALS 是由美国斯坦福国际研究院（SRI）于 1978 年提出来的。VALS 基于人口统计、价值观念、态度倾向和生活方式变量，根据 2 500 多名美国消费者对 800 多个问题的回答设计出一个把消费者分为 9 个生活方式群体的系统，即 VALS 系统或 VALS 生活方式分类系统。该系统以动机和发展心理学为理论基础，将美国成年人的生活方式分成 3 大类别、9 种类型。

类别 1：需求驱动型。这类消费者的购买活动被需求而不是偏好所驱动，他们可进一步分成求生者（survivors）和维持者（sustainers），前者生活在社会的底层，是社会中处境最艰难的群体。

类别 2：外部引导型。该类消费者可分成归属者（belongers）、竞争者（emulator）和成就者（achievers）三种类型。他们是大多数产品的消费主体，非常在意别人的评价，紧跟时代潮流。

类别 3：内部引导型。这类消费者的生活更多地被个人需要、内心的情感体验而不是外界的价值观所支配。他们可进一步分为我行我素者（I am me）、体验者（experiential）、社会良知者（socially conscious）、综合者（integrated）。具体情况如表 9. 12 所示。

表 9.12 VALS 消费者类型

类别	在 18 岁以上人口中的占比	消费者类型	价值观与生活方式	人口统计情况	购买模式
需求驱动型	4%	求生者	为生存而挣扎，多疑，社会处境不佳，被食欲所支配	收入在贫困线以下，受教育程度很低，大多是少数民族，生活在贫民窟	价格为第一考虑因素，集中于基本必需品的购买，购买是为了即时需要
	7%	维持者	关注安全，时时有不安全感，较求生者自信且乐观	低收入、低受教育程度，较求生者年轻，很多是失业者	对价格很敏感，采取谨慎的购买行为
外部引导型	35%	归属者	从众、传统、怀旧，家庭观念强	中等收入，低于社会平均受教育水平，多为蓝领	追求时尚、大众化购物方式
	10%	竞争者	雄心勃勃，喜欢炫耀，看重地位和身份，上进心和竞争意识强	年轻、收入高，大多住市区，传统上男性居多，但正在发生变化	炫耀性消费，更多地花费而不是储蓄
	22%	成就者	成功、有声望，追求物质主义、高效率和舒适	收入丰厚，商界或政界名流，良好教育，住城市或郊区	购买显示成功的高品质奢侈品、礼品和新产品
内部引导型	5%	我行我素者	极度个人主义，求新求变，情绪化、易冲动，注重情绪体验	年轻、未婚、学生或刚参加工作的职场新人，有富裕的家庭背景	表现品位，购买刚上市的时尚品，结伴购买
	7%	体验者	受直接体验驱动，活跃、自信，喜欢尝试新事物	中等收入，接受良好教育，大多在 40 岁以下，成家不久	喜欢户外活动，喜欢自己动手
	8%	社会良知者	社会责任感强，生活简朴，重视内在成长	较高收入，接受良好教育，年龄和住地呈现多样化，以白人为主	关注环境，强调自然资源的保护，节俭、简单
	2%	综合者	心智成熟、内外平衡、宽容，具有全球视野	较高收入，接受一流的教育，工作和居住地呈现多元化	各式各样的自我表现，讲究美感，具有生态意识

上述调查和分类结果让不少企业受益匪浅，一些企业和经济组织运用上述分类系统了解不同生活类型的消费者在某些具体活动和产品消费上的差异，并以此指导营销策略的制定。

2. VALS2 生活方式分类系统

SRI 于 1989 年设计了被称为 VALS2 的新系统。较 VALS 系统，VASL2 具有更广泛的心理学基础，VASL2 更加强调对活动与兴趣方面的问题的调查，试图更多地选择那些具有相对持久性的态度和价值观，用以反映个人的生活方式。此外，该模型基于 4 个人口统计变量和 42 个倾向性项目而建立，它比 VALS 更接近消费。

VALS2 根据两个层面将美国消费者分成 8 类（见图 9.3）：第一个层面是资源丰富程度，消费者资源不仅包括物质资源，而且包括心理和体力方面的资源；第二个层面是自我取向，即看待世界的不同方式。自我取向分成三种类型：原则取向、地位取向、行动取向。

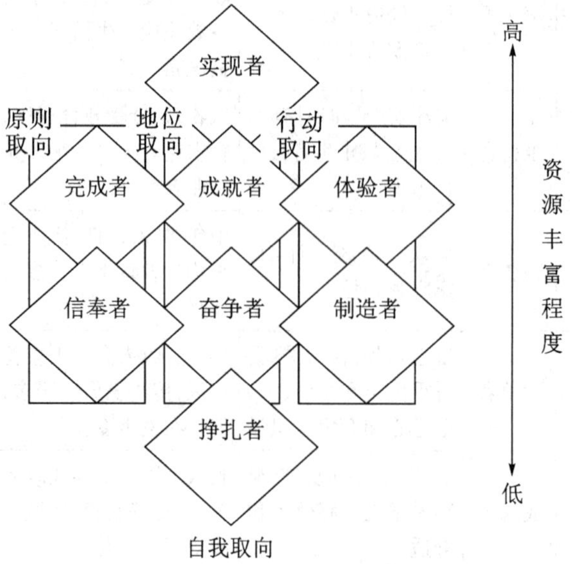

图 9.3　VASL2 生活方式分类系统

（1）原则取向。持这种取向的人主要依据信念和原则行事，而不依据情感或获得认可的愿望做出选择。

（2）地位或身份取向。持这种取向的人在很大程度上受他人的观点、态度影响。

（3）行动取向。持这种取向的人热心社会活动，积极参加体能活动，喜欢冒险，寻求多样化。

表 9.13 就这 8 个类别进行了简单描述。

表 9.13　对 VALS2 的 8 个类别的简要描述

序号	类别	描述
1	实现者（actualizeers）	约占人口的 8%。他们是一群成功、活跃、独立、自尊的消费者。他们的资源最丰富，大学文化，平均年龄在 43 岁左右，年收入达 58 000 美元。他们在消费活动中喜欢“精美的东西”，容易接受新产品、新技术，对广告的信任度低，经常广泛地阅读出版物，较少看电视
2	完成者（fulfillers）	约占人口的 11%。他们采取原则导向，是一群成熟、满足、善于思考的人。他们拥有较丰富的资源，受过良好教育，从事专业性工作，平均年龄为 48 岁，年收入约为 38 000 美元，一般已婚并有年龄较大的孩子。他们在消费活动中对形象或尊严不感兴趣，在家用产品上他们是高于平均水平的消费者，休闲活动以家庭为中心，喜欢教育性和公共事务性的节目，经常阅读

表9. 13(续)

序号	类别	描述
3	信奉者 (believers)	约占人口的26%。他们采取原则导向，是传统、保守、墨守成规的一群人。他们拥有的资源较少，高中教育程度，平均年龄为58岁，年收入约为21 000美元。他们的生活超过平均水平，活动以家庭、社区或教堂为中心，购买美国制造的产品，寻找便宜货，看电视，阅读有关养老、家居、花园的杂志，不喜欢创新，改变习惯很慢
4	成就者 (achievers)	约占人口的13%。他们采取身份导向，是一群成功、事业型、注重形象、崇尚地位和权威、重视一致和稳定的人。他们拥有丰富的资源，受过大学教育，平均年龄为36岁，年收入约为50 000美元。在消费活动中，他们对有额外报酬的产品特别有兴趣，看电视的时间处于平均水平，阅读商业、新闻和自己动手一类的出版物
5	奋斗者 (strivers)	约占人口的13%。他们采取身份导向，寻求外部的激励和赞赏，将金钱视为成功的标准，由于拥有的资源较少，因此常因经济拮据而抱怨命运不公，易于厌倦和冲动。他们的平均年龄为34岁，年收入约为25 000美元。在消费活动中，他们中的许多人追赶时尚，注重自我形象，携带信用卡，钱主要用于服装和个人护理，看电视比读书更令他们喜欢
6	体验者 (experiences)	约占人口的12%。他们采取行动导向，是年轻而充满朝气的一群人。他们拥有较丰富的资源，一般是单身，尚未完成学业，平均年龄为26岁，年收入约为19 000美元。他们追逐时尚，喜欢运动和冒险，将许多收入花在社交活动上，经常冲动性购物，关注广告，听摇滚音乐
7	制造者 (makers)	约占人口的13%。他们采取行动取向，是保守、务实、注重家庭生活、勤于动手、怀疑新观点、崇尚权威、对物质财富的拥有不是十分关注的一群人。他们拥有的资源较少，受过高中教育，平均年龄为30岁，年收入约为30 000美元。在消费活动中，他们购买舒适、耐用的产品，不去关注豪华奢侈产品，只购买基本的生活用品，听收音机，阅读的杂志中一般涉及汽车、家用器具、时装和户外活动等内容
8	挣扎者 (struggles)	约占人口的14%。他们的生活较为窘迫，受教育程度低，技能缺乏，社会关系简单。年纪一般较大，平均年龄为61岁，年收入仅为9 000美元，常常受制于人和处于被动的地位。他们最关心的是健康和安全。他们在消费上比较谨慎，属品牌忠诚者，购物时使用赠券并留心降价销售，相信广告，经常看电视，阅读小报和女性杂志

上述结果是在系统性和综合性测量和分析的基础上取得的。需要指出的是，虽然VALS2生活方式分类系统较VALS生活方式分类系统有较大的改进，但它同样存在VALS生活方式分类系统所具有的某些缺陷。例如，VALS2生活方式分类系统中的数据是以个体为单位收集的，而大多数消费决策是以家庭为单位做出的或在很大程度上受家庭其他成员的影响。另外，很少有人在自我取向上是“纯而又纯”的，SRI所识别的三种导向中的某一种可能对消费者具有支配性影响，然而支配的程度及处于第二位的自我取向的重要性因人而异。

三、生活方式的研究在营销中的应用

生活方式在消费者行为中有着重要地位，它在整个消费活动中具有承上启下之功效，绝不是可有可无的。缘于自我概念的影响，不同群体的生活方式有着明显的差别。生活方式的研究在营销中具有重要的意义，它为营销人员理解消费者行为提供了一条有效的途径，对此，营销者应有充分的认识。越来越多的人支持企业基于消费者生活方式开展营销活动，因为这是企业了解消费者并制定恰当的营销策略的依据。

生活方式的研究在营销中最为直接的运用就是利用 VALS 数据，探索社会变化趋势，勾勒市场细分图，预测消费者的行为，抽取产品定位概念，并激发广告创意。例如，有的企业选择电视广告，有的企业则选择报刊文字广告，主要是缘于目标消费者的生活方式的差异。生活方式的研究在营销中的启迪意义还表现在可以选择目标消费者并为之定制合适的产品。企业可依据消费者的生活方式及其变化进行新产品或服务的开发，将产品定位于某一特定的生活方式，使之与目标消费者的生活方式相匹配，更好地满足消费者的欲望与需求。

本章小结

个性、自我概念与生活方式是密切关联的三个概念，它们是消费者消费行为的内在倾向性和与之相应的外在行为表现系统。

消费者购买行为的千差万别是个性影响的结果。个性是一个人在一定社会条件下形成的、具有一定倾向的、比较稳定的可以影响别人并使其和别人在整体行为上有所区别的心理特征的总和，是衡量个体差异的变量。个性的理论包括精神分析说、个性类型说、新弗洛伊德个性理论、特质理论等多重理论。正确认识个性与消费者行为的关系，把握品牌个性，对营销者来说意义重大。

自我概念是个体对自我的看法、对自身存在的体验，是个体对自身一切的知觉、了解和感受的总和。消费者有多重自我概念，我们可以用马赫塔量表测量自我概念与产品意象。现实生活中，消费者倾向于购买与自我概念一致的产品，并通过购买象征性产品向社会传递自我概念，所以企业应当了解目标顾客的自我概念，并塑造与这种自我概念相一致的产品或品牌形象，赋予产品一定的象征意义。

生活方式是指消费者个体在其与环境发生交互作用的过程中所形成和表现出来的不同于他人的活动、兴趣和态度的模式，它主要由内在的个性决定。活动、兴趣、意见测量法和 VALS 方法是两种典型的测量生活方式的方法，营销者把对生活方式的测量和对个性内在价值态度的测试相结合，从而对市场进行细分，VALS 生活方式分类系统为企业提供了一幅心理地图，对营销企划和产品研发具有重要的价值。

关键概念

个性　自我概念　生活方式　AIO　VALS

复习题

1. 什么是个性？个性具有哪些特征？

2. 弗洛伊德的精神分析说在营销中如何运用？结合现实营销活动举例说明。

3. 荣格的个性类型说怎样影响消费者的消费活动？结合自身情况举例说明。

4. 如何看待品牌个性？

5. 与采用创新产品相关的个性特征有哪些？个性特质如何影响消费者决策？

6. 什么是自我概念？自我概念的类型对营销有何意义？

7. 象征性产品应具备哪些特征？消费者如何运用象征性产品传递自我概念？结合现实营销活动举例说明。

8. 什么是生活方式？生活方式的测量有哪些方法？

9. VALS、VALS2 生活方式分类系统的划分依据是什么？它们在营销中如何运用？结合现实营销活动举例说明。

实训题

项目 9-1　品牌个性研究

针对选定产品类别，每组成员各自找出一个平面广告或电视广告，运用有关的个性理论分析广告品牌的个性。

项目 9-2　生活方式研究

针对选定产品类别，采用 AIO 法，调查大学生的生活方式，分析调查结果，提出对该产品类别的营销建议。

案例分析

新式露营：年轻人的“诗和远方”与“户外经济”新消费

第四篇
影响消费者行为的环境因素

第十章 影响消费者行为的经济和文化因素

本章学习目标

- ◆熟悉不同收入人群的消费行为
- ◆了解亚文化对消费行为的影响
- ◆掌握文化价值观的种类、形式
- ◆熟悉中国文化的特点及对消费者购买行为的影响
- ◆了解文化习得的基本工具
- ◆理解消费中文化意义的传递

开篇故事

B 站、芒果、QQ 音乐群战毕业晚会，是谁在追毕业季？

第一节 影响消费者行为的经济因素

一、收入与消费者行为

对于绝大多数人，收入是其消费或支出的主要来源。一些人能住别墅、开汽车、穿着时髦的服装，而另外一些人住简陋的房子，穿廉价的衣服，出门骑自行车或挤公共汽车，原因主要在于他们的收入存在差别。收入作为购买力的主要来源无疑是决定消费购买行为的关键因素，也是营销者十分关心和希望了解的。

（一）消费者的收入

1. 收入的构成

我们一般认为收入由工资、奖金、津贴、红利和利息等构成。对于不同的人群，收入构成存在较大的区别。在我国城镇地区，工资和奖金是居民收入的主要来源。农村居民的收入来源则较复杂，大部分农村居民以种植或养殖为主，他们收获的农副产品或土畜产品一部分供自用，另一部分则作为商品在市场出售。随着越来越多的农民进入城市谋生，很多农村家庭中可能既有成员在家务农，也有成员外出经商或进城打工，因此收入的来源和结构趋于多样化。由于收入分布的差别和职业的不同，不同的个体，其收入构成可能千差万别。比如，有的人以工资作为收入的主要来源，而有的人的奖金超过工资，还有的人的大部分收入来源于红利、利息、股票等。

2. 收入的测量

（1）人均国民生产总值（GNP）和人均国内生产总值（GDP）。国民生产总值是指本国常住居民在一定时期（通常是一年）生产的产品与服务的总价值，它包括居住在本国的常住居民所生产的最终产品的市场价值与本国公民在国外的资本和劳务所创造的价值。国内生产总值同样用来反映一国经济在一定时期内所创造的产品与服务的总价值。它包括居住在本国的常住居民所生产的最终产品的市场价值与外国公民在本国的资本与劳务所创造的全部产值与收入。由于 GDP 较 GNP 能更准确地反映一国经济的实际运行状况，所以自 20 世纪 90 年代以来，世界上绝大多数国家均采用 GDP 这一指标。人均 GDP 反映了一个国家或一个地区的消费者的购买力水平，是分析消费者收入的一个基本参照点。

（2）个人收入、个人可支配收入和个人可任意支配收入。个人收入是指个人在一年内获得的工资、奖金、红利、利息和其他福利收入。个人可支配收入则是个人收入扣除税款和非税负性负担（如强制性保险）后的余额，它是支出与储蓄的来源。个人可任意支配收入是指个人可支配收入中扣除用于维持个人与家庭生存所必需的支出（如房租、水电、食物、燃料、保险）后的那部分收入。由于人们只在保证日常生活开支之后才考虑购买高档耐用品、奢侈品和外出度假、旅游，因此，提供这类产品和服务的企业，尤其需要关心、研究消费者的个人可任意支配收入。

（3）名义收入与实际收入。名义收入是指人们以货币形式获得的收入，实际收入则是考虑通货膨胀和各种隐形所得等因素之后所测算出的收入。

（4）现期收入、过去收入与未来收入。消费既受现期收入的影响，也受过去收入和对未来收入的预期的影响。一个人过去的收入很高，即使现期收入已大幅度下降，其仍将保持过去的某些消费习惯。一个对未来充满信心的人，或者认为未来收入将较现在有较大幅度提升的人，可能突破现行收入的限制，通过信贷等方式提升消费能力。消费者对未来收入的预期，涉及消费信心问题。消费信心对耐用品的购买、是否举债消费、消费中的储蓄与支出安排都产生重要影响。

（二）收入对消费者需求结构的影响

德国统计学家恩格尔早在 1857 年就发表了有关收入与食品支出之间关系的研究报告，并得出著名的恩格尔定律：随着家庭收入的增加，食物支出的比重在整个家庭支出中的比重逐步下降，而住房、教育、健康、休闲等方面的支出比重增加。

尽管各个家庭在花钱方式上不可能完全相同，但大体上来说，家庭在支出类别的分配方面的模式还是比较一致的。对不同收入水平的家庭进行的数据分析表明：

（1）贫困的家庭将大部分收入用在食品、住房和基本的服装上。

（2）随着收入不断增加，食品种类更加丰富，非主食食品也越来越多，但食品上的花费占其收入的比重下降了。

（3）在收入很低的层次中，住房上的花费占收入的比重会随收入水平的提高而提高，但当收入水平提高到一定程度，住房上的花费占收入的比重就趋于稳定。

（4）随着收入水平的提高，人们在服装、汽车和奢侈品上的花费占收入的比重增长很快，一直到收入水平提升到一个非常高的上限时，该比重才会停止增长。

（5）储蓄随收入的增加而大量增加，而且从不会下降。

（三）不同收入人群的消费行为特点

1. 不同收入人群获取信息的渠道不同

一般来说，高收入的消费者比低收入的消费者更多地利用多种渠道获取商品信息。

2. 不同收入人群对商店的选择不同

不同收入人群喜欢光顾的商店类型明显不同。高收入的消费者乐于去高档、豪华的商店购物，因为在这种环境里购物他们会产生优越感和自信，得到一种心理上的满足；而低收入的消费者在高档购物场所则容易产生自卑、不自在的感觉，因而他们通常选择在与自己收入相称的商店购物。

3. 商品投向的差异

高收入人群一般拥有较多的财富，这类人群是名贵珠宝、古董、高级时装、高等住宅及品牌商品的消费者。

4. 对新产品的使用程度不同

在影响新产品使用的因素中，消费者的经济状况起到一定作用。具体来说，收入高的消费者，在消费心理方面表现为求新、求好，因此常常是新产品的早期使用者；收入一般的消费者，在消费心理方面表现为谨慎、求实，因此是新产品的晚期采用者；收入很低的消费者，他/她一般不可能对新产品产生任何的奢望，因而表现在消费心理方面是守旧者。

二、财产与消费者行为

财产或净财产是指个人所拥有的资产的总现金价值与所有负债的总现金价值之差，是一个人富裕程度的重要指标。从长期来看，它与收入存在高度相关性。然而，收入与财产不能画等号。具体到个体而言，高收入并不意味着一定拥有大量财产。同样，拥有大量财产的人，也可能是通过继承或过去投资获得这些财产的，现在的收入不一定很高。即使其他条件不变，完全处于同一收入水平的两个人和两个家庭，所拥有的财产也可能存在很大差别，因为他们可能采取完全不同的消费和储蓄的模式。

（一）财产的构成

财产既包括住房、土地等不动产，也包括股票、债券、银行存款、汽车、古董及其他藏品。财产可以通过继承，投资股票、珠宝或艺术品，中彩票等方式获得。政府机构和私人组织很少系统地收集居民财产及其分布的数据，因此，营销者以财产为依据分割市场和制定营销策略相对比较困难。

（二）不同财产拥有者的消费行为特点

拥有较多财产的家庭相对于拥有较少或很少财产的家庭，会把更多的钱用在享受服务、旅游和投资上。富裕的家庭一般处于家庭生命周期的较后阶段，不一定特别在意装修新房子和购买大件商品之类的事情，因此他们在这方面的支出并不高。由于特别珍惜时间，他们对商品的可获得性、购买的方便性、产品的无故障性和售后服务等有很高的要求，并且愿意为此付费。另外，富裕家庭的成员对仪表和健康十分关注，因此，他们是高档化妆品、皮肤护理产品、健康食品、维生素、美容美发服务、健身器材、减肥书籍和减肥服务项目的主要购买者。为了保证人身和财产安全，他们还大量购买家庭保护系统、保镖、各种保险、防火与防盗器材等产品与服务。

三、信贷与消费者行为

我国各商业银行已经陆续开办了个人住房消费贷款、个人大额耐用消费品贷款、旅游消费贷款、教育助学贷款、汽车消费贷款等信贷业务，这是国家为刺激国内需求而颁布的重要货币政策，且被大多数人认同。在某些领域，如住房销售、汽车销售等领域，消费信贷已得到相当程度的推进，并取得显著效果。

第二节　影响消费者行为的文化因素

一、文化概述

（一）文化的含义及特点

1. 文化的含义

文化一词源于古拉丁语，原意是“耕作”“教习”和“开化”。在中国，最早把“文”和“化”两个字联系起来的是《易经》，主张“观乎天文，以察时变；观乎人文，以化成天下”，其意思是用儒家的诗书礼乐来教化天下，使社会变得文明而有秩序。

广义的文化是指人类创造的一切物质财富和精神财富的总和。狭义的文化是指人类精神活动所创造的成果，如哲学、宗教、科学、艺术、道德等。

在消费者行为研究中，由于研究者主要关心文化对消费者行为的影响，因此我们将文化定义为一定社会经过学习获得的、用以指导消费者行为的信念、价值观和习俗的总和。

信念包括大部分社会成员所共有的知识、神话、宗教信仰、传说等有形认知，是大量的心智或语言的表达（如我相信……），这些表达反映了一个人有关某物的特有知识和评价。

价值观是指个体为了达到终极性存在的最终状态而提供的各种具体行为或判断的指南或观念。价值观不等于信念，它们在数量上相对少一些，是某一特定文化的指导，具有持久性且难以改变，并不局限于特定事物或状况，为一定社会的成员所普遍接受。

文化中的规范，是指反映特定社会的文化价值，规范社会成员行为的标准。这种规范不仅影响消费者产品和品牌的选择，而且影响消费者购买方式、购买场所的选择及产品的使用方式。根据行为的约束力和重要性，我们可将文化规范分为风俗、社会习俗、法律规范。风俗一般与传统习惯相关，是指支配人们的饮食、着装、礼仪、礼节等日常行为的规范。社会习俗是社会道德价值的具体表现。对父母的尊敬、对长辈的尊重，是“应该做”的积极规范；但有些习俗是“不应该做”的消极规范，如近亲通婚，这种消极规范被称为社会禁忌（taboo）。法律规范是一种明确而正式化的规范。

一个社会的文化为社会中的成员应付各类问题提供了普遍的答案和可行的手段，在外显行为上，也就规定了人们在特定场合、情境中应以何种方式行事。

2. 文化的特点

（1）文化的习得性。文化不是通过人体的基因遗传得到的，而是通过学习得到的。学习有两种类型：一是所谓的“文化适应”（enculturation），即学习自己民族（或群体）的文化。人类学家认为，文化适应分为三种不同形式：正式习得，即家长或年长的亲人教家里的小孩“怎样为人处事”；非正式习得，即模仿那些特定成员，如家人、朋友或电影明星的行为；技术性习得，即学校里的正规训练。正是这种文化适应，保持了民族（或群体）文化的延续，并且形成了独特的民族（或群体）个性。二是“文化移入”（acculturation），即学习外来文化。一个民族（或群体）的文化在演进过程中会不可避免地学习、融入其他民族（或群体）的文化内容，甚至使其成为本民族（或群体）文化的典型特征。

（2）文化的动态性。文化不是静止不变，而是不断变化的。尽管文化变化通常十分缓慢，但文化确实会随着环境变化而改变。当一个社会（或群体）面临新的问题或机会时，人们的价值观念、行为方式、生活习惯、偏好就可能发生适应性改变，形成新的文化内容。在文化的适应性演进过程中，新文化模式的形成或引入会受到人们感兴趣的程度和原有价值观念、行为准则的影响。有关研究表明，那些为社会最感兴趣而又与现有价值观念、行为准则分歧程度最小的新事物最容易被人接受。

（3）文化的群体性。文化是特定社会群体的大部分成员共有的，因此，文化通常被看成把一个社会成员联系起来的群体习惯。每个民族或国家，每个城市，每个企业，乃至每个部落和家庭，都会形成相应的文化特质，从而形成各自特有的社会（或群体）文化。

（4）文化的无形性。文化是无形的、看不见的，它对人的影响也是潜移默化的，在大多数情况下，人们根本意识不到文化对他们的影响。人们总与同一文化下的其他人一样，行动、思考、感受，这样一种状态似乎是天经地义的。只有当人们被暴露在不同文化价值观或习惯的社会（或群体）中时，人们才会意识到自己特有的这种文化对自己及社会（或群体）成员的观念、思维和行为的影响。

（5）文化的规范性。由上代传承下来的习惯和思维模式，包含着促进同一文化中成员之间的相互交往、相互作用的社会实践。共同的语言，对象征、符号和生活方式的共同理解，以及共同的沟通方式和信息传递方法，是某一文化区别于另一文化的主要标志。正是这些共同的语言、理解和信息传递方式，促进了同一文化中成员间的相互了解及同一文化群体的内部和谐与群体的相对独立性。“社会规则”是文化的重要组成部分，文化通过提供行为准则和规范来维持社会秩序。某一社会和群体越是坚持某种行为准则，集体对违反这种准则的成员进行惩罚的可能性就越大。文化还通过提供基本价值观念告诉人们什么是对的、好的和重要的。因此，文化是满足社会存在和发展需要的重要因素。

（二）亚文化

根据人口特征、地理位置、宗教信仰、国家和伦理背景等的不同，我们可以将一种文化分成几种亚文化。所谓的亚文化（subculture，又称副文化、次文化），是指某一文化群体所属次级群体的成员共有的独特信念、价值观和生活习惯。亚文化群体在共享整体文化的同时还享有他们独特的文化要素。在同一亚文化群体内部，人们的态度、价值观和购买决策更加相似。因此，营销人员往往可以根据各亚文化群体所具有的不同需求和消费行为，选择不同的亚文化群体作为自己的目标市场。

1. 民族亚文化

几乎所有国家都是由不同民族所构成的。不同的民族各有其独特的风俗习惯和文化传统。我国各民族虽然都带有明显的整个中华民族的文化烙印，但是各民族还都继承和保留着自己传统的宗教信仰、消费习俗、审美意识与生活方式。

2. 宗教亚文化

不同的宗教群体具有不同的文化倾向、习俗和禁忌。不同的宗教信仰者都有各自的生活方式和消费习惯。宗教因素对企业营销具有重要意义。宗教可能意味着禁用一些产品，如印度教禁食牛肉，伊斯兰教禁食猪肉。这些禁忌一方面限制了消费者对部分产品的需求，另一方面又会增加消费者对另一产品特别是替代产品的需求。同时宗教可能带来与一定宗教节日有关的高需求、高消费期，如基督教的圣诞节。对企业来说，宗教节日往往带来一年当中难得的商机。

3. 种族亚文化

种族是指一个人由遗传决定的所属人种。白种人、黄种人、黑种人各有其独特的文化传统、文化风格和态度。他们即使生活在同一个国家甚至同一个城市，也会有自己特殊的需求、爱好和购买习惯。

4. 地理亚文化

自然地理环境不仅决定一个地区的产业和贸易发展格局，而且间接影响一个地区消费者的生活方式、生活水平、购买力和消费结构。地理环境上的差异也会导致人们在消费习惯和消费特点上的不同。例如，中国的川菜、鲁菜、粤菜等八大菜系，风格各异，就是因地域习惯不同而形成的。长期形成的地域习惯一般比较稳定。同是面食，北方人喜欢吃饺子，南方人喜欢吃包子，西部人喜欢吃饼和馍。

5. 年龄亚文化

消费者的年龄不同，其生理机能和心理活动也不同，因而其购买行为表现出不同的特点。按照一般的分类方法，消费者在年龄段上被分成儿童、少年、青年、中年和老年。儿童的消费具有模仿成人、情绪化、娱乐化等特点。少年处于依赖与独立、成熟与幼稚、自觉与被动交织在一起的时期，在消费上表现出独立消费意识逐渐成熟、消费受同伴影响大的特点。青年在消费中表现出追求时尚、追求新颖、重感情、追求个性、表现自我等特点。中年人在消费方面具有理性购买多于冲动性购买、计划性购买多于盲目性购买、注重商品的实用性和便利性等特点。老年人的消费特点表现在对消费品的种类和结构具有特殊需求，有比较稳定的消费习惯，形成了品牌忠诚，购买商品讲究方便等。

概念运用：笛塞尔牛仔裤广告

在美国的一个西部小镇，一天清晨，善良、英俊、乐于助人的牛仔与一个坏蛋不期而遇，一场枪战在所难免。他们拔枪对射，牛仔倒在了尘埃之中，而坏蛋继续作恶。这则广告打破了传统文化意义中正义战胜邪恶的定式，颠覆了观众的惯常审美期待，给予观众心理上的强烈冲击和刺激。这一点恰好迎合了青少年受众反传统的喜好。

二、消费者的文化价值观

（一）文化价值观的含义及种类

1. 文化价值观的含义

价值观（values）指的是在同一文化下被大多数人所信仰和倡导的关于理想的最终状态和行为方式的持久信念，它代表着一个社会或群体对理想的最终状态和行为方式的某种共同看法。文化价值观为社会成员提供了关于什么是重要的、什么是正确的及人们应追求一个什么最终状态的共同信念。它是人们用于指导行为、态度和判断的标准，而人们对特定事物的态度一般也是反映和支持其价值观的。因此，人们在研究一定社会文化对消费者行为的影响时，研究文化价值观的影响将是重要的。

2. 文化价值观的种类

文化价值观有核心价值观和次要价值观之分。核心价值观是指特定的社会或群体在一定历史时期内形成的被人们普遍认同和广泛持有的占主导地位的价值观念。所谓次要价值观，则是指特定的社会或群体在一定时期内形成和持有的居于从属地位的价值观念。每一社会或群体都有居于文化核心地位的价值观。例如，对中国广大老百姓来说，“成家立业”是一种核心价值观，应该早婚或“多子多福”就是一种次要的价值观。核心价值观和次要价值观之间是相辅相成的关系，两者共同构成文化的核心，但是两者的地位又不一样。核心价值观居于主导的、核心的地位，并具有极强的稳定性。次要价值观则居于从属的、次要的地位，服从于核心价值观，并体现核心价值观的内涵。

文化价值观的另一种分类方法是由心理学家米尔顿·J. 诺克奇提出来的。他把文化价值观区分为终极价值观（terminal values）和工具性价值观（instrumental values）。终极价值观是指人们理想的终极状态，即人们期望最终实现的生活理想。工具性价值观是指人们为达到理想的终极状态所采取的基本方法。表 10.1 是诺克奇价值量表（rokeach value scale）。

表 10.1 诺克奇价值量表

终极价值观	工具性价值观
舒适生活	有野心的
刺激的生活	宽容的
成就感	有能力的
平等	兴奋的
自由	整洁的
完美无缺	独立的
家庭安全	理智的
幸福	富有想象的
快乐	有逻辑头脑的
内心的平静	有责任感的
自尊	有自制力的
社会承认	眼界开阔的
聪明	有勇气的
忠诚的友谊	助人的
成熟的爱	服从的
世界和平	有礼貌的
美丽的世界	真诚的
拯救	充满爱的

某一社会或群体的人们所共同持有的核心价值观，具有极强的稳定性，在相当长的历史时期不会改变。这些核心价值观是该群体所共有的，即使这一群体的成员不断更新，它们也会被延续下去，并且具有较强的抵制变革的惯性。对于这些核心价值观，任何企业都无法或很难改变，应努力去适应，并在其经营理念中有所反映。

（二）与消费者行为有关的文化价值观

德尔·L. 霍金斯认为，企业要了解消费者行为中所体现的文化差异，首先要了解不同文化背景下人们价值观的差异。他把影响消费者行为的文化价值观分为三种形式：有关社会成员间关系的价值观、有关环境的价值观及有关自我的价值观。

1. 有关社会成员间关系的价值观

这类价值观反映的是社会对个体之间、个体与群体之间及群体与群体之间应如何相处或建立何种关系的基本看法。这些看法对消费者的行为会产生重大影响。

在自己与他人之间的关系上，有的文化强调个人利益和自我满足；有的文化强调社会利益和他人满足。

在个人与集体关系上，有的文化强调团队协作和集体行动，并且往往把成功的荣誉和奖励归于集体而不是个人；相反，有的文化强调个人成就和个人价值，常常将荣誉和奖励授予个人而不是集体。

在成人与孩子关系上，有的文化强调孩子的需要而不是成人的需要。

在青年人与老年人关系上，有的文化强调荣誉、地位、重要的社会职务都属于老年人；有的文化则可能强调它们都属于年轻人。

在男女关系上，在具有不同文化的社会，男人与女人的社会地位可能存在很大差异。

在竞争与协作关系上，有的文化崇尚竞争，信奉优胜劣汰的自然法则；有的文化则倾向通过协作取得成功。

关于浪漫主义，在法国、美国等国家中，浪漫主义主题的广告容易取得成功，而在婚姻由父母包办，青年人没有恋爱、择偶自由的社会文化中，浪漫主义主题的广告容易遭受冷落。

2. 有关环境的价值观

这类价值观反映的是一个社会对其经济、技术和物质环境之间的关系的看法。

在个人成就与出身关系上，有的文化注重个人成就，将机会、报酬和具有较高荣誉的社会职位更多地提供给那些个人表现和成就突出的人；有的文化重视家庭背景，个人的机会往往取决于其家庭社会地位及其所属的社会阶层。

在传统与变革关系上，有的文化非常重视传统；有的文化则比较接受变革，允许人们打破传统，建立新的模式。在重视和维护传统的社会里，新产品往往受到人们的抵制。

在风险与安全关系上，有的文化倡导冒险精神，勇于冒险的人受到社会的普遍尊重；有的文化则可能具有很强的逃避风险的倾向，把从事冒险事业的人看作是十分愚蠢的。

在乐观与悲观关系上，有的文化注重用信心去克服困难和面对灾难；有的文化注重听天由命，相信宿命论。当宿命论的支持者购买到不满意的产品或服务时，一般不会抱怨。

在有关清洁的价值观上，发达工业社会与落后农业社会之间具有明显的差异。在一个重视清洁卫生和环境保护的社会，人们对清洁卫生产品或服务存在较大的需求。

在有关自然的价值观上，一些人觉得他们受到自然的奴役，另一些人认为他们与自然是和谐相处的，还有一些人认为他们能够征服自然。

3. 有关自我的价值观

有关自我的价值观反映的是社会各成员的理想生活目标及其实现途径。这些价值观对消费者的消费理念和企业的市场营销都有重要的影响。例如，在一些及时行乐的社会里，消费信贷有着巨大的市场；而在一个崇尚节俭的社会里，消费信贷的推行将是艰难和缓慢的。

在动与静上，不同的社会文化会导致人们对各种社会活动有不同的态度，并且形成不同的好动或好静倾向。

在物质主义与非物质主义的价值观上，有的文化奉行极端的物质主义，广告诉求一般强调产品能给购买者带来的物质利益和效用；有的文化更加强调非物质主义，营销者在做广告时如果注意消费者的精神方面的需求，如宗教信仰、民族气节与自尊等，能达到更好的效果。

在工作与休闲关系上，有的文化使人们较倾向于在工作中获得自我满足；有的文化则使人们在基本的经济需求满足后倾向于更多地选择休闲。

在现在与未来关系上，为今天而活还是为明天而活，这对企业制定促销和分销策略，消费者选择储蓄或使用消费信贷，都具有重要意义。

在欲望与节制关系上，社会文化的差异体现在是倾向于自我放纵、无节制，还是倾向于克制自己、节制欲望等方面。

在幽默与严肃关系上，社会文化的差异体现在幽默在多大程度上被接受和欣赏，以及什么才算是幽默等方面。

（三）中国文化的特点及对消费者购买行为的影响

1. 中国文化的特点

中国文化是中华民族在中华大地上形成的一种独特文化，它深刻影响着中国人的消费模式和消费习惯。中国文化有强大的生命力和凝聚力，具体体现在文化心理的自我认同和超越地域、国界的文化群体归属感方面。中国文化具有多样性与异质性，不同地理区域的人们形成了不同的生活方式、思想观念和风俗习惯。安土乐天的文化心态，以人为本的人本主义，尊老崇古的传统观念，重整体、倡协同的文化内核，构成了中国文化的特质。

概念运用：中国人的三种文化特征与消费

●中国人的面子文化与面子消费

“人要脸树要皮”，为人处世，面子不是个小问题。林语堂先生在《脸与法治》一文中说：中国人的脸，不但可以选，可以刮，并且可以丢，可以赏，可以争，可以留。面子消费带来的是中国人的攀比消费（你有我也有，而且要更好）、炫耀消费（高档消费品甚至奢侈品的消费有目共睹）和象征消费（看重品牌消费）。

●中国人的关系文化与关系消费

中国人讲究人情，一个人在社会上没有点关系是万万不能的。为维护人情和关系而产生的关系消费、公关消费是消费的重要领域。人情消费占中国人的消费支出的比例较大，送礼文化特别昌盛，逢年过节、婚丧嫁娶、生日寿辰，凡此种种，亲朋好友、街坊邻居无不亲临，孕育了巨大的消费市场。

●中国人的根文化与根消费

中国人的根情结非常深厚，宗族意识、裙带关系、乡土情结表现得非常明显。这便衍生出中国人独特的根消费，主要表现在：教育消费（看重下一代）、祭祖消费（祭祀祖先)、仪式消费（举办婚礼、葬礼、满月酒、寿宴、拜师宴、谢师宴等)、节庆消费（庆祝春节、端午节、中秋节等传统节日)、房地产消费（延续家族）等。

2. 中国文化对消费者购买行为的影响

文化作为企业重要的宏观环境因素，对消费者行为、企业营销的影响广泛而深远。文化的各个要素，如价值观、规范、习俗等，对消费者行为都具有一定的影响。

（1）认识问题阶段。认识问题即消费者察觉到了需要解决的问题，产生了对产品的需要，这是购买决策的起点。在不同社会文化背景下，有的需要被肯定和强化，有的需要则被贬抑和压制。例如，中国人在“君子谋道不谋食”的传统观念的影响下，个人的物质欲望和生理需要往往受到压抑，“知足常乐”“节欲有度”“居安思危”的生活观和人生观得到提倡和鼓励。传统宗法观念和知恩图报的观念使人情消费非常突出。在勤俭节约观念的影响和支配下，消费者的需求，特别是高档奢侈产品和服务的需求及增长相对受限，人们在购买中也会更重视产品和服务的实际效用和价值，避免盲目攀比和铺张浪费。

文化价值观也反映在人们对各种外在刺激（广告、橱窗陈列等）的态度上。中国素以礼仪之邦著称，以性为主题的广告对消费者来说不仅不会激发需要和欲望，反而会引起他们的反感。

（2）信息收集。一般来说，消费者的信息来源主要有四个途径：个人来源、商业来源、大众来源和经验来源。其中，商业来源告诉消费者信息，而非商业来源则对这些信息起验证和评价作用，非商业来源往往是购买行为的最终决定因素。如果文化背景不同，人们对各种信息来源的依赖和信任程度将会不同。中国的消费者对待商业信息更加谨慎，更容易相信和接受非商业来源信息，更依赖口头传播的信息。

此外，符合特定文化价值观的广告内容也更容易引起目标受众的关注，并激发他们的兴趣和购买欲望。例如，中国人一般具有很强的家庭观念，因此，许多广告便出现了以幸福的家庭生活为背景的广告诉求。

（3）判断选择。消费者通过信息收集，获得大量的属于同类产品的各种不同品牌的信息，在对这些品牌进行评价和选择的过程中，会受到文化价值观的影响和制约。一个人的文化价值观会影响他的生活方式、社会活动、消费习惯、个人兴趣等，这些因素又会进一步影响他所熟知的品牌，从而使其建立不同的熟知品牌组。

文化价值观同样会影响消费者所考虑的品牌。在我国，一些较为强调社会身份地位和声望的消费者，在许多产品的购买中往往只考虑知名品牌，对其他品牌的价值常常做出不公正的评价。而一些崇尚节俭的消费者，则往往重点考虑价格较低的品牌，对高档定位的品牌不重视或不感兴趣，没有了解关于这些品牌的太多知识。

由于中国文化注重群体效应，因此消费者一般倾向于形成较高的品牌忠诚度和企业忠诚度。他们往往只选择已赢得其信任的品牌和企业，并且通常只光顾少数几家零售商店。他们乐于购买熟人推荐的产品或品牌。在中国人看来，市场上占有较高市场份额的品牌是得到了大多数人认可的，占主导地位的品牌是最好的，人们不应该怀疑它。这种群体效应引导消费者消费观念的形成，并为形成品牌忠诚提供暗示，从而确保了占主导地位的品牌的生存。

（4）购买决策阶段。经过评价后，消费者会产生一定的购买意图。文化价值观在这时也会产生一定的影响作用。中国文化强调群体意识，要求个人服从集体，这一文化特点在消费者购买决策中有多重体现：在购买决策方式上，人们往往以集体为单位进行决策，如家庭成员的大部分收入都集中起来统筹安排；在具体购买决策中，特别是对于单笔支出较大的购买决策，还需要家庭成员的集体讨论；在产品和品牌选择上，人们较少标新立异，强调与他人保持一致；在购买决策的最后确定上，特别是在购买一些社会意义较强的产品，如汽车、服装等的时候，他人态度具有重要甚至决定性的影响。

另外，中国文化强调“存天理、灭人欲”的理性优先的价值，因此，家庭和个人在消费中强调节欲勤俭，主张精打细算、量入为出，反对奢侈浪费，更反对及时行乐的生活态度，从而使收入变化对购买决策形成迅速和直接的影响。当收入减少时，消费者会很快节省开支，先前计划的开支较大、非必需品的购买将被取消或被暂时搁置起来。

（5）购后评价阶段。文化价值观也影响着消费者购后的评价和购后行为，如重复购买、退换货、投诉和抱怨，以及产品的处置等。我国的消费者在遇到不满意的购买或感到自己的权益受到商家的侵害时，一部分消费者会通过投诉向商家提出正式抱怨，少部分人会通过诉诸法律的途径获得权益的保障，但大多数消费者会忍气吞声，最多只是向朋友、同事、邻居或其他熟人倾诉不满，因嫌麻烦而放弃投诉，这就是“以和为贵”“息事宁人”“多一事不如少一事”的传统思想的影响。

在对产品和包装的处置上，中国消费者在节俭的思想观念的影响下，认为直接扔掉显得太浪费，同时受轻利重义的传统思想的影响，也较少产生交换、出租、出借的市场行为，因此，大多数喜欢采取保留、出售的方式，而且多以卖废品的方式出售，而不是像西方国家那样通过“跳蚤市场”“二手货市场”来处理。

三、文化意义的传递与消费

（一）文化习得的基本工具

不管是学习本土文化还是外来文化，人们在文化习得中经常使用的工具包括语言、符号、神话与仪式。

1. 语言

语言是最基本的文化习得工具。营销人员必须正确理解语言的正式内涵，才能将产品介绍给不同文化下的消费者。

概念运用：产品或品牌命名中的语言文化差异

可口可乐公司有一款名为Sprite的饮料，Sprite翻译成汉语是“魔鬼”“妖精”。为了适应中国市场，可口可乐公司将其译为“雪碧”，并以此作为它在中国使用的品牌名。“雪碧”在汉语中有纯洁、清凉的含义，与其产品的功效高度一致，深受消费者的喜爱。

“红豆”牌服装在进入国外市场时没有被直译为 Redseed，而是被翻译为 Loveseed——爱的种子。也就是说，中国品牌的国际名称也必须迎合西方文化和西方消费者的生活方式，如雅戈尔被翻译为 YOUNGOR、海信被翻译为 Hisense 等。

安施德工业集团（Amsted Industries）在进军中国市场时就需要一个响亮得体的中文名称。首字母为 A 的品牌及企业，如 Abbott（雅培）、Armani（阿玛尼）、Adidas（阿迪达斯）等的中文名称的首字为“雅”“阿”，而 Amsted Industries 属于重工业企业，需要带给目标市场安全可靠的感觉，所以该公司就选用了极具结构对称美的“安”字作为首字，进而引出安全施工的理念。为了在中文名称中表达除企业属性特点以外的提升企业形象的含义——企业的社会责任，于是声调上扬、作为重音的“德”字就成为中文名称的尾字。

如果不考虑中西文化的差异而把 Amsted 直译为“阿姆斯特德”，这样不仅平淡，而且会让中国消费者不知所云，而安施德工业集团就非常成功，不仅大致保留了原来的发音，还体现了重工业的行业属性，更重要的是使风格中西结合，符合中国人的文化习惯，适合中国市场。

2. 符号

符号（symbles）是指具有某些文化含义的任何事物，往往具有象征意义，如“奔驰”对某些人而言可能是身份地位的象征。个人由于自身知识和经验等的不同，对符号的理解有差异。例如，珠光宝气对某些人而言可能意味着美感与高贵，但对另外一些人而言则可能意味着俗气与低品位。

由于人脑具有处理符号的功能，因此人类具有象征性学习的能力，象征能够帮助人们以最小的努力迅速地进行最复杂的思想沟通。例如，中国人用红豆代表相思，用白鸽代表和平；而在美国，鹰象征强大、勇敢、爱国主义，希望树立这种形象的企业可以在它们的广告或包装上使用鹰的标志。

为实现与目标市场的沟通，营销者必须使用适当的符号传达想要表现的产品形象和特征。这些符号包括口头符号和非口头符号。口头符号可能包括电视宣传或广播中的广告，非口头符号包括通过数字、颜色、图形甚至质地来进一步表达广告、商标、包装或产品设计的意义和内涵。消费者必须处理符号来提取其含义。特别要注意的是，一个符号可能具有若干意义甚至是矛盾的意义，因此，营销者在使用符号时必须明确该符号究竟在向目标受众传递什么信息。

3. 神话

神话（myth）是指包括象征性元素的故事，这些元素代表文化中共同的情感和思想。神话通常叙述一些对立势力的冲突，其结局就构成人们的道德指南。这样，神话给消费者提供了处世指引。每个社会都有一系列神话来详细阐明文化内涵，表达一个社会关键的价值取向和思想观念。神话在现代流行文化的许多方面都有所体现，包括连环漫画、电影、节日和商业广告。神话的存在对市场营销者非常重要。各种虚构的神话创造了巨大的市场，营销者要善于虚构神话。

4. 仪式

仪式（ritual）是指一种由一系列步骤（多种行为）形成的具有象征意义的活动，

该步骤以固定顺序出现并且随时间重复出现。现实生活中，仪式伴随着人的一生，从出生到死亡，如生日、毕业典礼、婚礼、新年、结婚纪念日、升迁、退休等。这些仪式可能是公开的也可能是保密的。仪式往往有一定的步骤，而且可以重复不断地发生。

典型的仪式包括四个因素：象征物、仪式脚本、扮演角色及观众。象征物（ritual artifact）也叫仪式器物，是指那些举行仪式所必需的、可用来强化仪式内涵的产品，如婚礼上的戒指、生日蛋糕、中秋节的月饼等，有些象征物是依风俗习惯自然形成的，但有的象征物是营销者所创造出来的，如七夕节要送巧克力，而且随着时间的推移和营销者的努力，很多仪式的象征物也会发生变化。仪式脚本（ritual script）用来描述仪式的相关事宜，确定需要使用的象征物、使用程序及使用者等，如毕业典礼程序、婚礼程序等。在仪式中，由各种相关人员扮演一定的角色（performance roles）。当然，仪式也需要很多观礼的人，他们扮演观众（audience）。没有观众，仪式也没有意义。常见的仪式包括修饰仪式、送礼仪式、节日仪式、占有仪式和剥夺仪式。

（1）修饰仪式。修饰仪式指一个人如何从私下的自我转变成公共的自我，以及由公共的自我转变回私下的自我的一连串行为。修饰仪式中表现出来的二元对立是私下/公开和工作/休闲，许多美容化妆产品、服装配饰、瘦身服务都是以协助消费者取得修饰仪式的成功来作为诉求的。

（2）送礼仪式。送礼仪式中，消费者取得理想的物品（象征物），将其除去价格标签，并仔细包装（象征性地将普通商品转变为独特的礼品），然后把它送给接收者。礼品的形式可以是从商店购得的物品、自制物品或服务，也可以是点播的歌曲、一起打网络游戏。

（3）节日仪式。节日仪式中，人们离开日常的生活来举办一些与节假日有关的仪式活动。借助营销者的营销活动，节假日有了更多的仪式活动和仪式象征物。例如，七夕节，经过营销者的大力推广，变成未婚男女表达彼此爱意的重要节日。

（4）占有仪式和剥夺仪式。占有仪式包括一个人用来宣称、展示及保护其占有物的一些行动。例如，人们在搬入新家时宴请，在开业时放鞭炮等。剥夺仪式包括一个人用来清除其先前占有物意义的一些行动。例如，人们在搬离旧房或退休时，仔细看一遍屋子或工作场所，就是典型的剥夺仪式。

（二）消费中文化意义的传递

1. 文化意义转移模型

文化意义是如何通过消费品传递给消费者的呢？麦克拉肯（McCracken）于 1986 年建立了一个文化意义转移模型来说明文化与消费的关系，如图 10.1 所示。从这个模型中我们可以看到，文化意义通过广告系统、流行系统凝聚在消费品上，再通过仪式传递给单个消费者。

文化构筑的世界规定着社会的价值取向、风俗习惯、行为规范，形成指示人们如何行动的蓝图，通过广告系统、流行系统将文化的信念与价值等文化意义加诸消费品。

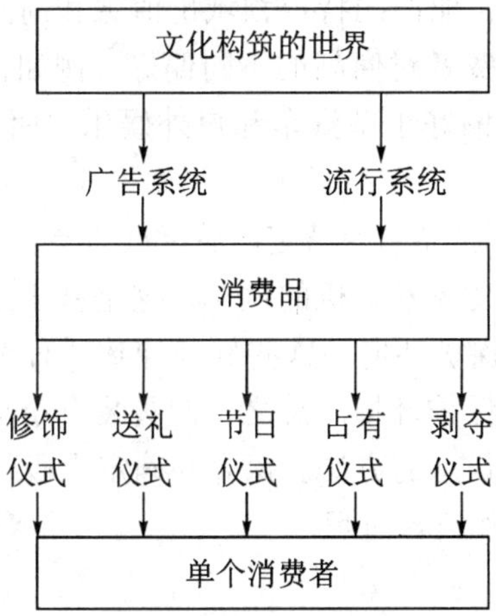

图 10.1　文化意义转移模型

广告系统是将文化构筑的世界与消费品两者加以联结的渠道，通过此渠道，厂商将文化意义注入产品。例如，动感地带使用“我的地盘我做主”作为广告主题，目标就是要把这一品牌打造成自由独立、无拘无束的形象。通过这一定位过程，文化意义就传递到了消费品上。

流行系统是指一系列较广泛且具渗透力的传播媒介，包括杂志、报纸、意见领袖等。消费者往往通过流行系统来取得最新信息以避免自己落伍。通过流行系统，文化意义也被赋予在消费品上。

消费品经由广告系统和流行系统被赋予文化意义后，再通过各种仪式传达给单个消费者。因为单个消费者会经历这些仪式。营销者通过这些仪式的运作，使消费品与单个消费者联结起来。

2. 手段-目的链模型

文化价值观如何影响特定消费者的决策呢？图 10.2 描述了从终极价值观到特定领域价值观再到商品属性评价的顺序。

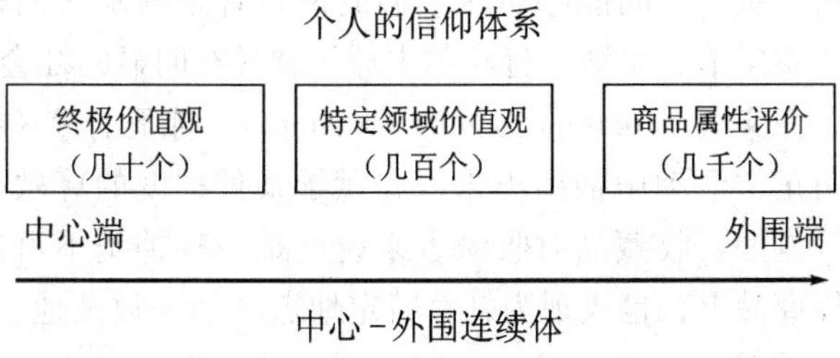

图 10.2　手段-目的链模型

终极价值观是人们对所要求的状态的持久信仰，特定领域价值观是人们对更为具体的消费活动的看法。例如，厂商应该提供及时的服务，保证产品质量，帮助消除环境污染，要诚信可靠等。消费者对商品属性的评价是对单个商品更具体的看法，如雪佛兰汽车的操作性、维修服务等。

持不同终极价值观的人，他们的特定领域价值观和商品属性评价也不同。个人的终极价值观的不同解释了消费者对商品的不同偏好。例如，对于终极价值观，强调逻辑、刺激和自尊的人，比较偏好小型汽车和户外娱乐，而强调国家安全和拯救的人，更喜欢标准型汽车和电视机。

手段-目的链模型确定了消费者对特定产品特点的要求与抽象概念之间的联系。例如，一个人想要买装有小型高效发动机的汽车，这是基于三个好处做出的决策：节省燃料、购买和养护成本低、保护环境。这些好处导致一种节俭的生活方式，这种生活方式又导致终极价值观——保护环境。总之，购买装有小型高效发动机的汽车，是一种达到干净的环境这一最终状态的方法。探寻并确定手段（也就是商品特点）与终极价值观之间的联系的过程叫作阶梯过程。

3. 产品的意义

消费者的产品选择是由价值和意义决定的。大多数产品、服务具有多重意义，这些意义或者是公开的，或者是隐蔽的，并且有多种来源。

（1）效用意义（utilitarian meanings）。效用意义又称功能意义，是指消费者感知到的关于产品完好的功能性、有用性。功能价值是产品的功能或物理属性，通常这些属性与性能、可靠性、耐用性、产品特征等有关。效用意义对消费者选择产品种类或品牌非常重要。营销者在产品宣传中，一般应找准消费者所看重的效用意义。

（2）享乐意义（hedonic meanings）。享乐意义是指产品带来的特别感情或感觉。产品、服务的价值同时也是基于享乐意义或美学的价值。当产品与某种具体的情感相联系或产品引发并维持某种情感时，产品就具有享乐意义。例如，去游乐园玩的兴奋感是由快乐与唤醒两部分组成的。

音乐、艺术和宗教器物都与情感价值和享乐意义有关。这些产品或服务也可能代表过去的时代和其他重要的事情。那些影响自我形象的产品或服务，如衣服、化妆品、整容手术、健康食品及其他在公众场合展示的产品，也有着享乐意义。

（3）社会意义（social meanings）。产品的社会意义是指产品所具有的传达或改变社会关系的能力。社会价值对产品和品牌决策都有重大的影响，在社会关系和个人消费品之间有一种映射关系，产品能够表明它们的消费者是谁及它们在社会上与哪些人联系在一起。例如，贺年卡、服饰、打高尔夫球等就具有明显的社会意义。

（4）神圣与世俗意义（sacred and secular meanings）。神圣消费（sacred consumption）是指将物品或事件由正常活动中抽离出来，并赋予某种程度的尊敬与畏惧。神圣消费不一定与宗教相关。例如，收藏品对收藏者来说就是一种神圣不可侵犯的物品。神圣消费除了表现在实体商品上，也表现为针对特定地点（如宗教圣地、伟人故居）、人物与事件等的消费。而世俗消费（secular consumption or profane consumption）则是指对日常普通而不具任何特殊意义的物品、事件或地点的消费。世俗消费并非指低贱、不入流的消费，而是指与具有神圣色彩的神圣消费相对立的消费。

根据神圣消费和世俗消费的概念，产品中存在两种现象——神格化（sacralization）与除神化（desacralization）。

神格化是指对原本一般性的物品、事件与人物赋予某一文化或某一特定群体的神圣色彩。神格化有两种方式：一是收藏（collecting），只要物品被收藏，该物品对收藏者而言就具有独特的神圣价值；二是晕染（contamination），当物品涉及某些神圣的事件时，其本身也变得神圣，如北京奥运圣火传递中使用过的火炬。

除神化则是指将先前被视为带有神圣色彩的物品或人物转变为普通的物品或人物，如将佛像制成饰品，在失恋后将原先的爱情信物、共有物品丢弃、抛弃等。

本章小结

经济因素直接影响消费者行为的最终实现及实现的程度。对于大多数人来说，收入是其消费或支出的主要来源。收入影响消费者的需求结构，不同收入人群的消费行为特点也不同。除收入外，财产和信贷也与消费者行为紧密相关。

文化作为一种无形的力量，以潜移默化的方式引领、指导消费者行为。在消费者行为研究中，文化被定义为一定社会经过学习获得的、用以指导消费者行为的信念、价值观和习俗的总和。每一种文化都存在着多种亚文化，在同一亚文化群体内部，人们的态度、价值观和购买决策更加相似。

对消费者行为影响最大的是文化价值观。诺克奇将文化价值观分为终极价值观和工具性价值观两类。在不同的价值观指导下，消费者的行为是不同的。中国文化有其自身的一系列特点和孕育这些特点的核心价值观，这在消费者购买的各个阶段都有所体现。

在文化习得上，人们经常使用的工具包括语言、符号、神话与仪式。在文化意义如何通过消费品进行传递方面，主要有文化意义转移模型、手段-目的链模型这两种模型。大多数产品、服务具有多重意义，包括效用意义、享乐意义、社会意义和神圣与世俗意义。

关键概念

收入　文化　亚文化　价值观　神话　仪式　文化意义转移模型　手段-目的链模型

复习题

1. 消费者的收入由哪些构成？收入的测量对营销有何意义？

2. 不同收入人群的消费行为特点有何不同？结合现实营销活动举例说明。

3. 什么是文化？按民族、地理进行亚文化分类，消费者行为有何差异？结合现实营销活动举例说明。

4. 诺克奇将文化价值观区分为哪两种？对营销有何意义？

5. 与消费者行为有关的文化价值观主要有哪些？结合现实营销活动举例说明。

6. 中国文化对消费者购买行为的影响表现在哪些方面？结合现实营销活动举例说明。

7. 文化习得的基本工具有哪些？在营销上如何运用？

8. 什么是仪式？典型的仪式包括哪四个要素？常见的仪式有哪些？

9. 阐述文化意义转移模型，指出其对营销的意义。

10. 阐述手段-目的链模型，并结合现实营销活动举例说明。

11. 产品具备哪些意义？在营销中如何运用？

实训题

项目 10-1　广告中的价值观研究

针对选定产品类别，每组成员各自找出一个平面广告或电视广告，运用诺克奇价值量表分析其中蕴含的文化价值观，并用手段-目的链模型解释分析，提交研究报告。

项目 10-2　产品意义研究

针对选定产品类别，每组成员对该产品的效用意义、享乐意义、社会意义和神圣与世俗意义进行研究，并提出营销建议。

案例分析

宝马（BMW）的 Ctrl Z Day：没有热点，那就创造热点

第十一章　影响消费者行为的社会因素

本章学习目标

◆了解社会阶层的含义、划分方法
◆掌握不同社会阶层消费者的行为差异
◆掌握参照群体的含义、影响方式
◆理解角色的含义及角色与消费者行为的关系
◆熟悉家庭生命周期各阶段的消费行为特点

开篇故事

后浪购物图鉴：关于年轻人的 30 个真相

第一节　社会阶层与消费者行为

一、社会阶层概述

（一）社会阶层的含义

社会阶层（social class）是指由具有相同或类似社会地位的社会成员组成的相对持久的群体。个体都会在社会中占据一定的位置，有的人占据较高的位置，有的人则占据一般的或较低的位置。这种社会地位的差别，使社会成员分成高低有序的层级或阶层。产生社会阶层的最直接原因是个体获取社会资源的能力和机会的差别。所谓社会资源，是指人们所能占有的经济利益、政治权利、职业声望、生活质量、知识技能及各种能够发挥能力的机会和可能性，也就是能够帮助人们满足社会需求、获取社会利益的各种社会条件。

（二）社会阶层的特征

1. 社会阶层展示一定的社会地位

一个人的社会阶层和他的特定社会地位相联系。处于较高社会阶层的人，必定拥有较多的社会资源，在社会生活中具有较高的社会地位。由于决定社会地位的很多因素，如收入、财富不一定是可见的，因此人们需要通过一定的符号将这些不可见的成分有形化，如通过购买珠宝、名牌服装等奢侈品或参与打高尔夫球、滑雪等活动显示自己的身份和地位。

2. 社会阶层的多维性

社会阶层并不单纯由某一个变量，如收入或职业所决定，而由包括这些变量在内的多个因素共同决定。决定社会阶层的因素有经济、政治和社会层面的因素。

3. 社会阶层的层级性

从最低的社会地位到最高的社会地位，社会形成了一个地位连续体。社会阶层的每一个成员不管愿意与否，都处于社会地位连续体的某一个位置。那些处于较高位置的人被归入较高层级，反之被归入较低层级，由此形成高低有序的社会层级结构。

4. 社会阶层对行为的限定性

大多数人在和与自己水平和层次相当的人交往时会感到很自在，而在和与自己处于不同层次的人交往时会感到拘谨甚至不安。这样，社会交往较多发生在同一社会阶层之内，而不是不同社会阶层之间。同一社会阶层的成员有更多的互动，会强化共有规范与价值观，从而使阶层内成员间的相互影响增大。不同阶层的人员较少互动，产品、广告和其他营销信息在不同阶层的人员之间会限制流动，使得他们的行为呈现更多差异性。

5. 社会阶层的同质性

同一社会阶层的社会成员在价值观和行为模式上具有共同点和类似性。这种同质性在很大程度上是由他们共同的社会经济地位所决定的，同时也和他们彼此之间更频繁的互动有关。对营销者来说，同质性意味着处于同一社会阶层的消费者会订阅相同或类似的报纸，观看类似的电视节目，购买类似的产品，到类似的商店购物，这为企业根据社会阶层进行市场细分提供了依据和基础。

6. 社会阶层的动态性

随着时间的推移，同一个体所处的社会阶层会发生变化，其或者从原来所处的阶层跃升到更高的阶层，或者从原来所处的阶层跌入较低的阶层。越是开放的社会，阶层的动态性表现得越明显；越是封闭的社会，社会成员进入另一个阶层的机会就越小。

（三）社会阶层的决定因素

吉尔伯特和卡尔将决定社会阶层的因素分为三类：经济变量、社会变量和政治变量。经济变量包括职业、收入和财富，社会变量包括个人声望、社会联系和社会化，政治变量则包括权利、阶层意识和流动性。

二、社会阶层的划分与演变

（一）社会阶层的划分

1. 单一指标法

单一指标法是指用社会经济变量来评定社会成员所处的阶层。常用的指标是教育、职业、收入。

（1）教育。教育是提高社会地位的主要途径，也是评价社会地位的一项重要指标。一个人的受教育程度直接影响着他的能力、知识、技术、价值观、审美观等，而且随着社会的发展，它在划分社会阶层中所起的作用越来越大。在一般情况下，一个人的受教育程度越高，他的社会地位就越高。

（2）职业。在大多数消费者研究中，职业被视为表明一个人所处社会阶层的最重要的单一性指标。一个人的工作会极大地影响他的生活方式，并赋予他相应的声望和荣誉，因此职业提供了个体所处社会阶层的很多线索。不同职业的人，其消费差异是很大的。比如，蓝领的食物支出占收入的比重较大，而医生、律师等专业人员则将收入的较大部分用于在外用餐、购置衣服和接受各种服务上。

（3）收入。传统上，收入是划分社会地位和社会阶层的常用指标。一方面，收入与个体所处社会阶层有着较密切的联系；另一方面，收入是维持一定生活方式的前提条件。收入不仅制约人们的购买能力，而且影响人们对工作、休闲和购物等活动的看法。但是收入作为衡量社会阶层的基本指标也存在一定的局限。

2. 综合指标法

综合指标法综合多个社会经济因素从不同侧面对社会阶层进行测量。综合指标法比单一指标法能更好地反映社会阶层的复杂性。划分社会阶层的综合指标法很多，我们重点介绍科尔曼地位指数法、霍林舍社会地位指数法。

（1）科尔曼地位指数法。这一方法由社会研究公司于 20 世纪 60 年代提出，并在消费者研究中得到广泛运用。该方法从职业、教育、居住的区域、家庭收入四个方面综合评估消费者所属的阶层。表 11.1 列示了运用该方法时常用的问题和格式。在计算总分时，职业分被双倍计入，这样，一个人的最高分可达到 53 分。另外，如果被访问者尚未成家，则在计算他的总分时，教育和职业两项得分均双倍计入总分。对于户主在 35~64 岁、以男性为主导的已婚家庭，其综合得分如果在 37~53 分，则为上层，得分在 13~36 分为中层，得分在 4~12 分为下层。根据科尔曼地位指数法，科尔曼（Coleman）和雷茵沃特（Rainwater）将美国消费者分为上层（14%）、中层（70%）和下层（16%），每一阶层又被进一步细分，总共形成七个生活方式存在差别的群体。表 11.2 显示的便是这七个群体及相应的社会经济状况。

表 11.1 科尔曼地位指数法中的变量及评分标准　　单位：分

项目	变量	被访问者	被访问者配偶
教育	8 年（含 8 年）以下初等教育	1	1
	高中肄业（9~10 年）	2	2
	高中毕业（12 年）	3	3
	1 年高中后学习	4	4
	2 年或 3 年制大专	5	5
	4 年制本科毕业	6	6
	硕士毕业或 5 年制大学	7	7
	博士毕业或 6~7 年制专业学位	8	8
户主的职业声望①	长期失业者（以失业救济金维生者、不熟练的零工）	0	
	半熟练工、保管员、领取最低工资的工厂帮工和服务人员	1	
	掌握一般技术的装配工、卡车与公共汽车司机、警察与火警、配送工	2	
	熟练工匠（如电工）、小承包商、工头、低薪销售职员、办公室工人、邮局职员	3	
	员工在 2~4 人的小业主、技术员、销售人员、办公室职员、一般薪水的公务员	4	
	中层管理人员、教师、社会工作者、成就一般的专业人员	5	
	中小公司的高层管理人员、雇员在 10~20 人的业主、中度成功的专业人员如牙医	7	
	大公司的高层管理人员、获得巨大成功的专业人员（如名医、名律师）、富有的企业业主	9	
居住区域	平民区（社会救济者和下层体力劳动者杂居）	1	
	清一色劳动阶层居住区，虽非平民区但房子较破败	2	
	主要是蓝领，但也居住有一些办公室职员的区域	3	
	大部分是白领，也居住着一些收入较高的蓝领的区域	4	
	较好的白领区（没有很多经理人员，但几乎没有蓝领居住）	5	
	专业人员和经理人员居住区	7	
	富豪区	9	
年家庭收入	5 000 美元以下	1	
	5 000~9 999 美元	2	
	10 000~14 999 美元	3	
	15 000~19 999 美元	4	
	20 000~24 999 美元	5	
	25 000~34 999 美元	6	
	35 000~49 999 美元	7	
	50 000 美元以上	8	
总分：		估计的社会地位：	

① 注：如果被访问者已退休，询问退休前的职业。

表 11.2　科尔曼-雷茵沃特社会等级结构

阶层	细分阶层	占比/%	特征
上层	上上层	0.3	靠世袭而获取财富、贵族头衔的名副其实的社会名流
	上中层	1.2	新兴社会精英，来源于成功的专业人士、公司领导阶层
	上下层	12.5	正规大学毕业的管理人员和专业人员，以私人俱乐部、事业和艺术为核心生活方式
中层	中产阶层	32	拥有中等收入的白领及其蓝领朋友，居住在较好的城镇地区，努力做合适的事情
	劳动阶层	38	拥有中等收入的蓝领，在收入、学历和职位方面都优于劳动阶层
下层	下上层	9	社会地位较低，但还不是社会地位最低的社会成员，靠自己的工作而不是社会福利生活，生活标准略高于贫困线，行为方式粗鲁
	下下层	7	靠社会福利度日，贫困潦倒，经常处于失业状态或从事又脏又累的工作

科尔曼-雷茵沃特社会等级结构还对中产阶层和劳动阶层进行了区分。虽然中产阶级和劳动阶层同属于中层，但这两个群体在价值实现和职业上是有所区别的。《财富》杂志曾对科尔曼和莱茵沃特所划分的三个阶层进行了调查，选取了其中的三个细分阶层，分别是劳动阶层、中产阶层和上下层，调查结果反映出这些群体之间在价值观和消费者行为上存在明显的差别。

（2）霍林舍社会地位指数法。霍林舍社会地位指数法是从职业和教育两个层面综合测量社会阶层的一种方法。该方法在消费者行为研究中得到广泛应用。表 11.3 和表 11.4 分别列示了霍林舍社会地位指数量表及社会地位等级体系。必须指出，霍林舍地位指数是用来衡量、反映个人或家庭在某个社区或社会集团内部所处的社会地位的。某个变量上的高分有可能补偿另一变量上的低分。例如，以下三人均被划分为中层：①上学 8 年的成功的中型企业业主；② 4 年制大学本科毕业的销售员；③专科毕业的行政人员。同一社会，这三人的社会地位相差无几。然而，他们的消费，至少在部分商品的消费上仍有可能有较大差异。由此说明，总体社会地位可能掩盖某些地位因素与特定产品消费之间的有用联系。

表 11.3　霍林舍社会地位指数量表

类别	项目	得分
职业	大企业的高级主管、大企业业主、重要专业人员	1
	业务经理、中型企业业主、次要专业人员	2
	行政人员、小型企业业主、一般专业人员	3
	职员、销售员、技术员、小业主	4
	技术性手工工人	5
	操作工人、半技术性工人	6
	无技能工人	7

表11.3(续)

类别	项目	得分
教育	专业人员（文、理、工等方面的硕士、博士）	1
	4年制大学本科（文、理、医等方面的学士）	2
	1~3年专科	3
	高中毕业	4
	上学10~11年（高中没毕业）	5
	上学7~9年	6
	上学少于7年	7

注：社会地位得分=职业得分×7+教育得分×4

表11.4　社会地位等级体系

社会地位	分数区间/分	在人口中的比重/%
上层	11~17	3
中上层	18~31	8
中层	32~47	22
中下层	48~63	46
下层	64~77	21

（二）社会阶层的演变

产生社会阶层的最直接原因是个体获取社会资源的能力和机会的差别。社会阶层具有一定稳定性但并非一成不变，个体可以通过教育、职业来改变自己所处的阶层。

1. 向上流动（upward mobility）

向上流动是指个体从较低社会层次向较高社会层次转变。一般来讲，良好的教育、好的工作机会和成功的创业都能帮助个人从较低的社会阶层上升到较高的社会阶层。

2. 向下流动（downward mobility）

向下流动是指个体从较高社会层次向较低社会层次转变。家庭破产、个人虽受到良好教育但是并未获得好的职业等情况，通常都被视为社会阶层的向下流动。

3. 社会阶层的破碎（social class fragmentation）

社会阶层的破碎是指随着经济社会的发展，原本存在的社会阶层失去其存在的基础，阶层成员分散到其他阶层的社会状况。例如，在国有企业改革过程中，许多工人下岗，这些下岗工人部分失去生活来源，不得不需要社会救济，社会阶层向下流动。而也有部分下岗工人通过自身创业和再就业，重新回到原来的社会阶层，甚至向上流动。

三、社会阶层对消费的影响

属于不同社会阶层的消费者在购买动机上有差异的假设被市场营销者所利用后，社会阶层就成为细分市场的一个标准。为维持一定的社会地位，有些消费者需要购置一些具有象征意义的产品；因羡慕一定的社会阶层，有些消费者会模仿那个社会阶层的消费行为。

（一）社会阶层对消费的影响方式

1. 炫耀性消费和地位符号

炫耀性消费概念的提出者凡勃伦认为，产品的主要作用在于制造炫耀性差别，即消费是为了通过展示财富和权力以求引起别人的艳羡。产品表现地位的能力取决于它们的排他性，如果太多的人炫耀同一种产品，这种产品的象征被使用得太广泛，就被称为虚假象征，这种产品的价值就会降低。

与炫耀性消费相关的概念是地位符号（status symbols）。由于人们经常根据所拥有的产品来做出判断，因此产品和服务就成了地位符号，用来显示所有者在社会等级中的地位。例如，豪华游轮、私人飞机是上层地位符号。通过购买本社会阶层成员往往买不起的产品或服务，消费者可以增强对自我价值的感受，如一位白领女性就有可能用三个月的薪水购买一个路易威登（LV）手袋。如果某些地位符号被大量拥有，它们就将失去暗示的意味而成为欺骗性符号（fraudulent symbols），如一些奢侈品品牌往往受到大众市场上低价仿货的侵害，因此，奢侈品品牌通过对产品重新设计等方法进行区别。

2. 补偿性消费

补偿性消费（compensatory consumption）也同社会阶层有关，是指将消费作为弥补缺陷或赢得尊重的手段。一位遇到烦心事或难题的消费者，特别是在遇到职业发展或地位问题时，可能用购买期望的地位符号（如汽车、住房）来掩盖未能成功的事实，这样的购买能够使自己挽回丢失的面子。

通常，补偿性消费是工薪阶层的购买模式，他们可能赌上自己的明天来购买住房、汽车和其他地位符号。近年来许多中层或中高层消费者也表现出补偿性消费行为，有些消费者没有达到其父母的职业成就和财富成就，为了减少失望感，往往通过补偿性消费来寻求自我满足。考虑到这部分消费者的需要，营销者可以创建新的、相对便宜的奢侈品品牌。

3. 金钱的意义

金钱代表一个人的消费能力，同时也是决定一个人处于何种社会阶层的关键因素之一。金钱被视为一种购买手段，它不仅能够带来快乐和满足，还可以带来地位和名望。金钱让消费者可以购买象征社会地位的产品，因此还被视为一种提高社会地位的途径。

（二）不同社会阶层消费者的行为差异

1. 支出模式上的差异

不同社会阶层的消费者所选择和使用的产品是存在差异的。有的产品，如股票、度假更多地被上层消费者购买，而另外一些产品，如廉价服装则更多地被下层消费者购买。科曼发现，特别富裕的中层美国人将其大部分支出用于购买摩托艇、野营器具、大马力割草机、雪橇、后院游泳池、临湖住宅、豪华汽车或跑车等产品；而收入水平与之差不多的上层美国人则花更多的时间和金钱于私人俱乐部、孩子的独特教育、古董、字画和各种文化事件与活动上。

在住宅、服装和家具等能显示地位与身份的产品的购买上，不同阶层消费者的差别比较明显。例如，在美国，上层消费者的住宅区环境优雅，室内装修豪华，购买的家具和服装讲究档次和品位。中层消费者一般有很多存款，住宅也相当好，但他们中的很大一部分人对内部装修不是特别讲究，服装、家具不少但高档的不多。下层消费者的住宅环境较差，在衣服与家具上的花费较少。

2. 休闲活动上的差异

社会阶层与消费者的娱乐和休闲活动选择具有密切关系。一个人所偏爱的休闲活动通常是同一阶层或临近阶层的其他个体所从事的某类活动，他参与新的休闲活动往往也是因为受到同一阶层或较高阶层的影响。虽然在不同阶层，用于休闲的支出占家庭总支出的比重相差无几，但休闲活动的类型差别很大。例如，较高社会阶层的消费者可能出入戏院、打桥牌及观看大学生的足球比赛；较低社会阶层的消费者则倾向于花更多的时间看电视，成为钓鱼爱好者，喜爱露天电影和棒球运动。

3. 信息接收和处理上的差异

信息搜寻的类型和数量随着社会阶层的不同而存在差异。处于社会底层的消费者因信息来源有限而对误导和欺骗性信息缺乏甄别能力。出于补偿的目的，他们在购买决策过程中可能更多地依赖亲朋提供的信息。中层消费者比较多地从媒体上获得各种信息，而且会更主动地从外部搜寻信息。随着社会阶层的提升，消费者获得信息的渠道也越来越多。

4. 购物方式上的差异

社会阶层对消费者的购买方式会有重要影响，上层消费者在购物时比较自信，喜欢单独购物，他们虽然对服务有很高的要求，但对销售人员过于热情的讲解、介绍反而感到不自在。通常，他们特别青睐那些购物环境幽雅、品质和服务上乘的商店，而且乐于接受新的购物方式。中层消费者比较谨慎，对购物环境有较高要求，他们也经常在折扣店购物。对中层消费者来说，购物本身就是一种消遣。下层消费者由于受资源限制，对价格特别敏感，多在中低档次的商店购物，而且喜欢成群结队地逛商店。

第二节　社会群体与消费者行为

一、社会群体概述

（一）社会群体的概念

群体（group）或社会群体（social group）是指通过一定的社会关系联结起来，进行共同活动而产生相互作用的集体。群体规模可能比较大，如几十人组成的班集体，也可能比较小，如经常一起上街购物的两位邻居。群体成员之间一般有较经常的接触和互动，从而能够相互影响。社会成员构成一个群体，应具备以下基本特征：

（1）群体成员需以一定的纽带联系起来。例如，人们以血缘为纽带组成了氏族和家庭，以地缘为纽带组成了邻里群体，以业缘为纽带组成了职业群体。

（2）成员之间有共同目标和持续交往。公共汽车里的乘客、电影院里的观众不能称为群体，因为他们是偶然和临时性地聚集在一起的，缺乏持续交往。

（3）群体成员有共同的群体意识和规范。

从消费者行为学的角度来看，研究群体影响至关重要。首先，群体成员在接触和互动过程中，通过心理和行为的相互影响与学习，会产生一些共同的信念、态度和规范，它们对消费者的行为将产生潜移默化的影响。其次，群体规范和压力会促使消费者自觉或不自觉地与群体的期待保持一致。即使是那些个人主义色彩很重、独立性很强的人，也无法摆脱群体的影响。最后，很多产品的购买和消费是与群体的存在和发展密不可分的。比如，个人加入某一球迷俱乐部，不仅要参加该俱乐部的活动，而且要购买与该俱乐部形象相一致的产品，如印有某种标志或某个球星头像的球衣、球帽、旗帜等。

（二）社会群体的类型

1. 正式群体与非正式群体

正式群体是指有明确的组织目标、正式的组织结构，成员有着具体的角色规定的群体，如大学里的教研室、工厂里的新产品开发小组。非正式群体是指人们在交往过程中，由于共同的兴趣、爱好和看法而自发形成的群体，其成员的联系和交往比较松散、自由。

2. 主要群体与次要群体

主要群体或初级群体是指成员之间经常面对面接触和交往，形成亲密人际关系的群体，包括家庭、邻里、儿童游戏群体等。次要群体或次级群体指的是有目的、有组织地按照一定社会契约建立起来的社会群体，规模一般比较大，人数比较多，群体成员不能完全接触或接触比较少。在主要群体中，成员之间不仅有频繁的接触，而且有强烈的情感联系。正因为如此，像家庭、朋友等关系密切的主要群体，对个体来说是不可或缺的。

3. 隶属群体与参照群体

隶属群体或成员群体是消费者实际参加或隶属的群体，如家庭、学校等。参照群体是指这样一个群体：该群体的看法和价值观被个体作为其当前行为的基础。因此，参照群体是指个体在某种特定情境下作为行为指南而使用的群体。美国社会学家 H. 海曼于 1942 年最先使用参照群体这一概念，用以表示在确定自己的地位时与之进行对比的人类群体。当消费者积极参加某一群体的活动时，该群体通常会作为他的参照群体。也有一些消费者虽然参加了某一群体，但这一群体可能并不符合其理想标准，此时，他可能会以其他群体作为参照群体。

（三）与消费者密切相关的社会群体

1. 朋友

朋友构成的群体是一种非正式群体，它对消费者的影响仅次于家庭。建立和维持与朋友的友谊，对大多数人来说是非常重要的。个体可以从朋友那里获得友谊、安全，还可以与朋友互诉衷肠，与朋友讨论那些不愿和家人倾诉的问题。不仅如此，结交朋友还是一种独立、成熟的标志，因为与朋友交往意味着个体与外部世界建立联系，也标志着个体开始摆脱家庭的单一影响。朋友的观点和偏好对消费者在最终决定选择某种产品、某种品牌时起重要作用。在诸如品牌服装、快餐食品和酒精饮料等的广告中，营销者意识到同伴群体的影响力量，并经常性地在广告中描绘友谊的重要。

2. 正式的社会群体

像中国高校市场学研究会、某学校校友会、业余摄影爱好者协会等组织均属于正式的社会群体。人们加入这类群体，可能基于各种各样的目的，如结识新的朋友、新的重要人物，获取知识、开阔视野，追求个人的兴趣与爱好。虽然正式的社会群体内的成员关系不像家庭成员关系和朋友关系那么亲密，但正式的社会群体内的成员之间也有讨论和交流的机会。群体内那些受尊敬和仰慕的成员的消费行为可能会被其他成员谈论或模仿。正式的社会群体内的成员还会消费一些共同的产品，或者一起消费某些产品。比如，滑雪俱乐部的成员一起购买滑雪服、滑雪鞋和其他滑雪用品。

3. 购物群体

为了消磨时间或为了购买某一具体的产品而一起上街的几位消费者，就构成了一个购物群体（shopping group)。购物群体内的成员通常是有空余时间的家庭成员或朋友。人们一般喜欢邀请乐于参谋且对特定购买问题有知识和经验的人一起上街购物。消费者与他人一起购物，不仅会降低购买决策的风险感，而且会增加购物过程的乐趣。在大家对所购产品均不熟悉的情况下，购物群体很容易形成，因为此时消费者可以依赖群体智慧，从而对购买决策更具信心。

4. 工作群体

工作群体也可以分为两种类型：一种是正式工作群体，即由一个工作小组里的成员组成的群体，如同一个办公室里的同事，同一条生产线上的装配工人等；另一种是非正式工作群体，即由在同一个单位但不一定在同一个工作小组里工作且形成了密切关系的一些朋友组成。由于在休息时间或下班时间，成员之间有较多的接触，所以非正式工作群体如同正式工作群体，会对所属成员的消费行为产生重要影响。

5. 消费者行动群体

在消费者保护运动中涌现出一种特别的社会群体，即消费者行动群体（consumer-action group)。它可大致分为两种类型：一种是为纠正某个具体的有损消费者利益的行为或事件而成立的临时性团体，如对某一缺陷产品的索赔群体；另一种是针对某些广泛的消费者问题而成立的相对持久的消费者组织，如反吸烟或反吸毒组织。大多数消费者行动群体的目标是唤醒社会对有关消费者问题的关注，对有关企业施加压力和促使他们采取措施以矫正那些损害消费者利益的行为。

6. 品牌群体

有学者认为，营销的下一个发展目标是建立品牌群体。品牌群体被定义为一个专业化的、无地理界线的社区，建立在某个品牌忠诚顾客所构成的一系列社会关系之上。它以拥有相同的仪式、礼仪、传统和道德责任感为标志。吉普（Jeep）公司在发展品牌群体方面做了大量的努力。Jeep 公司发起了 Jeep 聚会（集中在公路沿线驾驶的地区性汽车聚会)、Jeep 野营（提供公路沿线驾驶和与产品相关的全国性汽车聚会活动）和

Jeep101（沿公路驾驶的与产品相关的活动与展览）等活动。在 Jeep 野营和 Jeep101 活动中都有野营顾问，他们为参加者提供免费的饮料、产品介绍和公路沿线线路介绍。因此，品牌群体就是“顾客中心”。消费者的经历而不是品牌本身为品牌群体提供了意义。

二、参照群体对购买行为的影响

（一）参照群体及其类型

参照群体（conference group）实际上是个体在做出购买或消费决策时，用以作为参照、比较的个人或群体。参照群体最初是指与家庭、朋友等个体有直接互动的群体，但现在也涵盖了与个体没有直接面对面接触但对个体行为产生影响的个人和群体。

参照群体具有规范功能和比较功能两大功能。规范功能在于建立一定的行为标准并使个体遵从这一标准，如受父母的影响，子女在食品的营养标准、如何穿着打扮、到哪些地方购物等方面形成了某些观念和态度，个体在这些方面所受的影响对行为具有规范作用。比较功能是指个体把参照群体作为评价自己或别人的比较标准和出发点，如个体在布置、装修自己的住宅时，可能以邻居或仰慕的某位熟人的家居布置作为参照和仿效对象。

（二）参照群体的影响方式

虽然每个人希望自己富有个性和与众不同，但个体总是无意识地和群体保持一致。参照群体对消费者的影响，通常表现为三种形式，即规范性影响、信息性影响、价值表现上的影响。

1. 规范性影响（Normative Influence）

规范性影响是指由于群体规范的作用而对消费者的行为产生影响。规范是指在一定社会背景下，群体对其所属成员行为合适性的期待，它是群体为其成员确定的行为标准。无论何时，只要有群体存在，无须经过任何语言沟通和直接思考，规范就会迅速发挥作用。规范性影响之所以发生和起作用，是由于奖励和惩罚的存在。为了获得赞赏和避免惩罚，个体会按群体的期待行事。广告商声称，消费者如果使用某种商品，就能得到社会的接受和赞许，利用的就是群体对个体的规范性影响。同样，广告商宣称不使用某种产品就得不到群体的认可，也是运用规范性影响。

2. 信息性影响（informational influence）

信息性影响是指参照群体的行为、观念、意见被个体作为有用的信息予以参考，由此在其行为上产生影响。当消费者对所购产品缺乏了解，凭眼看手摸又难以对产品品质做出判断时，别人的使用和推荐将被视为非常有用的信息。群体在这一方面对个体的影响取决于被影响者与群体成员的相似性，以及施加影响的群体成员的专长性。例如，某人发现好几位朋友都在使用某种品牌的护肤品，于是她决定试用一下，因为这么多朋友使用它，意味着该品牌一定有其优点和特色。

3. 价值表现上的影响（identificational influence）

价值表现上的影响是指个体自觉遵循或内化参照群体所具有的信念和价值观，从而在行为上与之保持一致。例如，某位消费者认为那些有艺术气质和素养的人通常会留长发、蓄络腮胡、不修边幅，于是他也留起了长发，在穿着打扮上也不拘一格，以反映他所理解的那种艺术家形象。此时，该消费者就在价值表现上受到参照群体的影响。个体之所以在无需外在奖惩的情况下自觉依群体的规范和信念行事，是因为基于两方面力量的驱动。一方面，个体可能利用参照群体来表现自我，提升自我形象；另一方面，个体可能特别喜欢该参照群体，或者对该参照群体非常忠诚，并希望与之建立和保持长期的关系，从而视群体价值观为自身的价值观。

营销实用技能：如何增强参照群体的影响

- 说明使用/不使用产品的奖励和惩罚，如表现对好友购买某品牌的赞赏。
- 为参照群体创造行为规范，如在某场合应该做什么。
- 形成统一性压力，努力将某一产品与某一特定参照群体建立联系。
- 通过专家形成信息性影响，如运动鞋生产商聘请知名体育运动员做代言人。
- 为信息性影响创造情境，如赞助或主持一个与产品有关的特殊活动。
- 传递被某一参照群体所认同倡导的价值观。

（三）决定参照群体影响强度的因素

1. 产品使用时的可见性

一般而言，产品或品牌在使用时的可见性越高，群体影响力越大；反之，则越小。拜尔顿（Bearden）和埃内尔（Etzel）的研究从可见性和需要的程度两个层面对消费情形分类，然后分析在这些具体情形下参照群体所产生的影响，如表 11.5 所示。

表 11.5　消费情形与参照群体的影响

可见性	需要的程度	
	必需品 参照群体对产品选择影响力弱	非必需品 参照群体对产品选择影响力强
可见性高： 参照群体对品牌选择影响力强	公共必需品 影响力：对产品弱，对品牌强 例子：衣服、手表、鞋子	公共奢侈品 影响力：对产品、品牌均强 例子：珠宝、山地自行车
可见性低： 参照群体对品牌选择影响力弱	私人必需品 影响力：对产品、品牌均弱 例子：床垫、落地灯、洗衣皂	私人奢侈品 影响力：对产品强，对品牌弱 例子：按摩浴缸、整体厨房

2. 产品的必需程度

对食品、日常用品等生活必需品，消费者已形成了习惯性购买，此时参照群体的影响相对较小。相反，对奢侈品或非必需品，如高档汽车、时装、游艇等产品，消费者在购买时受参照群体的影响较大。

3. 产品与群体的相关性

某种活动与群体功能的实现关系越密切，个体在该活动中遵守群体规范的压力就越大。例如，对经常出入豪华餐厅和星级宾馆等高级场所的群体成员来说，着装是非常重要的；而对只是在一般酒吧喝喝啤酒或在一个星期中的某一天打一场篮球的群体成员来说，着装就没那么重要。

4. 产品的生命周期

亨顿认为，当产品处于导入期时，消费者的产品购买决策受参照群体的影响很大，但品牌决策受参照群体的影响较小。在产品成长期，参照群体对产品及品牌选择的影响都很大。在产品成熟期，参照群体的影响在消费者的品牌选择上大而在产品选择上小。在产品的衰退期，参照群体的影响在消费者的产品选择和品牌选择上都比较小。

5. 个体对群体的忠诚程度

个体对群体越忠诚，他就越可能遵守群体规范。当参加一个渴望加入的群体的晚宴时，在衣服选择上，消费者可能更多地考虑群体的期望，而参加无关紧要的群体晚宴时，消费者的这种考虑可能就少得多。

6. 个体在购买中的自信程度

研究表明，个体在购买彩电、汽车、家用空调、保险、冰箱、媒体服务、图书杂志、衣服和家具时，最易受参照群体的影响。这些产品，如保险和媒体服务的消费，既不可见又同群体功能没有太大关系，但是它们对个体很重要，而大多数人对它们又只拥有有限的知识与信息。这样，参照群体的影响力就由于个体在购买这些产品时信心不足而强大起来。

自信程度并不一定与产品知识成正比。研究发现，知识丰富的汽车购买者比那些购买新手更容易在信息层面受到参照群体的影响，并喜欢和知识同样丰富的伙伴交换信息和意见。购买新手则对汽车没有太大兴趣，也不喜欢收集产品信息，他们更容易受到广告和推销人员的影响。

（四）参照群体概念在营销中的运用

1. 名人效应

名人或公众人物，如知名演艺人员、体育运动员，作为参照群体对公众尤其是对崇拜他们的受众具有巨大的影响力和感召力。对很多人来说，名人的生活模式代表了一种理想化的生活模式。正因为如此，企业花巨资聘请名人来促销其产品。研究发现，用名人的广告较不用名人的广告的评价更正面和积极，这一点在青少年群体中体现得更为明显。

企业运用名人效应的方式多种多样。企业可以用名人作为产品或公司代言人，即将名人与产品或公司联系起来，使其在媒体上频频亮相；也可以用名人的证词作广告，即在广告中描述广告产品或服务的优点和长处，或者介绍其使用该产品或服务的体验；还可以将名人的名字在产品或包装上使用。

2. 专家效应

专家是指在某一专业领域受过专门训练，具有专门知识、经验和特长的人。医生、律师、营养学家等均是各自领域的专家。专家所具有的丰富知识和经验，使其在介绍、推荐产品与服务时较一般人更具权威性，从而产生专家所特有的公信力和影响力。当然，营销者在运用专家效应时，一方面应注意法律的限制，如有的国家不允许医生为药品作证词广告；另一方面应避免公众对专家的公正性、客观性产生怀疑。

3. 普通人效应

运用满意顾客的证词来宣传企业的产品，是广告中常用的方法之一。由于出现在荧屏上或画面上的证人或代言人是和潜在顾客一样的普通消费者，这会使受众感到亲近，从而使广告诉求更容易引起共鸣。宝洁公司、北京大宝化妆品有限公司都曾运用满意顾客的证词作广告。还有一些公司在电视广告中展示普通消费者或普通家庭如何用广告中的产品解决其遇到的问题，如何从产品的消费中获得乐趣等。由于这类广告贴近消费者，反映了消费者的现实生活，它们可能更容易获得认可。

4. 经理型代言人

越来越多的企业在广告中用公司总裁或总经理做代言人。大公司的总裁或主管像名人一样拥有很多光环，他们的成就和不平凡经历颇受一般民众羡慕。他们出现在广告中，一方面能吸引更多的人对广告感兴趣；另一方面，也表明公司高层对消费者利益的关注，从而可能增强消费者对公司及其产品的信心。

三、角色与购买行为

（一）角色概述

角色（role）是个体在特定社会或群体中占有的位置和被社会或群体所规定的行为模式。角色有先赋角色与自致角色之分。先赋角色是指那些不必经过角色扮演者的努力而由先天因素决定或由社会所规定的角色，如由遗传所决定的性别角色，封建时代通过世袭继承所形成的皇帝、公爵、伯爵等角色。自致角色或称获得性角色，是指个体通过自己的主观努力而获得的社会角色，如通过自己的奋斗当上总经理、大学教授等。

虽然扮演某一具体角色的所有人都被期待展现某些行为，但每个人实现这些期待的方式各不相同。期待角色与实践角色之间的差别，也许是个体对角色的领悟出现偏差所致，也可能是角色冲突或角色紧张所引起。同样是扮演教师这一角色，有的在备课、授课、释疑、批改作业等环节均一丝不苟，认真负责；有的虽然在授课环节比较认真，但在其他环节则草草应付。差别固然与教师的敬业精神紧密联系，但也与教师对角色的领悟、是否扮演太多的角色密切相关。

期待角色与实践角色之间的差距被称为角色差距，适度的角色差距是被允许的，但这种差距不能太大。太大的角色差距意味着角色扮演的不称职，社会或群体的惩罚也就不可避免。正因为如此，大多数人都力求使自己的行为与群体对特定角色的期待相一致。

（二）角色与消费者购买行为

1. 角色关联产品集

角色关联产品集是指个体扮演某一角色所需要的一系列产品。这些产品或者有助于角色扮演，或者具有重要的象征意义。例如，与牛仔这一角色相关的靴子，最初具有实用功能。尖型靴头可以使脚快捷而方便地踏进马镫里，高高的后跟使脚不至于从马镫中脱离，高靴沿保护骑手的踝部免受荆棘之苦等。今天，虽然城市牛仔已经很少骑马了，但牛仔角色仍然离不开靴子。实际上，靴子是在象征意义上与牛仔角色相联系的。

角色关联产品集规定了哪些产品适合某一角色，哪些产品不适合某一角色。营销者的主要任务就是确保其产品能满足目标角色的实用或象征性需要，从而使人们认为其产品适用于该角色。计算机制造商强调笔记本电脑为商人所必需，保险公司则强调人寿保险对扮演父母角色的重要性，这些公司实际上都力图使自己的产品进入某类角色关联产品集。

2. 角色超载和角色冲突

角色超载是指个体超越了时间、金钱和精力所允许的限度而承担太多的角色或承担对个体有太多要求的角色。比如，一位教师既面临教学、科研、家务的多重压力，又担任很多的社会职务或在外兼职，此时，由于其角色集过于庞大，他会感到顾此失彼和出现角色超载。角色超载的直接后果是个体的紧张、压力和角色扮演的不称职。

角色冲突是指集中的不同角色由于在某些方面不相容，或者人们对同一角色的期待和理解不同而导致的矛盾和抵触。角色冲突有两种基本类型，一种是角色间的冲突，另一种是角色内的冲突。很多现代女性所体验到的既要成为事业上的强者又要当贤妻良母的冲突，就是角色间的冲突。

角色超越、角色冲突引起紧张感和不安感是每一个人都会遇到的现象。紧张感和不安感的消除，为营销者提供了机会。鲜花、贺卡、短信等情感表达与交流型产品受青睐，从侧面反映了消除紧张感和不安感所蕴含的商机。

3. 角色演化

角色演化是指人们对某种角色行为的期待随时代和社会的发展而发生变化。随着越来越多的女性参加工作和女性在家庭中地位的提升，传统的男性、女性角色行为已经或正在发生改变。在我国的很多家庭，尤其是城市家庭中，洗衣做饭、照看小孩、家庭清洁、上街购物等家务活动越来越多地由夫妻共同承担，在有些家庭甚至更多地由丈夫承担。

角色演化既给营销者带来机会也提出挑战。例如，妇女角色的转变，使她们同男性一样可以参与剧烈运动，许多公司因此向妇女提供各种运动用品和运动器材；职业女性人数的日益增多，使得方便女性携带和存放衣物的衣袋应运而生；妇女在职业领域的广泛参与改变了她们的购物方式，许多零售商也因此调整其地理位置和营业时间，以适应这种变化。显然，在宣传产品和对产品定位的过程中，零售商需要认识到消费者基于角色认同而产生的购物动机上的差别。

4. 角色获取与转化

在人的一生中，个人所扮演的角色并不是固定不变的。随着生活的变迁和环境的变化，个体会放弃原有的一些角色、获得新的角色和学会从一种角色转换成另外的角色。在此过程中，个体的角色集相应地发生改变，由此也会引起与角色相关的行为的变化。

在你大学毕业走上工作岗位时，你会发现很多原来非常适合你的产品，如服装、手表、提包等，很可能不再适合你，你需要重新购置。新的角色会在穿着打扮、行为举止等多个方面对消费者提出新的要求，从而使消费者感到适合原来角色的那些产品已经不适合新的角色。这无疑为企业提供了很好的营销机会。

第三节　家庭与消费者行为

一、家庭

（一）家庭的含义

一般认为，家庭（family）是指以婚姻关系、血缘关系和收养关系为纽带而结成的共同生活、活动的社会基本单位。正常的家庭至少由两人组成，一个人不能成为完整意义上的家庭。社会学家一般将家庭分为四种形式或类型：①核心家庭，即由父母双方或其中一方和他们未婚子女组成的家庭，以及只有一对夫妇的家庭；②主干家庭，指一个家庭中至少有两代人，且每代只有一对夫妇（含一方去世或离婚）的家庭，这种家庭的典型形式是三代同堂；③联合家庭，指由父母双方或其中一方同多对已婚子女组成的家庭，或者兄弟姐妹在婚后仍不分家的家庭；④其他类型的家庭，指上面四种类型以外的家庭，如未婚兄弟姐妹组成的家庭。

（二）家庭的功能

1. 经济功能

在小农经济社会，家庭既是一个生产单位，又是一个消费单位，它发挥着重要的经济功能。在现代社会条件下，家庭的经济功能，尤其是作为重要内容的生产功能有所减弱，然而，为每个家庭成员提供生活保障仍然是家庭的一项主要功能。传统上，丈夫是家庭经济来源的主要提供者，因此他在家庭中占有支配性地位。而现在，越来越多的女性参加工作，她们对家庭所做出的经济贡献越来越大。

2. 情感交流功能

家庭是思想、情感交流最充分的场所。一个人在工作、生活等方面遇到困难、挫折和问题，能够从家庭得到安慰、鼓励和帮助。家庭成员之间的亲密交往建立在亲缘关系的基石上，具有较为扎实的基础。在竞争日益激烈的现代社会里，人们对获得家庭的关爱有更强烈的要求。

3. 赡养与抚养功能

抚养未成年家庭成员、赡养老人、扶养丧失劳动能力的家庭成员，这是人类繁衍的需要。家庭的这类功能将随社会保障制度的完善而部分地由社会承担，但它不可能完全外移。

4. 社会化功能

家庭成员的社会化尤其是儿童的社会化，是家庭的主要或核心功能。人从刚出生时的一无所知，到慢慢地获得与社会文化相一致的价值观、行为模式，这一过程大部分是在家庭中完成的。与消费者行为研究相关的是儿童的消费者社会化（consumer socialization）。消费者社会化被定义为一个过程，通过这一过程，儿童获得技巧、知识和作为消费者所必需的态度和经历。儿童通过观察他们的父母和哥哥姐姐形成自己的消费行为准则，父母和孩子一起购物的“共同购物”经历也给了儿童学习商场内购物技巧的机会。不同类型的母亲会与孩子分享不同的购物技巧。

社会化过程中，值得关注的还有代际影响，也称为代与代之间的影响（Intergenerational Influence，IGI），是指一代人的价值观、习惯和行为可能会传递给另一代。代际影响可以在两个方向上发生：前向（从父母到孩子）和后向（从孩子到父母）。一般说来，消费者行为学研究对孩子幼时发生的前向 IGI（儿童消费者社会化过程）研究较多；对于后向 IGI，也就是孩子长大成人后如何在消费观念、行为上影响父母的研究越来越受到研究者的重视，因为后向 IGI 在现实生活中大量存在，如孩子长大成人后向父母传授电脑使用知识、推荐旅游地点等，这对营销者来说是具有重要意义的。

二、家庭生命周期

家庭生命周期（family life cycle）是指一个家庭诞生、发展直至消亡的运动过程，它反映了家庭从形成到解体呈循环运动的变化规律。随着社会的发展，按照传统家庭生命周期发展的家庭比重有所下降，新的家庭模式和生活方式逐渐为社会所接受。新的家庭模式和生活方式包括离异家庭、单亲家庭等。

（一）传统的家庭生命周期

对整个家庭生命周期进行划分的标准是婚姻状况（单身、已婚、离异）、家庭成员的年龄、家庭规模、家长的工作状况（工作或退休）。在具体的划分上，家庭生命周期有五阶段、六阶段、九阶段乃至十阶段的划分方法。传统上用得较多的是九阶段划分方法，它按阶段描述了单身期、新婚期、满巢期、空巢期、孤寡期，这些阶段组成了传统的家庭生命周期。传统的家庭生命周期中消费行为的特点如表 11.6 所示。

表 11.6 传统的家庭生命周期中消费行为的特点

阶段	特征	消费行为
单身期	不再在家里生活的年轻单身者	几乎没有经济负担，有足够的可支配收入满足自己的消费，支出主要在于租房、基本的家庭装饰、服装、配饰、旅行、娱乐
新婚期	年轻且无孩	在家庭收入上有一定结余，夫妻两人的收入使他们能有更多随意购物的机会，能用剩余收入进行储蓄或投资；组建新家庭时有数量可观的花费，包括购买餐具、家具、电器等家庭用具和配件
满巢Ⅰ期	年轻已婚夫妇，最小的孩子在6岁以下	家庭支出达到顶峰，夫妻对家庭经济状况感到不满，有关孩子的教育、娱乐、生活用品的支出占主要地位，家庭在外就餐、外出旅游、接受家政服务等方面支出也较多

表11.6(续)

阶段	特征	消费行为
满巢Ⅱ期	已婚夫妇,最小的孩子已超过6岁	家庭经济状况有所好转，夫妻两人在职位上的晋升使收入增加，同时抚养、教育孩子的支出也在增加；生活用品以大包装或大容量来购买，额外支出多
满巢Ⅲ期	年长夫妇和尚未完全独立的孩子	家庭经济状况进一步好转，有的子女已经工作，对耐用消费品的购买较多，购买家具、电器、健身器材等，外出旅游多，享受更多服务
空巢Ⅰ期	年长夫妇，孩子已独立,家长尚在工作	对家庭经济状况感到满意，关心旅游、健康食品或药品，不太关心新产品，喜欢旅游，购买家庭装饰品、奢侈品等
空巢Ⅱ期	年长夫妇，已退休	收入急剧下降，开始有新的爱好和兴趣，如出外旅游，参加老人俱乐部等；维持原有住房，购买与健康有关的医疗用品与服务；电视是主要的信息来源和娱乐工具
孤寡Ⅰ期	孤寡者尚在工作	收入状态良好，有工作或足够的储蓄，并有朋友和亲戚的支持与关照，家庭生活的调整比较容易
孤寡Ⅱ期	孤寡者业已退休	收入减少，对护理、身心保护有特别的要求，注重更加节俭的生活方式

（二）修正了的家庭生命周期

传统的家庭生命周期并不能完全代表所有家庭的阶段发展状况。随着经济、社会的发展，现代家庭模式也发生了很大的变化，研究人员正在不断尝试构建扩展的家庭生命周期模型（见图11.1），以便更好地反映实际情况。

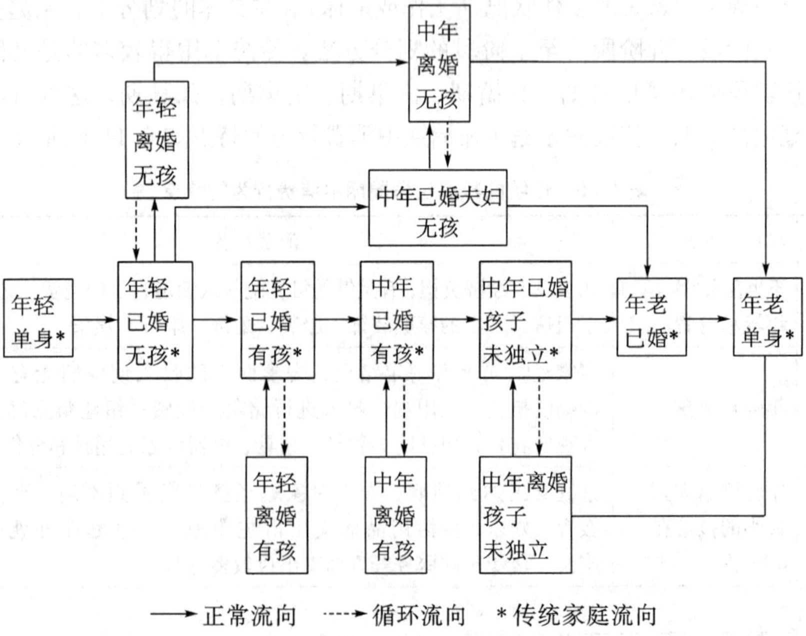

图11.1 一个更符合实际情况的扩展的家庭生命周期模型

三、家庭购买决策

（一）家庭中的购买角色

一般而言，家庭消费决策过程中至少涉及以下五种角色：

（1）倡议者，指提议购买某种产品的人或使其他家庭成员对购买某种产品产生兴趣的人。

（2）影响者，指为购买提供评价标准和哪些产品或品牌符合这些标准的信息，从而影响产品挑选的人。

（3）决策者，指有权决定购买什么及何时购买的家庭成员。

（4）购买者，指实际进行购买的家庭成员。购买者与决策者可能不同。例如，青少年可能会授权决定购买何种汽车甚至何时购买，但是父母才是实际与经销商议价并付款的人。

（5）使用者，指在家庭中实际使用由他自己或其他家庭成员所购产品的人。

值得注意的是，家庭中产品的使用者通常都不是购买者。例如，儿童所喝的饮料，其广告的诉求对象应该是母亲，因为她们才是产品的决定者及购买者。同样，在家庭里，母亲和妻子是大部分衣服的购买者，包括她们丈夫和孩子的衣服都由她们购买。在有的购买活动中，大部分角色都由一个人来扮演；在有的购买活动中，则可能由多人分别扮演不同的角色。

（二）家庭购买决策方式

家庭购买决策是指由两个或两个以上家庭成员直接或间接做出购买决定的过程。作为一种集体决策，家庭购买决策在很多方面不同于个人决策，如在早餐麦片的购买活动中，成年人与儿童所考虑的产品特点是不同的，因而他们共同做出的购买决策将不同于他们各自单独做出的决策。

戴维斯（Davis）和瑞加克斯（Rigaux）根据家庭购买决策过程中的夫妇相互作用把家庭购买决策分为四种方式：①自主型（autonomic decision），指对不太重要的购买，可由丈夫或妻子独立做出决定；②丈夫主导型（husband-dominant decision），指在决定购买什么的问题上，丈夫起主导作用；③妻子主导型（wife-dominant decision），指在决定购买什么的问题上，妻子起主导作用；④共同型（synergetic decision），指丈夫和妻子共同做出购买决策。

（三）影响家庭购买决策方式的因素

研究人员一直试图找出决定家庭成员相对影响力，从而影响家庭购买决策方式的因素。奎尔斯（W. Qualls）的研究识别了三种因素：①家庭成员对家庭的财务贡献。一般而言，对家庭的财务贡献越大，家庭成员在家庭购买决策中的发言权也越大。②决策对特定家庭成员的重要性。某一决策对特定家庭成员越重要，他或她对该决策的影响力就越大，原因是家庭内部亦存在交换过程：某位家庭成员可能愿意放弃在此领域的影响力而换取在另一领域的更大影响力。③性别角色取向，是指家庭成员在多大程度上会按照传统的男女性别角色行动。研究表明，较少传统和更具现代性的家庭，在购买决策中会更多地采用共同型决策的方式。

除了上述因素外，我们通常认为，影响家庭购买决策方式的因素还包括以下几个方面：

1. 文化和亚文化

文化和亚文化中对性别角色的看法在很大程度上决定着家庭购买决策是由男性主导还是女性主导。

2. 角色专门化

随着时间的推移，夫妻双方在家庭购买决策中会逐渐形成专门化的角色分工。传统上，丈夫负责购买机械和技术方面的产品，妻子负责购买与抚养孩子和家庭清洁有关的产品，从经济和效率角度来看，家庭成员在每件产品上都进行共同型决策的成本太高，而专门由一个人负责对某些产品的购买进行决策，效率会提高很多。

3. 家庭决策的阶段

在家庭购买决策中，同样存在着不同的阶段。家庭成员在购买中的相对影响力随购买决策阶段的不同而有差异。

4. 个人特征

家庭成员的个人特征对家庭购买决策方式亦有重要影响。拥有更多收入的一方在家庭购买决策中更容易占据主导地位。妻子所受教育程度越高，她所参与的重要决策也就越多。

5. 介入程度及产品特点

家庭成员对特定产品的关心程度或介入程度是不同的。例如，对激光唱盘（CD）、游戏卡、玩具等产品的购买，孩子们可能特别关心，因此在购买这些产品时他们可能会发挥较大的作用；而对父亲买什么牌子的剃须刀，母亲买什么样的厨房清洗剂，孩子们可能不会特别关心，所以在这些产品的购买上，他们的影响力就比较小。家庭购买决策方式因产品的不同而存在差异。当某个产品对整个家庭都很重要，且购买风险很高时，家庭成员倾向于进行共同型决策；当产品为个人使用，或者其购买风险不大时，自主型决策居多。

（四）儿童在家庭购买决策中的作用

在家庭购买决策制定中，儿童通常起着重要的作用。随着年龄的增长，孩子对家庭购买决策的影响逐渐增大。虽然孩子们在家庭购买决策中不占支配地位，但他们倾向于与父母中的一方形成同盟，以形成家庭购买决策中的多数；或者进行强烈暗示，使父母满足自己的购买欲望。

（五）家庭购买决策冲突及其化解

在日常生活中，家庭每天都要做出大量的购买决策。家庭成员的购买偏好不尽相同，甚至家庭成员所处的阶层也不相同，这就导致在做出家庭购买决策时，家庭成员难免发生冲突。如何化解这些冲突，对营销者、家庭本身来说都是十分重要的。研究表明，家庭购买决策冲突化解的办法主要有：

（1）讨价还价，努力达成一致。

（2）断章取义地列举事实，以博得支持，如孩子在购买要求被拒绝时，会指出哪些同学都拥有这样的产品，而且使用过程中并未出现不好的后果。

（3）树立权威，如声称自己对这一购买领域非常熟悉。

（4）运用逻辑进行争辩。

（5）沉默或退出争论。

（6）进一步搜寻信息或获得他人的意见。

本章小结

社会系统中的阶层、群体、家庭，直接决定消费者在现实社会生活中的消费表现，消费者总是从他所在的阶层、所参照的群体、所归属的家庭中获得基本的消费行为模式。

社会阶层是指由具有相同或类似社会地位的社会成员组成的相对持久的群体。我们通常用教育、职业、收入等指标将社会成员划分为上层、中层、下层三个社会阶层。社会阶层对消费的影响方式表现在炫耀性消费和地位符号、补偿性消费、金钱的意义三个方面。不同社会阶层消费者在支出模式、休闲活动、信息接收和处理、购物方式上表现出明显的差异。

参照群体是个体在做出购买或消费决策时，用以作为参照、比较的个人或群体，它从规范性、信息性、价值表现上对消费者产生影响。参照群体影响消费者购买决策的强度取决于产品使用时的可见性、产品的必需程度等多种因素。在营销活动中，营销者经常采用名人效应、专家效应、普通人效应和经理型代言人来影响消费者的购买。个体在特定社会或群体中还要扮演各种各样的角色，需要使用很多与角色相关的产品。

家庭是指以婚姻关系、血缘关系和收养关系为纽带而结成的共同生活、活动的社会基本单位，与住户有所区别。处于不同家庭生命周期的家庭，对产品的需求有很大的差别。与传统的家庭生命周期相比，扩展的家庭生命周期模型更符合实际情况。此外，营销者应了解不同家庭有不同的家庭购买决策方式、不同的家庭购买决策冲突化解方式。

关键概念

社会阶层　炫耀性消费　参照群体　角色　家庭　家庭生命周期

复习题

1. 什么是社会阶层？社会阶层的特征是什么？

2. 社会阶层的划分通常采用哪些方法？科尔曼地位指数法将群体划分成几个阶层？每个阶层的特点是什么？

3. 社会阶层对消费的影响方式是怎样的？如何看待炫耀性消费？

4. 结合现实营销活动，举例说明不同社会阶层消费者的行为差异。

5. 与消费者密切相关的社会群体有哪些？

6. 什么是参照群体？参照群体对消费者的影响表现为哪三种形式？决定参照群体影响强度的因素有哪些？

7. 结合现实营销活动，举例说明参照群体概念在营销中的运用。

8. 什么是角色？角色对消费者购买行为的影响表现在哪些方面？

9. 什么是家庭？传统的家庭生命周期如何划分？每一阶段的消费行为有何不同？

10. 修正了的家庭生命周期对营销有何启示？结合现实营销活动举例说明。

11. 家庭购买决策方式分为哪四种？影响家庭购买决策方式的因素有哪些？

12. 怎样看待家庭购买决策冲突？

实训题

项目 11-1　瞄准社会阶层的宣传设计

针对选定产品类别，每组成员瞄准每个社会阶层的特点，设计一个宣传方案。

项目 11-2　产品代言人研究

针对选定产品类别，每组成员为该产品类别物色一位代言人，详细阐述理由与操作方案。

案例分析

从 Barbershop 切入男士生活方式市场

第十二章　信息流、互联网与消费者行为

本章学习目标

◆掌握信息在人际传播中的四种模型
◆掌握意见领袖的特征和意见领袖的测量方法
◆掌握创新的扩散过程、采用过程
◆掌握流行的含义与特征、流行的生命周期
◆了解有关流行的起源和扩散的四种模型
◆熟悉在网上购买的产品和服务及购买动机
◆掌握网上消费决策过程

开篇故事

裂变式增长：让轩妈蛋黄酥一年卖出 7 000 万颗

第一节　信息流与消费者行为

一、口传过程与意见领袖

（一）口传及其重要性

口传是“口头传播”（word of mouth）的简称，是指个人之间面对面地以口头方式传播信息。

口头传播在有限的空间内进行，传播途径短，时效性强，并且多数情况下是一对一式的传播，很少受其他信息干扰。口头传播是在生活情景中发生的，因此信息接收者对信息源及信息本身很少具有警戒心理，不像对商业媒体上发送的信息那样带有怀疑、躲

避、抵触甚至厌恶的心理。口头传播多发生于熟人之间，信息发送者与信息接收者彼此熟悉、相互信任，因此提高了信息的可信度。口头传播的信息发送者与信息接收者生活在同一社会阶层，他们有更多的相同生活经验，所以信息的编码与解码相当吻合。

口传对消费者购买行为有着重要的影响。口头传播就像一个增生反应。在一个10个人的群体中，如果每个人有10次经历，那么相当于每个人有100次的直接经历。如果每人再将自己的经历告诉10个人，那么经历的次数就会增加到1 000次。莫里恩调查了消费者对60种不同产品的购买，询问消费者是受何种信息渠道的影响而做出购买决定的。结果显示，口传带来的购买次数是广告的3倍。费德蒙和斯宾塞所做的研究发现，搬进某一社区的新居民中，2/3的人是通过与他人交谈获得信息而找到他们现在所熟悉的医生的。

不仅如此，口传较其他传播方式对消费者的影响更大。卡茨等人在第二次世界大战后做的一项研究表明，口传的有效性是广播广告有效性的3倍，是人员推销有效性的4倍，是报纸和杂志广告有效性的7倍。小怀特调查了美国费城郊外居民区里的空调安装情况，他发现某些住宅区里几乎家家都有空调设备，而在某些住宅区里几乎户户都没有。他认为这是街坊邻居口传信息所造成的。

当然，需要看到，对于商家来说，口传是一把“双刃剑”，既传达正面信息，也传达负面信息。通常，负面口传较正面口传对消费者的影响更大，即所谓“好事不出门，坏事传千里”。阿恩德（J. Arndt）在一项调查中发现：在收到正面口传信息的被试中，54%的人试用了该产品；在收到负面口传信息的被试中，只有18%的人尝试了该产品。那么，在消费者购买产品时，为什么被试在决策时对负面信息会给予较正面信息更高的权重呢？一种可能的解释是：在消费者眼里，大多数产品都是比较好的，不好的产品在所有出售的产品中占的比重很小。一旦出现关于产品的不好信息，这一信息将会更加引人注目，消费者会更多地考虑这一信息，并在决策时增加它的权重。

（二）口传产生的原因

口传产生的原因可以从传播方和接收方的角度分别考察。

对于传播方而言，通过提供信息影响别人的购买行动，主要是出于以下几方面的考虑：①可以获得一种拥有权力和声望的情感。从某种意义上讲，信息代表一种权力，拥有更多的信息就意味着更大的权力，个体给别人提供信息就是在体现这种权力。②可以减轻对自身所做购买决定的疑虑或怀疑。个体通过信息的提供和说服，动员他人购买相同的产品，会减轻购买产品后的不协调感，并为购买决定的合理性与正确性提供新的支持力量。③增加与某些人或某些团体的社会交往，获得这些人或这些团体的认同或接纳。④可以获得某些可见的利益。根据“知恩图报”和“礼尚往来”的社会规范，传播方给别人提供有价值的信息，接收者必然会在将来给予适当的回馈。

对于接收方而言，主要出于以下几方面的考虑：①可以获得较厂商或卖方所提供的更值得信赖的信息。②减少购买风险所引起的躁动与不安。一般而言，当购买的产品很复杂，产品被别人窥见的机会很多，或者当产品很难用某些客观的标准来判断其品质的时候，消费者所感知的购买风险就会较高。此时，他除了从大众传媒获取信息外，还会积极地从个人渠道搜寻信息。③可以减少信息搜寻时间。个体从周围的熟人、朋友或其他消费者那里获取信息，既方便又省时，在很多情形下是一种有效的信息获取方式。

（三）口传的模型

信息在人际中的传播主要有涓流效应模型、两步流动模型、多步流动模型、口传网络模型。

1. 涓流效应模型（trickle-down model）

这种模型认为，某种新的产品或新的观念最先被富裕阶层采用。他们率先利用创新事物，主要是想将自己与较低社会阶层的人员相区分。出于模仿和仿效，较低社会阶层的人也会逐步利用这些创新事物。这样，新的产品或新的观念就由较高阶层传递到较低阶层，并扩散到大部分社会民众中。

涓流效应模型虽然也能解释某些创新扩散现象，但它忽略了两个方面的问题：首先，现实当中，同一社会阶层成员之间的接触、交流较不同社会阶层人员之间的接触、交流要频繁得多，不同社会阶层人员之间的沟通相对而言是很少的，涓流效应模型对这一点没有做出充分的说明。其次，在现代社会，借助大众传媒，关于新潮事物的信息可以同时大量地传播到世界上每一个角落，因此，信息的传播更像洪水而不像涓流。

2. 两步流动模型（two-step flow）

和涓流效应模型不同，两步流动模型（见图 12.1）不是将人际影响视为不同社会阶层之间的垂直影响，而是将其视为发生在同一社会阶层内的垂直影响。两步流动模型假定在每一群体或社会阶层内都存在着意见领袖，而意见领袖对其所属群体的大多数成员都有较大的个人影响，产品信息正是借助这种个人影响得以扩散的。很显然，根据这一模型所提出的理论认为，产品信息在传播过程中，营销者最重要的是找出不同消费者群体中的意见领袖，并将大众传媒的焦点对准这些意见领袖，以便通过大众传媒将他们的观点扩散到普通大众中。

两步流动模型的不足之处在于它本身过于简单，而且现实中消费者从意见领袖那里获取信息并不像模型认定的那样，即完全处于一种被动状态。此外，对于不同的产品，会存在不同的意见领袖，而要识别这些意见领袖实际上是很困难的，由此也在一定程度上限制了这一模型的运用。

图 12.1　两步流动模型

3. 多步流动模型（multistep flow）

图 12.2 是多步流动模型。多步流动模型认为，信息由大众传媒发送给三种不同类型的人：意见领袖、信息守门人和跟随者。每种类型的人都具有给不同群体的人发送信息的能力。意见领袖对大众传媒发出的某种特定信息可以掺入自己的理解并做出解释，然后将其传送给他人并以此影响后者。信息守门人虽不能像意见领袖那样影响别人，但他有能力决定是否将某一信息告诉同一群体内的其他人。跟随者则是被意见领袖或信息守门人提供的信息所影响的消费者。

多步流动模型意识到以下几个重要方面：①大众传媒传播的信息几乎能够抵达每个消费者；②对某些产品或在某些购买情形下，意见领袖能够影响跟随者，但对另外的产品或在另外的购买情形下，这种角色可以发生转换，即原来的意见领袖可能成为

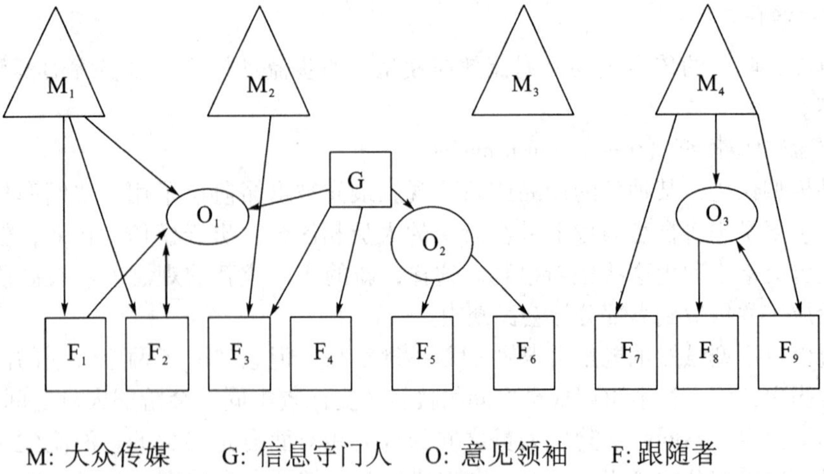

图 12.2　多步流动模型

跟随者，而原来的跟随者则可能成为意见领袖；③信息守门人能对信息的传递进行斟酌，决定是否将某些信息传达给意见领袖或跟随者；④信息能够在三种类型的人，即意见领袖、信息守门人、跟随者中往返传递。

4. 口传网络模型（word-of-mouth network model）

口传是在相互认识的人之间发生的，人际关系是口传的出发点，也是口传的制约因素。上述几种模型没有考虑到口传的人际关系特点，因此在解释信息的流动时有一定的局限性。口传网络模型弥补了这个缺陷，它从人际关系角度或网络角度出发来解释信息的流动。

图 12.3 是存在于某大学学生中的一个简单的口传网络模型。网络中传递的信息是学生对某位发型师的推荐。图中带箭头的直线表示信息传递路径。不带箭头的直线表示两个学生之间的社会关系，即两个人之间的联系程度。这种联系可以非常紧密，如两个人经常接触，也可以非常脆弱，如只有点头之交。如果两个人没有任何联系，即互不认识，则在图中没有任何直线相连。从图 12.3 中可以看出，关于发型师的信息始于学生 A，A 与 B 和 I 具有紧密联系，A 将此信息告诉 B、E 和 F。B 将其从 A 处获得的信息告诉其朋友 C 和 D。学生 I 是从 H 处获得此信息的，H 则是从朋友 G 那里了解到这一情况的，G 又是从 F 处得知该信息的。

图 12.3 给了我们很多启示：①两个人之间即使存在紧密联系，也不意味着一方必定会将自己拥有的某种与购买有关的信息告诉另一方。如图 12.3 中所示的 A 和 I 有紧密联系，但前者并未把关于发型师的信息告诉后者。②在一个口传网络中，存在多个小的消费者群体，群体内部各成员之间有紧密联系。如图 12.3 所示，B、C、D 和 F、G、H 就分别是这样两个内部成员联系紧密的小群体。③要重视弱联系群体的作用。口传网络中个体之间的弱联系状态，恰恰有可能为信息在不同群体之间的流动架起一座座桥梁。图 12.3 中 A 与 F 之间的信息传递充分说明了这一点。

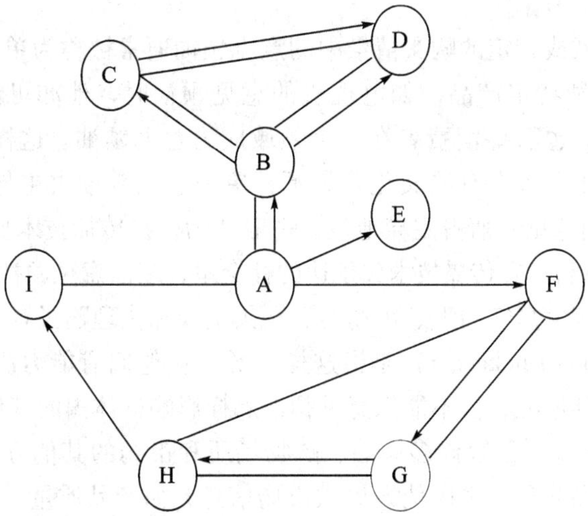

—— 表示两个人之间具有紧密联系　——→ 表示信息流向

图 12.3　一个简单的口传网络模型

（四）意见领袖

在口传过程中，我们经常可以发现，有些消费者会较其他消费者更频繁或更多地为他人提供信息，从而在更大程度上影响别人的购买决策，这样的消费者被称为意见领袖或舆论领袖（opinion leader）。

1. 寻找意见领袖的程度

当消费者购买一种自己不太熟悉且非常重要的产品时，向深知这种产品的人咨询，那么这个人就成为意见领袖。但是消费者并不是在每次购买时都寻找意见领袖。比如，在购买牙膏等介入度低的产品时，消费者较少咨询意见领袖。又如，非常熟悉电脑的消费者在购买电脑时也不必寻找意见领袖。消费者是否寻找意见领袖受产品购买介入度的高低和消费者拥有的产品知识多少的影响。一般来看，介入度越高，消费者越可能寻找意见领袖；而消费者拥有的产品知识越多，消费者越不可能寻找意见领袖。寻找意见领袖的程度如图 12.4 所示。

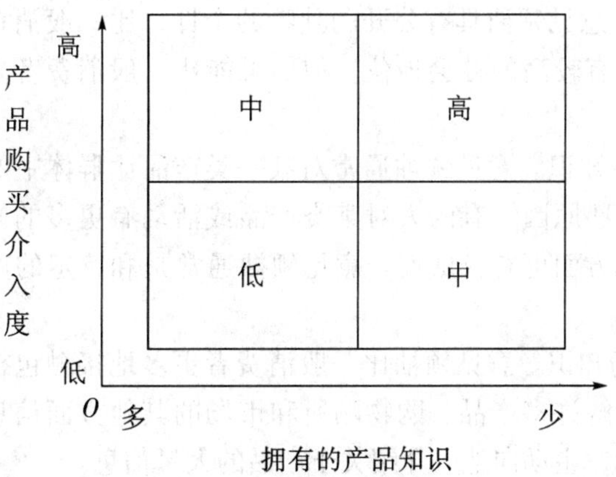

图 12.4　寻找意见领袖的程度

2. 意见领袖的类型

限定在特定的产品领域或特定的购买情景中的意见领袖通常被称为单一意见领袖。有研究显示，当某人是某种特定产品，如电视机的意见领袖时，他亦可能成为冰箱、空调器等产品的意见领袖。也有些消费者在多个领域成为意见领袖。这样的消费者被称为多面意见领袖。调查表明，在有些文化背景下，单一意见领袖占主导地位，而在另外一些文化背景下，多面意见领袖占主导地位。一般认为，在传播技术比较发达的社会里，单一意见领袖比较盛行；在传播技术欠发达的社会里，多面意见领袖则较为盛行。与意见领袖相关的概念还有信息守门人、市场通、购买伙伴和代理购买者。

信息守门人（information gatekeeper）是指这样一类人：他们有能力决定是否将某一信息告诉同一群体内的其他人，但不能像意见领袖那样影响群体内的其他人。

市场通（market maven）是了解许多产品、购物场所和市场的其他方面信息的人，他们乐于与他人讨论产品和购买，也向他人提供市场信息，如产品质量、价格、销售、商店特点及其他细节性的信息。

购买伙伴（purchase pales）是指伴随消费者购买的人，通常是消费者的朋友、同学、工作伙伴、邻居等。研究显示，男性购买伙伴更有可能被当作产品分类专家及产品、零售店和价格等信息的来源，而女性购买伙伴则更多地起道德支持作用并在购买决策中用于增加信心。

代理购买者（surrogate consumer）是指被雇用来为他人的购买决策提供支持的人，往往能够通过提供意见而获得报酬，如衣橱顾问、股票经纪人、室内装潢设计师等。代理购买者的推荐会产生巨大的影响，消费者实际上放弃了对个别环节甚至所有环节做出决策，如搜寻信息、评价备选方案或决定实际购买。营销者往往忽略了代理购买者对购买决策的大规模介入，他们可能错误地将传播的目标定为终端消费者而忘记了真正筛选市场信息的代理购买者。

3. 意见领袖的特征

市场营销人员一直试图找出人群中的意见领袖所具有的共同特征。因为一旦能根据这些特征识别意见领袖，企业就可将信息传播的重点放在意见领袖上，并通过意见领袖将所要传达的信息扩散到目标消费者中。

（1）人格特征。意见领袖具有公开的独特的个性，比一般消费者更为活跃，更加具有自信心，而且具有较高的社会地位。他们可能比一般消费者更健谈与合群，因而更具有影响力。

（2）独特的产品知识。意见领袖通常对某一类产品比群体中的其他人有更长期和深入的了解。由于某些原因，有的人对某类产品或活动有更多的知识和经验，因此在其他人看来，他在这方面更有权威性。意见领袖通常是和特定的产品和活动领域相联系的。

（3）丰富的市场知识。意见领袖比一般消费者更多地接触包括大众传媒在内的各种沟通渠道，似乎了解许多产品、购物场所和市场的其他方面信息。他们一般也愿意与人讨论产品或购物，主动向他人介绍关于产品的大量信息。

（4）意见领袖比一般消费者有更大的可能性采用创新产品，但是与创新采用者有所不同。创新采用者是第一个购买创新产品的人，其购买行为有一定的冒险性，而意见领袖会比较慎重地采取购买行为。

4. 意见领袖的测量

由于意见领袖对消费者的购买决策非常重要，因此营销者对意见领袖的识别也很重要。意见领袖虽然可以推测出来，如耐克公司推测《跑步者世界》的订阅者可能是散步鞋和跑鞋等产品的意见领袖，但通常采用以下四种方法进行测量：

（1）自我指定法。自我指定法是指营销者直接询问个体消费者是否认为自己是意见领袖。这一方法简单易行，但依靠的是回应者的自我评价，在评分时个体消费者可能夸大自身的重要性和影响力，真正有影响力的人也有可能不承认或未意识到自己的影响力。意见领袖量表如表 12.1 所示。

表 12.1 意见领袖量表

序号	项目	分值				
1	你和朋友、同学是否经常谈论（电脑）?	很频繁 5	4	3	2	从不 1
2	在你和朋友、同学谈论（电脑）的时候，你会提供信息吗?	提供很多信息 5	4	3	提供很少信息 2	1
3	在过去的半年里，你向多少人介绍过一种新的（电脑）?	很多人 5	4	3	2	没有 1
4	与你的朋友圈相比较，你有多大可能会被问到关于某种新的（电脑）的问题?	很有可能 5	4	3	根本不可能 2	1
5	在谈论新的（电脑）时，以下哪一项最有可能发生?	你向朋友介绍 5	4	3	你的朋友向你介绍 2	1
6	在你的朋友、同学的讨论中，总体而言你会被看作信息来源吗?	常常被看作意见来源 5	4	3	不被看作意见来源 2	1

注：研究者可将电脑换成任一产品、服务。

（2）社会测量法。社会测量法用于描绘群体成员的沟通模式，让社会系统中的成员识别出他们给谁提供意见，以及向谁询问关于产品类别的信息。常用的问题是“你向谁询问某产品信息?”“谁向你询问产品信息?”社会测量法最有效而且最容易实施，但成本高、分析复杂，需要许多回应者，适合在人数有限且独立的社会环境中使用。

（3）关键告知者方法。关键告知者对具体组织成员间的社会交流有很好的认识和理解，可让他们识别出群体中最有可能成为意见领袖的个体。关键告知者不一定是群体中的成员，如一位教师可以识别出学生班级中的意见领袖。让经过仔细选择的社会系统中的关键告知者来指定意见领袖，常用的问题是“在组织中谁是最有影响力的人?”与社会测量法相比，这一方法的成本较低、花费的时间较少，但如果不能完全了解社会系统，关键告知者有可能提供无效的信息。

（4）客观的方法。这种方法类似“被控制的实验”，是指人为地将个体摆在一个位置，让他成为意见领袖并评价他努力的结果。比如，营销者在闹市商业街开了一家新的餐馆，邀请年轻的有影响力的商业高层和他们的朋友来用餐，并在餐馆运行的第一个月给他们提供优惠的价格，然后跟踪这些顾客鼓励他人尝试、向朋友传播餐馆信息的情况。这种方法衡量了个体在控制的环境中影响别人的能力，营销者在应用这种方法时要设计一种实验，并跟踪参与者的影响。

二、创新的扩散与采用

（一）什么是创新

创新（product innovation）是指新近导入市场且被消费者视为较现有产品、服务或理念更为新颖的产品、服务或理念。在美国，按照联邦贸易委员会的规定，如果一种产品在广告中宣称其为新产品，则该产品导入市场的时间不能超过 6 个月。一种产品在市场上是否被视作新产品，最重要的一项是，看该产品是否引起消费者现有行为的改变。

一般来说，根据创新产品对消费者现有行为模式的影响或破坏程度，创新分为三种类型：连续创新、动态连续创新和非连续创新。

（1）连续创新（continuous innovation）。这是一种对消费者行为模式影响有限的创新，它主要涉及改进产品而不是引进全新产品。一般来说，在原有产品基础上提高产品质量或增强可靠性等都属于这种创新，这方面的例子包括生产新款汽车、低脂肪的酸乳酪、变频空调等。绝大多数新产品属于此类。

（2）动态连续创新（dynamically continuous innovation）。动态连续创新的影响比连续创新要大一些，但动态连续创新也没有改变消费者的行为模式。它可能涉及创造一种新产品或对已有产品进行重大改进，如营销者在手机上增加上网、听音乐的功能，开发可用橡皮擦擦掉的钢笔墨水。

（3）非连续创新（discontinuous innovation）。非连续创新则是会引起消费者行为发生重大改变的创新，通常是由技术上的重大突破引起的。收音机、电视机、打印机、计算机、互联网等的发明均属这种类型的创新。

由电视机的发明引起的相关创新可以用图 12.5 表示。

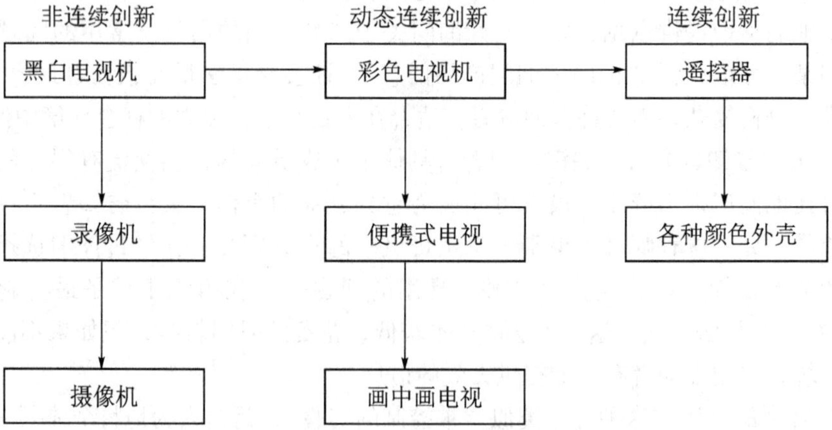

图 12.5　由电视机的发明引起的相关创新

创新还可以按照所提供的利益划分为功能性创新和象征性创新。功能性创新（functional innovations）是指新产品提供了现有产品所不具备的功能性绩效利益，如混合动力车比传统的汽油动力车更省油，能帮助消费者省钱，同时还可以减少环境污染。功能性创新一般是指新的技术导致产品特征改变。象征性创新（symbolic innovations）是指产品被赋予不同于以往的社会含义而形成一系列无形的特性，如新的发型和新潮服饰，这种创新在很大程度上要借助各种传播手段的运用。

（二）创新的扩散过程

1. 影响创新扩散的产品特征

并不是所有的创新产品对消费者来说都具有吸引力。有些创新产品，如傻瓜相机，可能在一夜之间就家喻户晓，有些创新产品可能要花很长的时间才能赢得消费者的认同和普遍接受，还有一些创新产品，如垃圾压缩机，则似乎从来没有赢得过消费者的广泛认可。研究人员发现五种产品特征对消费者是否接受创新产品具有至关重要的作用。

（1）相对优势（relative advantage）。相对优势是指潜在顾客认为一种新产品优于现有替代品的程度。例如，相对于普通手机来说，智能手机要方便得多，可以随时上网。正是拥有这种相对优势，智能手机发展迅猛。

（2）可兼容性（compatibility）。这里的可兼容性是指潜在消费者认为某种创新产品与其现有需求、价值观和生活方式相一致的程度。例如，很多男士每天早晨起来刮胡子，希望自己面容清洁，也有很多男士埋怨说每天刮胡子麻烦、浪费时间，但是男士都不会使用新发明的脱毛膏，因为脱毛膏与目前大多数男士有关刮胡子的价值观不兼容。

（3）复杂性（complexity）。复杂性是指一种创新产品难以理解或使用的程度。显然，某种创新产品理解和使用起来越容易，它就越有可能被消费者接受。例如，一些方便食品，如速冻饺子、方便面及其他一些真空包装的加热即可食用的产品在消费者中越来越受欢迎，重要原因在于这些食品准备起来非常方便，能够帮助消费者节省时间。

（4）可试用性（trialability）。可试用性是指一种创新产品在一定条件下是否可以试用的情况。例如，对许多超市中销售的新品牌商品，消费者可以先少量地购买，试用以后再决定是否大量购买。实际上，厂商可以提供相对较小的包装，以刺激创新产品的试用。一些计算机软件开发商也常常免费提供试用版，用户如果感到满意，在试用版到期后就很可能购买该公司的正式版软件。由于深知试用的重要性，因此超市的营销者通常提供折价券或免费样品，鼓励消费者试用，让他们获得直接的产品体验。

（5）可观察性（observability）。可观察性（或可交流性）是指一种产品的属性或利益可以被潜在的消费者观察、想象或表达的容易程度。可观察性强的产品（如流行商品）比私人用品（如新型号的牙刷）容易扩散，有形产品比无形产品（服务）容易扩散。

2. 传播渠道

创新的扩散在很大程度上依赖企业与消费者之间及消费者之间的沟通。对创新的扩散感兴趣的研究人员特别注意产品信息在各种沟通渠道中的传播，以及信息和渠道本身对采用或拒绝创新产品的影响。一个中心问题是非人员来源（如广告和新闻报道等）与人员来源（销售人员和意见领袖）的相对影响。

3. 社会系统

扩散研究中的社会系统与营销中的细分市场和目标市场是同义的。社会系统就是人们归属于它并在其中发挥作用的物质的、社会的和文化的环境。例如，就一种新药品来讲，相应的社会系统可能包括几个城市的所有内科医生。就一种新的特别的食品来讲，社会系统可能包括所有的老年人。

每个社会系统都有自己的价值和准则，这些价值和准则会影响甚至决定其成员对创新产品是接受还是拒绝。如果社会系统具有现代价值取向，创新的接受程度就较高。社会系统的价值取向会形成一种文化氛围，营销者必须认真对待，以争取消费者对其创新产品的认可和接受。

4. 时间

时间是创新的扩散过程中的一条分析主线。在创新的扩散分析中，主要有三个方面会涉及时间问题。

（1）购买时间。购买时间是一个重要概念，因为消费者采用某种创新产品所需的平均时间是该创新产品得到广泛采用所需时间的指示器。例如，如果个体消费者的购买时间较短，我们一般可以推断该创新产品的总体扩散速度较快。

购买时间的重要影响还体现在一种创新产品随着时间的推移而在特定的社会群体中转化为一种必需品。

（2）创新采用者分类。对于同一种创新产品，不同消费者采用的时间会有先后。我们可将创新采用者分为创新者、早期采用者、早期大众、晚期大众和落后采用者。

表 12.2 列示了创新采用者的分类及特征。

表 12.2　创新采用者的分类及特征

采用者分类	特征	占比/%
创新者（innovators）	好冒险的人。渴望尝试创新，愿意挑战大的风险，具有非常广泛的社会关系，并且渴望与其他创新者进行交流	2.5
早期采用者（early adopters）	受尊敬的人。深度融入当地的社会系统，在采纳某种新观念前会慎重考虑，并且往往是其他群体成员的榜样，包含了最大部分的意见领袖	13.5
早期大众（early majority）	深思熟虑的人。采用创新的时间略早于平均购买时间，在采用创新前会深思熟虑一段时间。他们较少属于意见领袖	34
晚期大众（late majority）	怀疑论者。采用创新的时间晚于平均购买时间。采用创新可能既是对经济条件的考虑，也是对周围压力的反应，对创新保持着高度的警惕	34
落后采用者（laggards）	守旧的人。他们最晚采用创新，目光短浅，固守传统，对所有创新事物持怀疑的态度	16

当然，并不是每个成员都会采用创新产品或创新服务，所以还有一个额外的类别，即不采用者（nonadopters）。

（3）采用速率。采用速率涉及一种创新产品被社会系统的成员采用所需的时间，即它被最终采用的人接受会有多快。一般认为，创新产品的采用速度有逐渐加快的趋势。创新产品的营销目标通常是尽可能快地使消费者广泛接受产品。营销者希望实现快速的产品扩散或市场渗透，在其他竞争者采取有效行动之前迅速建立自己的市场领导者地位。但是，在某些特定的情况下，营销者可能并不希望自己的创新产品被迅速采用。例如，那些更愿意通过较高的价格弥补创新产品开发成本的营销者会制定和实施撇脂策略。

（三）创新的采用过程

我们通常认为消费者做出购买一种创新产品的决定要经过五个阶段：知晓、兴趣、评价、试用、采用（或拒绝）。为充分反映创新的采用过程的复杂性，研究者建立了一个改进的创新的采用过程模型，如图 12.6 所示。

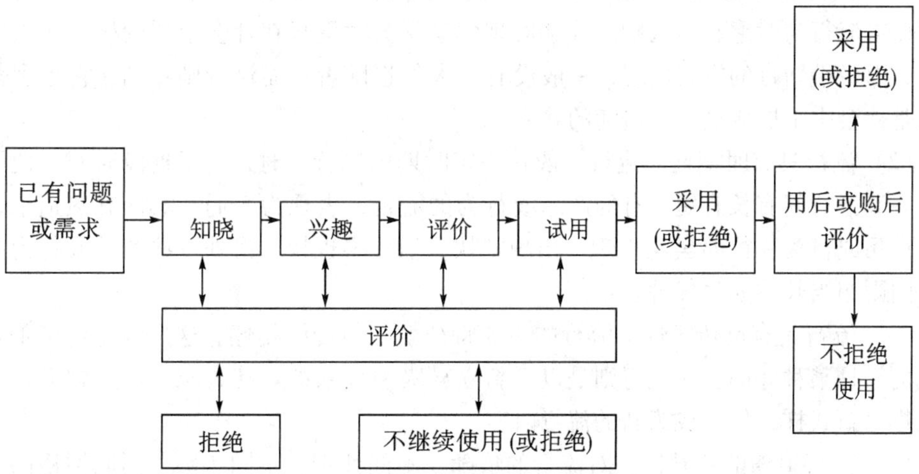

图 12.6 一个改进的创新的采用过程模型

三、流行系统

（一）流行的含义与特征

1. 流行的含义

流行（fashion），是指一个时期内社会上流传很广、盛行一时的大众心理现象和社会行为。从日常生活中的行为方式到人们的思维方式，从生产、消费活动到文学、艺术领域，我们都可以发现流行。消费流行是流行的一个重要内容，是指人们在消费活动中，对商品和劳务所形成的风行一时的消费模式，如服装的流行款式、色彩，服务的消费模式等。一种时尚的出现，会形成一种强大的心理强制，无论人们是喜欢它还是反对它，都难免被卷入其中。

流行系统（fashion system）是一个符号创新的整合系统，包括参与创造象征性意义并将其转化为文化产品的所有个人和组织。这里的文化产品包括所有的文化现象，如音乐、服饰、建筑等。流行可以被看成是一组代码或语言，帮助我们解读象征性意义，具有情境依赖的特征（context-dependent）。对同一产品，不同的消费者在不同的情境可以做出不同的解释。因此，流行产品没有确切的意义，存在着很大的诠释空间。认知者感受到的意义取决于认知者本身的诠释。

当某一流行当道时，会有很多人追逐这一流行，因此流行被很多学者看作一种集体行为（collective behavior）。在整个流行过程中，我们不可忽略文化守门者（cultural gatekeepers）所扮演的角色，他们主要负责筛选流向消费者的信息与题材，包括电影、媒体评论人、美食评论家、服装设计师、内部装潢设计师等。他们从一系列普通的文化类别中汲取灵感，把某一象征性的备选物挑选出来，这个过程称为集体选择（collective selection）。因此流行是人为制造的现象，人们可以通过各种传播媒体，利用某些事物，创造一切机会来制造流行。

2. 流行的特征

（1）流行具有从众性。流行是多数人参与和追求的现象，具有数量上的优势。这一点使得流行与时髦有所区别。社会心理学家认为时髦只在社会上层的极少数人中间流行，以极端新奇的方式出现，一般没有广大的追随者；而流行则不同，它是多数人特别是社会中下层成员乐于追随的。

（2）流行具有时期性。流行一般在一定时期内风行一时，过了这段时间后便不再流行。流行时间有长有短。有的产品或行为的流行，表现为人们对其的狂热追求，但这些产品或行为往往如昙花一现，出现得快，消失得也快。另外一些产品或行为的流行时间则相当长，如牛仔裤。

（3）流行具有反传统性。流行的主要特征就是与传统相悖。这是因为传统是多年形成的，是某种守旧；而流行则是以标新立异吸引大众的。在大家习以为常后，营销者又推出新式样，使其成为新的流行内容。

（4）流行追随的差异性。对流行的追随，不同性别、不同年龄、不同性格的人群会表现出较大的差异。从强度上看，女性较男性更热衷流行，青年人较老年人更热衷流行，虚荣心、好奇心、好胜心强的人也更容易热衷流行。从内容上看，不同性别、不同年龄和性格的人也会表现出不同。

（二）有关流行的起源和扩散的主要观点

流行作为一种社会现象，不是孤立地存在和发展的，而有其深刻的社会根源和心理根源。流行的产生和发展与社会生产力的发展水平和人类的文明程度密切相关。人们对流行的起源和扩散的解释主要有心理学模型、经济学模型、社会学模型和“医学”模型。

1. 心理学模型

流行是人们满足一定心理需要的方式。许多心理因素有助于解释人们为何追赶潮流，这些因素包括模仿、从众、反叛、多样性寻求、个人创造力等。

法国社会学家塔尔德认为流行是建立在个人间相互模仿基础上的社会现象。杨格指出“失望感的补偿”“自卑感的补偿”“自我扩张的欲望”，以及“冒险和尝试新奇”“显示地位和个性”“追求自由和进步的冲动”，构成了追随流行的心理条件。人们追随流行，是因为有模仿他人、适应社会的“协调性愿望”，以及区别于他人的“差别化愿望”，以体现人的个性。“协调性愿望”促使人们不能远离流行，要加入流行；“差异性愿望”则促使人们不满足于现有流行而不断追求新的流行。

2. 经济学模型

经济学家用供求模型来解释流行的原因，认为供给的商品有限，其价值越高，而唾手可得的商品则不那么受追捧。消费稀缺商品会得到尊重与赢得声望。流行产品的需求曲线还受到其他因素的影响，包括声望独占效应——高价格仍能带来高需求，以及需求效应——低价格实际上会减少需求（便宜没好货）。

3. 社会学模型

大多数社会学家都倾向于将流行视为声望群体的竞争形式。齐美尔提出的向下蔓延理论（trickle-down theory）是解释流行的最有影响力的理论之一。该理论认为，在一个存在阶层的开放社会中，精英阶层力图用一种明显的标识，如服饰，使自己与别的阶层相区别。中下层的成员也想借用这些标识来提高自己的地位。当中下层的大部分成员采用了这些最初为精英阶层所采用的标识时，精英阶层必须引入新的区分标识，于是导致新的竞争潮流和新一轮事物的流行。齐美尔主张将流行看作一个循环过程，以及精英阶层为区分自己的社会地位而发起的一种运动。这的确对流行的起源、扩散、传播和最终消失提供了解释。不仅如此，它也解释了流行在等级森严的社会及现代社会的某些方面，如公用事业方面、宗教方面未能形成的原因，因为这些方面没有社会地位的区分。

4. “医学”模型

牛仔裤起初只被社会地位较低的人穿着，后来突然受到各阶层的喜爱，尽管当初并没有人为牛仔裤的推广做过任何努力。文化传承单元理论（meme theory）运用医学上的“病毒传染”解释了这一过程。文化传承单元（meme）是指随时间推移而进入人的意识中的观念或产品。根据这一理论，文化传承单元在消费者中以几何级数增长方式传播，这就像数量很少的病毒，迅速地感染大量的人，然后形成一种传染病，波及许多人。许多产品的扩散都呈现出这种特征，最初只有少数人使用某一产品，当达到某一临界点时，转变就突然发生了。有人将这一临界点称为引爆点（tipping point）。比如，夏普（Sharp）在1984年推出了首款低价位的传真机，当年的销售量大约为8万部。其后的3年中，传真机的销量缓慢上升，直到1987年，由于相当多的人已经有了传真机，因此其他人突然意识到应该拥有一台传真机。在那一年，夏普卖出了100万台传真机。

（三）流行的生命周期

不管是长达几十年的流行，还是短短一个月的流行，流行都有一个基本的生命周期。和产品的生命周期十分相似，流行的生命周期也会经历导入阶段、接受阶段和衰退阶段，如图12.7所示。

以服装款式的流行为例，在导入阶段（introduction stage），服装可能通过时尚媒体或意见领袖的介绍而引入市场。随着该服装的频频曝光，大多数人开始接受该服装。进入接受阶段（acceptance stage），该服装的销量不断攀升。最后到了衰退阶段（regression stage），该服装由于被过度接纳而达到泛滥的状态，最终导致过时，被新的款式所替代。上述三个阶段又可分为创新（innovation）、爬升（rise）、加速（acceleration）、全面接受（general acceptance）、下降（decline）、过时（observance）六个阶段。

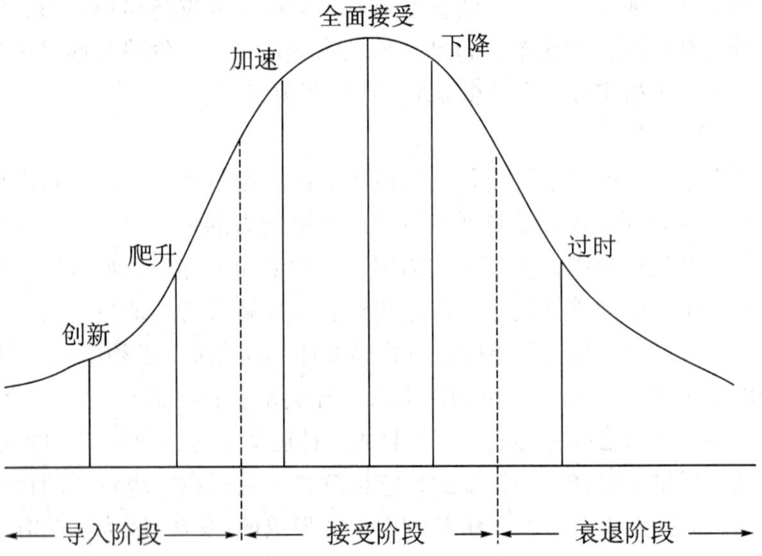

图 12.7　流行的生命周期

根据流行的生命周期的相对长度，我们可以区分不同类型的流行。

1. 经典（classic）

经典是一种生命周期极长的流行，也可以被称为一种趋势（trend）。在某种意义上，经典是反流行的，因为它能在很长一段时间内对购买者保证稳定性和低风险性，如牛仔裤。

2. 时尚（fashion）

时尚具有中等长度的生命周期，介于经典和时髦之间。时尚往往具有某些必要的属性，以被消费者接受。

3. 时髦（fad）

时髦或称狂热，是一种生命周期很短的流行，一般只在有限的人群中流行，通常为同一层级间的横向流行。

第二节 互联网与消费者行为

一、互联网与网络营销概述

（一）互联网的出现与网络营销的发展

互联网也称因特网、国际互联网，是指一种网络通信协议，它规范了网络上所有的通信设备，尤其是一个主机与另一个主机之间往来的格式与传达方式。通过这样的协议，各种不同型号的分布于世界各地的计算机相互连接，实现知识、信息与资源的共享。

网络营销的产生，是科技进步、消费者价值观变革、商业竞争等综合因素促成的。现代电子技术和通信技术的应用与发展是网络营销产生的技术基础。消费者行为与以往相比呈现出个性消费回归、主动性增强、对购买便利性的需求与对购物乐趣的追求并存等变化。对企业来说，开展网络营销，可以节约大量昂贵的店面租金，减少库存商品资金占用，使经营规模不受场地限制，便于采集客户信息等，这些都使得企业经营的成本和费用降低、运作周期变短，从根本上增强企业的竞争优势，增加赢利。

作为一种营销渠道，互联网的这些特点改变了消费者对产品和服务的购买方式，打破了传统零售方式在时间和地点上的限制。信息的大量可获得性、信息搜索的便捷性及因特网对消费者的信息搜索所提供的帮助，都对消费者的网络购买决策和非网络购买决策起到较大的作用。

（二）网上购买的产品和服务及购买动机

1. 网上购买的产品和服务

随着网络技术的发展和其他科学技术的进步，越来越多的产品将在网上销售。在网络中营销的产品，按照产品性质的不同，可以分为两大类，即实体产品和虚体产品，如表 12.3 所示。

表 12.3 网络营销产品分类

<table>
<tr><th>产品形态</th><th>产品品种</th><th colspan="2">产品</th></tr>
<tr><td>实体产品</td><td>普通产品</td><td colspan="2">消费品、工业品、旧货等实体产品</td></tr>
<tr><td rowspan="3">虚体产品</td><td>软件</td><td colspan="2">电脑软件、电子游戏等</td></tr>
<tr><td rowspan="2">服务</td><td>普通服务</td><td>远程医疗、法律救助、航空及火车订票、入场券预定、饭店、旅游服务预约、医院预约挂号、网络交友、电脑游戏</td></tr>
<tr><td>信息咨询服务</td><td>法律咨询、医药咨询、股市行情分析、金融咨询、资料库检索、电子新闻、电子报刊、研究报告、论文等</td></tr>
</table>

2. 网上购买的动机

网上购买动机是指在网络购买活动中，能使网络消费者产生购买行为的某些内在的驱动力。

（1）网络消费者的需要。马斯洛的需求层次理论对网络消费需求层次分析同样有重要的指导作用。在虚拟社会中，人们的购买基础是满足虚拟环境下的三种基本需要：兴趣、聚集和交流。

①兴趣。分析虚拟环境可以发现，网民之所以热衷网络漫游，是因为受到两种内在驱动力的影响：一是探索的内在驱动力。人们出于好奇的心理，驱动自己沿着网络提供的线索不断探究，希望能够得出符合自己预期的结果，有时甚至达到不能自拔的境地。二是成功的内在驱动力。当人们在网络上找到自己需要的资料、软件、游戏时，自然会产生一种成功的满足感。

②聚集。虚拟社会为具有相似经历的人提供了聚集的机会，这种聚集不受时间和空间的限制，并形成了富有意义的个人关系。通过网络聚集起来的群体是一个极具民主意识的群体。在这样的群体中，所有成员都是平等的，每个成员都有独立发表自己意见的权利，在现实社会中，经常处于紧张状态的人渴望在虚拟社会中释放压力。

③交流。聚集起来的网民会产生交流需求。随着信息交流频率的提高，交流的范围也在不断扩大，从而产生示范效应，带动对某种产品和服务有相同兴趣的成员聚集在一起，形成商品信息交易的网络虚拟社会。网民对这方面的信息需求永远是无止境的。

（2）网络消费者的动机。网络消费者的动机主要体现在理智动机、感情动机和惠顾动机三个方面。

① 理智动机。这种动机是建立在人们对在线商场推销的商品的客观认识基础上的。网络消费者大多是中青年，具有较强的分析判断能力。他们的购买决策是在反复比较各个在线商场推销的商品之后才做出的。网络消费者对所要购买的商品的特点、性能和使用方法，早已心中有数。理智动机具有客观性、周密性和控制性的特点。

② 感情动机。感情动机是指由人的情绪和感情所引起的动机。这种动机还可以分为两种形态：一种是低级形态的感情动机，它是由喜欢、满意、快乐、好奇所引起的。这种动机一般具有冲动性、不稳定性的特点。另一种是高级形态的感情动机，它是由道德感、美感、群体感所引起的，一般具有稳定性、深刻性的特点。

③ 惠顾动机。这是指人们基于理智经验和感情，对特定的网站产生特殊的信任与偏好，从而重复地、习惯性地前往访问并购买商品的一种动机。具有惠顾动机的网络消费者往往是某一站点的忠实浏览者。他们不仅自己经常光顾这一站点，而且对众多网民进行宣传，甚至在企业的商品或服务出现某种过失的时候，也能予以谅解。

二、网上购买的决策过程

消费者为完成购物或相关任务，会在网络上的虚拟环境中浏览、搜索相关商品信息，搜寻必要信息，并决策和购买。网上购买的决策过程一般分为五个阶段：唤起需求、收集信息、比较选择、购买和购后评价。

（一）唤起需求

网上购买的决策过程的起点是诱发并唤起需求。在传统的购物过程中，诱发并唤起需求的动因是多方面的，内部需求、外部刺激都可以成为“触发诱因”。对网络营销来说，诱发并唤起需求的动因局限于视觉和听觉，因而营销者通过网络营销吸引消费者是有一定难度的。作为企业或中间商，一定要注意了解与自己产品有关的实际需求和潜在需求，掌握这些需求在不同时期的不同程度及被诱发的动因，以便设计相应的促销手段，吸引更多的消费者浏览网站，刺激他们的需求欲望。营销者要研究刺激消费者内在需求的环境，并为消费者制造“触发诱因”，以唤起消费者的需求。当前，许多电子商务网站采用多种方法来唤起消费者的需求。

（二）收集信息

一位被唤起需求的消费者可能会积极地寻求更多的信息。消费者首先在自己的记忆中搜寻可能与所需商品有关的知识经验，如果没有足够的信息用于决策，其将在外部环境中寻找与此相关的信息。由于消费者很容易从互联网上获得大量信息，因此，互联网成为影响消费者购前活动的最有效渠道。有研究显示，有半数以上的新车购买者和 1/3 的二手车购买者会在购前到互联网上进行比较，包括查看评论、功能介绍和出厂价格。

除了网站这个重要信息来源外，消费者还有另外一个重要信息来源，那就是口碑沟通。口碑沟通在网上就表现为网上讨论、聊天和社区讨论。有研究表明，相对于那些从营销者处（如公司的官方网站）获取信息的消费者，从网上讨论（如论坛和公告牌）中收集信息的消费者对产品相关话题更感兴趣。

研究表明，如果消费者总体上对网上购物持正面态度，那么他们就更可能表现出通过互联网来搜索信息和购买产品的意向。网上购物的经历越多，消费者就越希望通过互联网搜索信息和购买产品。营销者需要在消费者使用互联网搜索信息时，为消费者创造方便、愉悦的环境，这样网上搜索才会转化为网上购买。

（三）比较选择

电子推荐工具可以对不同零售商的价格和产品进行比较，对图书、服装、电子产品、软件、珠宝和健康美容产品的价格和商店进行比较。研究者在运用比较代理系统（shopbot）分析了消费者行为后，发现在消费者的比较选择中，价格是很重要的一个决定因素，除此之外，零售商的品牌也很重要，消费者会通过品牌来判断零售商的送货时间等问题。因此，为了保证正面的品牌形象，网站应该努力在使用便捷性、送货服务、隐私政策和退货政策方面为消费者提供愉快的网上消费经历。

由于消费者在互联网上面临大量的选择对象，有关选择对象的信息也很多，因此，消费者很难利用补偿性模式进行评估。消费者一般采用非补偿性模式进行比较选择，联结式规则、非联结式规则、按序排除规则、词典编辑规则都可以运用。例如，消费者可以在网站上，根据他们对价格、分辨率、数码焦距、手动焦距和内置闪光灯等不同方面的偏好对不同品牌的数码相机进行比较，然后，网站会将满足消费者需求的不同品牌的相机放在一个表格里进行比较。消费者根据这个表格就可以很容易地评估选择对象并做出选择。

（四）购买

一旦消费者对选择对象进行了评估之后，就面临两种选择：一是利用互联网上所获得的信息，到现实中的传统商店去购买产品；二是可以直接在互联网上进行购买。营销者正在试图通过个性化策略吸引网络消费者。但是，消费者对其在网上提交个人信息而产生隐私泄露问题及使用信用卡交易而产生安全性问题表示担忧。

1. 运用个性化策略

在网上购买中，消费者常常因为所购买的商品不能满足自己的个性化需求而要求退货，如网购的服装不合身。网上零售商就致力于运用个性化策略，如将消费者的数据发送给软件公司，软件公司利用运算法则，根据消费者的特点来设计合适的服装款式，这种款式又以电子化的形式传递到定做生产商那里。这样，消费者和网上零售商都可以从个性化中受益，消费者买到合身的服装，而网站的退货率也会下降。

在大规模定制化生产的条件下，生产过程中的制造技术十分灵活，而电脑在处理消费者特定偏好方面也具备很强的能力。消费者能够常规性地向生产过程直接输入信息，这个过程叫作合作生产。由于可以直接联结生产系统，因此消费者可以享受自助服务，参与自助设计、自助订购和自主规格设定。这种个性化策略的运用，可以大大增加消费者在网上购买的可能性。

2. 网上购买的问题

（1）网上购买的隐私问题。消费者在网上购物中越来越关注上网时需要提供哪些个人信息及这些个人信息的使用情况。有调查显示，只有6%的被调查者对网站处理其个人信息的方式表示信任；72%的被调查者认为，如果网站将收集到的个人信息提供给其他企业，那就是对他们隐私权的严重侵犯。

许多网站利用鉴定技术、过滤器、审计控制、专门软件、专业咨询服务和以消费者允许为基础的认证技术来保护隐私数据的安全。隐私对孩子来说更为重要，向网站提供的孩子个人信息可能被坏人利用，或者被网站出于营销目的而滥用。

如果消费者的隐私得不到保护，消费者的个人信息被外泄，消费者越来越可能会向网站提供片面信息，会将收到的营销信息看作垃圾邮件并向网络服务商报告，或者要求网站将其从邮件发送列表中除名，对发送垃圾邮件的网站大发雷霆，减少在网站上的注册，相应地减少购买行为。

（2）网上购买的安全问题。影响消费者选择网上购物的一个重要原因是网上支付的安全问题。研究显示，对安全问题的担忧，不同国家的消费者有所不同：在法国，63%的被调查者认为安全问题是主要担心的问题；在中国，只有15%的人认为安全问题是主要担心的问题；在美国，47%的人认为信用卡欺诈是主要担心的问题。网站用来解决安全问题的一种方法是强迫消费者在登录网站时填写用户名和密码。

（3）网上购买的信任问题。对网上零售商来说，提供安全问题和隐私问题的最终解决方案是为了促使消费者对其品牌形成信任。一项针对12个国家、299位消费者进行的研究表明，影响消费者网上购买倾向和忠诚的三个重要因素是网站质量、情感和信任。网站的信誉对购买倾向和忠诚有正面影响。也就是说，网站需要通过提供服务保证、隐私政策、第三方出具的信誉证明及消费者的推荐信息来促使其他消费者形成对它的信任。

（4）网上购买的交货问题。不少购物者认为，运输和交货问题是他们放弃网上购物的一个重要原因。运输成本是网上零售商的一项重要成本。网上零售商应在事先把有关运输费用的信息告诉消费者，并按照产品质量对运输费率进行标准化处理。

（五）购后评价

1. 满意与忠诚

产品的购后评价往往决定了消费者今后的购买动向。有研究显示，最满意的网上消费者平均消费 673 美元，而最不满意的网上消费者平均只消费 428 美元。如果消费者对第一次网上购物的经历感到满意，那么他可能会在网上进行多次消费，消费支出也会更多。消费者在网站上遇到的问题有上传速度慢、交费后收不到产品、反馈速度慢等。网上零售商利用电子邮件、论坛、博客等收集消费者的购后评价，通过计算机进行分析、归纳，可以迅速找出消费者不满的原因，制定相应对策，改进产品和服务。

消费者的忠诚是网上零售商创造利润的主要驱动力。消费者的忠诚表现在两个方面：一是重复到某一网站购买产品或服务，二是向其他消费者推荐某一网站。研究表明，一家网站只有在保证一位消费者在 12 个月内访问网站 4 次的情况下才能实现盈亏平衡。因此，网上零售商取得成功的决定性因素就在于培养消费者的忠诚。

2. 处理退货

网上购买过程中最令人烦恼的事情莫过于处理退货。消费者喜欢网上购物的便捷性，但是，如果产品不能令人满意，就必须将其退回网上零售商，这非常令人讨厌。7 天无条件退货、上门取货，可以解决这一问题。

本章小结

信息传递的方式决定了信息传递的效率，也影响消费者对信息的接收与理解。互联网的快速发展，极大地改变了消费者的购买行为。

口传是指个人之间面对面地以口头方式传播信息，口传较其他传播方式对消费者的影响更大。口传的模型主要有涓流效应模型、两步流动模型、多步流动模型、口传网络模型。口传中，有些消费者会较其他消费者更频繁或更多地为他人提供信息，从而在更大程度上影响别人的购买决策，这样的消费者被称为意见领袖。意见领袖有其独有的特征，营销者要善于制造和发现意见领袖，通过意见领袖来影响他人。

创新是指新近导入市场且被消费者视为较现有产品、服务或理念更为新颖的产品、服务或理念。创新采用者分为创新者、早期采用者、早期大众、晚期大众和落后采用者。流行是指一个时期内社会上流传很广、盛行一时的大众心理现象和社会行为。流行的产生，有其深刻的社会根源和心理根源。

随着互联网的发展，网络营销也迅猛发展起来。网上购买的消费者具有一定的人口统计特征。网上消费者希望满足兴趣、聚集和交流的需要，并出于理智动机、感情动机、惠顾动机进行购买。网上购买的决策过程同样分为五个阶段，每个阶段有着与传统购买的决策过程不一样的特征。

关键概念

口传　意见领袖　创新　流行　网络营销　网上购买的决策过程

复习题

1. 什么是口传？口传对营销来说有何意义？
2. 口传为什么会产生？结合现实营销活动举例说明。
3. 阐述口传的几种模型，结合现实营销活动举例说明。
4. 什么是意见领袖？怎样寻找意见领袖？
5. 什么是创新？简述创新的扩散过程。
6. 什么是流行？结合现实营销活动说明流行的特征。
7. 比较分析对流行进行解释的几种模型。
8. 网上购买消费者的需要和动机与传统购买者有何不同？
9. 网上购买的决策过程有何特点？结合现实营销活动举例说明。

实训题

项目 12-1　口传网络模型研究

针对选定产品类别，每组成员运用社会测量法，识别意见领袖，绘制口传网络模型并进行分析。

项目 12-2　网上购物决策过程研究

针对选定产品类别，每组成员描述网上购买的决策过程，将其与传统购买的决策过程进行比较分析，提出相应的营销建议。

案例分析

从笑话到流行，Airpods 的逆袭

第十三章　影响消费者行为的情境与伦理因素

本章学习目标

◆掌握消费者情境的构成
◆掌握消费者情境的类型
◆了解企业营销伦理行为
◆了解消费者的疏忽行为和异常行为

开篇故事

超越李宁，直逼耐克、阿迪，安踏做对了什么？

第一节　影响消费者行为的情境因素

消费者行为因情境的不同而有所差异。面对同样的营销刺激（如产品、服务或广告），同一个消费者在不同的情境下可能做出不同的反应。所以，我们研究消费者行为，不能忽视情境的影响。

一、消费者情境及其构成

（一）消费者情境

从广义上说，除消费者本人的特征与产品本身的特征以外的环境因素都是影响消费者行为的情境因素。消费者情境（consumer situation）是指消费或购买活动发生时个体所面临的短暂的环境因素，如购物时的气候、购物场所的拥挤程度、消费者的心情等。它既不是营销刺激本身的一部分，也不是一种消费者特征，但是它对消费者如何评价刺激物、是否对刺激物做出反应及如何对刺激物做出反应会产生重要影响。

（二）消费者情境的构成

贝克（Bellk）认为，消费者情境的构成主要包括以下五个方面：

1. 物质环境

物质环境包括装饰、音响、气味、灯光、气温及可见的商品形态或其他环绕在刺激物周围的有形物质。物质环境通过视觉、听觉、嗅觉及触觉来影响消费者的感知，对消费者的情绪、行为具有重要影响。

（1）颜色。在商场内部环境设计中，色彩起着传达信息、烘托气氛的作用。它既可以帮助顾客认识商场形象，也能使顾客产生深刻的记忆和良好的心理感受。不同的环境色彩可以使顾客产生不同的联想和不同的心理感受。营销者在店内环境色彩的设计中应综合考虑商品因素、季节因素和顾客特征，应注意运用色彩变化和顾客视觉反应的一般规律。比如，红色有助于吸引消费者的注意，但在有些情况下它又令人感到紧张和不安；较柔和的颜色，如蓝色虽具有较弱的吸引力和刺激性，但被认为能带来平静、凉爽的感觉。又如，在炎热的夏季，商场的色调应以淡蓝色、淡绿色为主，给顾客以凉爽舒适感；而在寒冷的冬季，则应以暖色调为主。

概念应用：巧用色彩

某热带国家的一家快餐店的墙壁颜色原为淡蓝色，给人以凉爽宁静的感觉，为此招来不少顾客。但是由于人们留恋这种舒适的环境，浅酌慢饮，因此影响了餐桌的翻台率。后来，店主把墙壁刷成橘红色，这种热烈的色彩既能刺激人们的食欲，又使得顾客在进餐后不愿久留，餐桌的翻台率明显提高。

（2）气味。清新宜人的气味通常会对人体生理产生积极的影响。在现代商业环境中，商场中的气味对顾客的影响一般是积极的、正面的，大多不会带来负面感受。越来越多的证据表明，气味能对消费者的购物行为产生正面影响。国外一项研究发现，有香味的环境会使消费者产生再次造访该店的愿望，会提升消费者购买某些商品的意愿并减少费时购买的感觉。当然，气味有时也有消极的一面，如不同的人有不同的偏好。商场在装修时，各种材料会发出难闻的气味，营销者在商场的布局中应该充分考虑到这一点。

（3）音乐。音乐能够影响消费者的情绪，而情绪又会影响其消费行为。营销者在购物环境中播放适当的背景音乐可以调节顾客的情绪，活跃购物气氛。背景音乐通常被用于掩盖嘈杂声并使之不被消费者注意。对超市和餐馆的研究表明，背景音乐确实会对消费者的行为产生影响。但是，不同消费场所播放的音乐应有所选择，要考虑到消费环境的档次、主要的目标消费群体等，音乐的风格需要与购物环境相协调。

（4）拥挤状态。商场内的拥挤状态也是形成商场环境气氛的重要因素。当很多人进入某个商店或店铺空间过多地被货物挤满，消费者会有一种压抑感。大多数消费者在拥挤时会感觉不快，他们也许会减少待在商店内的时间，同时买得更少、决策更快或减少与店员的情感交流。其后果是，消费者降低满意度，产生不愉快的购买体验，并对商场产生负面情感，减少再次光顾的可能性。当然，在某些情况下人员稠密也被认为是有益的，当人们在酒吧或体育比赛现场寻求体验时，众多的参与者往往可以增强感染力。

2. 社会环境

社会环境涉及购物或消费活动中周围的人对消费者的影响。个体倾向于服从群体预期，当行为具有可预见性时尤其如此。社会情境对人们而言是一种重要的行为影响力量。购物及公众场合销售的商品与使用的品牌都是高度可见的，自然会受制于社会影响。消费者去商场有时并不仅仅是为了购买产品，而是体验各种社会情境。

3. 时间

时间是指情境发生时消费者可支配时间的充裕程度，也可以指活动或事件发生的时机。许多消费者都认为自己所承受的时间压力是前所未有的，这种感觉被称为时间贫乏（time poverty）。这种时间贫乏感使消费者对能够节省时间的产品特别关注，导致消费者对高品质、易准备的食品及其他节约时间的产品有较大需求。这同时引发了多元活动现象，即顾客在同一时间里做一件以上的事情，这也为营销提供了许多机会。

人们对时间的体验是很主观的，并且这种体验是受到当时的偏好和需要影响的。有研究者根据人们什么时候更可能接受营销信息来给时间分类，如表 13.1 所示。

表 13.1 时间分类

时间类别	描述	对营销的影响
流逝时间 （flow time）	全神贯注于一件事情而丝毫没有注意到其他事物	不适合做广告
机会时间 （occasion time）	发生非常事件的特殊时刻，如生日或求职面试	与该场景相关的广告会引起高度关注
截止时间 （deadline time）	争分夺秒地工作	获取注意力的最差时机
闲暇时间 （leisure time）	能自由支配的时间	消费者更可能注意广告或体验新事物
垃圾时间 （time to kill）	等待事情发生的多余时间，如在候车厅里等待的时间	消费者更容易接受广告信息，甚至是那些不常用的产品信息

营销实用技能：缩短消费者的心理等待时间

营销者已经采用各种各样的措施来缩短消费者的心理等待时间。

●改变消费者对等待的感觉

航空公司的旅客经常抱怨认领行李的等待时间过长。在机场他们通常要花 1 分钟从客舱走到行李收取台，然后花 7 分钟来等待自己的行李。机场通过改变布局，使旅客走到行李收取台的时间变为 6 分钟，而等待行李的时间变为 2 分钟，这使得旅客几乎不再抱怨。

●提供一些分散等待者注意力的事物

一个连锁饭店在大量顾客投诉等待电梯的时间过长后，在电梯边安装了镜子。人们可以在等待电梯的时候检视自己的外表，投诉减少了，而实际等候的时间并没有改变。

4. 购买任务

购买任务通常是指消费者的具体购物理由或目的。人们购买一件产品或接受某种服务的原因是多种多样的。例如，消费者购买的葡萄酒可以用于自己喝，也可以在与朋友聚会时供大家一起喝，还可以作为礼品送人。基于不同的购买目的，消费者购买的葡萄酒的档次、价位和品牌会存在差异。购买任务一般可以分为自用购买和送礼购买。同样是作为礼物，生日礼物和结婚礼物的购买显然存在较大差异。

5. 先前状态

先前状态是指消费者带入消费情境中的暂时性心理和情感状态。心情是一种不与特定事件或事物相连的暂时性情感状态。心情既影响消费过程又受消费过程的影响。例如，电视、广播和杂志内容能够影响人们的心情，反过来，心情又会影响人们的信息处理活动。心情还影响人们的决策过程及对不同产品的购买与消费。乐观积极的情绪与冲动性购买和举债消费相联系。当然，负面的情绪也会增加某些消费者的冲动性购买。另外，心情还会影响消费者对服务和等待时间的感知。

二、消费者情境的类型

消费者情境大致可以分为三种类型，即沟通情境、购买情境和使用情境。

（一）沟通情境

沟通情境是指消费者接收人员或非人员信息时所处的具体情境或背景。无论是面对面的沟通，还是非面对面的沟通，其效果均与消费者当时的接受状态，如是否有他人在场、心情或身体状况如何等有密切的关系。消费者在收看电视广告时，情境因素会影响收视效果。例如，以亲情为主题的广告很容易唤起消费者心中的爱，给消费者愉悦而温馨的感觉，可以促进消费者对产品形成深刻记忆。

（二）购买情境

购买情境是指消费者在购买过程中接触到的各种物理的、社会的及其他方面的环境。不同的购买情境对消费者的购买行为产生直接影响。比如，父母在购物时有孩子陪同比没有孩子陪同更容易受到孩子的影响；看到商场的收款处排着长龙，有的消费者可能会放弃购物。消费者对一家商场的综合感觉会受到商场内诸多因素的影响，如内部设计、来店顾客、商场营业员的服务等。

（三）使用情境

使用情境是指产品的实际使用或消费情境。使用情境回答了产品利益和定位的关系，指出了消费者的购买原因。在不同的使用情境下，消费者对同一种产品的选择标准和购买决策可能存在较大差异。为此，营销者首先需要了解自己的产品适合或可能适合哪些使用情境，然后才能传递有关产品如何在不同的使用情境下满足消费者需要的信息。例如，广告中可以显示哪种品牌的葡萄酒适合休闲时饮用，哪种适合正式场合饮用。营销者通过列举一种产品的特性及适用对象，可以建立消费者使用情境模型，观察该产品对应的各种使用情境。

第二节　伦理与消费者行为

为了影响消费者，以营利为目的的公司和个人可能会不惜一切代价，由此产生过度营销行为甚至非法营销行为，利用消费者人性的弱点来操纵消费者，导致消费者的权益受到损害。营销者并不应该为所欲为，而应该有自己的伦理底线。

一、企业营销伦理行为

企业营销伦理是商业伦理的一个分支，是指在营销中所涉及的伦理问题，是人们在营销活动中的内在行为准则。企业营销伦理行为涉及的范围十分广泛，主要有以下几个方面：

（一）产品品质与安全

产品品质与安全一直是消费者关注的热点。随着消费者对产品品质与安全的感知风险的增加，他们可能采取多方面的应对措施。一些消费者可能由于失去对某类产品的信心，从而减少对此类产品的消费或在购买时非常谨慎。另外，消费者有可能更多地采用诸如从众购买、购买知名产品、寻求商家保证等手段来降低购买风险。

在产品层面，大多数消费者最为关心的是产品的安全性。产品如果存在质量或特性方面的问题，或者消费者使用不当，都可能威胁消费者的安全。对不安全的产品予以限制，对因产品不安全而给消费者造成伤害的行为予以追究，都是不容置疑的。然而，产品的安全性要达到何种水平，在什么情况下消费者可以要求企业补偿，企业是否应预见所有可能的使用情境，对这些问题，人们的看法可能并不一致。现在，各国政府对很多产品都制定了强制性的安全标准。未能达到这些标准的产品可能面临召回的风险。

（二）信息与标示

根据《中华人民共和国消费者权益保护法》，消费者享有知情权，即获得关于商品内容和交易条件的真实信息的权利。欺诈性广告，不适当和含糊其词的表述，会误导消费者的选择，从而使其利益受到损害。目前我国对欺诈性广告和欺诈性促销信息进行规制的机构主要是国家市场监督管理总局及地方市场监督管理局。

1. 欺诈性广告和标记

当广告中有错误用词或潜在的错误引导时，就是欺诈性广告。《中华人民共和国广告法》规定，“广告中对商品的性能、功能、产地、用途、质量、成分、价格、生产者、有效期限、允诺等或者对服务的内容、提供者、形式、质量、价格、允诺等有表示的，应当准确、清楚、明白”，“广告使用数据、统计资料、调查结果、文摘、引用语等引证内容的，应当真实、准确，并表明出处”。但是，在实际生活中要判断一则广告是否属于欺诈性广告并非易事。因为很多吹嘘性广告语，如“感觉好极了”“用了都说好”等虽然有些夸张，甚至具有某些不实成分，但对普通消费者来说，不一定产生欺诈后果。判断一则广告是否是欺诈性广告，既要考虑其内容是否与事实相符，也要考虑其是否具有欺诈能力或倾向。一般而言，欺诈性广告具有三个要件：①广告中有容易误导的成分；②消费者会做出反应；③有可能损害消费者的利益。

2. 信息的足量性

消费者要做出明智的购买决定，不仅需要真实、准确的信息，而且需要充分足量的信息。现在一些企业虽然在产品和服务的宣传方面支出较高的费用，但是为消费者提供的事实性信息很少，由此导致更高的产品价格、人为的品牌差异及对消费者来说没有实际价值的产品“花样”。

典型的是食品标签上的信息。大多数国家规定，食品包装上应标明生产日期、有效期及食品的主要成分等。随着人们对健康和营养的关注，一些国家还对诸如“高蛋白”“低脂肪”“低热量”等术语做出界定，以便这些术语传递更明确的信息。美国食品药品管理局（Food and Drug Administration，FDA）的调查发现，食品标签已经成为消费者获得营养信息的重要来源，但他们对前面提及的这些术语并不了解，对信息提供的详细程度也不清楚。据估计，25%~36%的消费者会经常阅读食品包装上的营养信息。然而，由于消费者能够处理的信息量存在一定的限度，因此营销者在增加信息提供量的时候必须考虑消费者的信息超载问题。有关研究结果发现，随着信息量的增加，消费者的满意度提升了，但他们的选择并没有变得更好。

3. 警示与负面信息的披露

企业在提供信息的过程中，通常只提及对其有利的内容，而对产品或服务存在的不利之处则很少触及或有意掩饰。从营销者的角度来看，有些信息的披露的确可能影响到消费者对其产品的态度，但是对消费者来说这些信息又十分必要。比如，在食品、药品等涉及人体健康与安全的产品上，如果漏掉或隐瞒某些信息不仅使消费者不能很好地消费这些产品，而且可能给消费者造成身体上的伤害。典型的是营销者在香烟上标明“吸烟有害健康”的警示，在药品上标示有关副作用和哪些病人忌用。然而，对一些潜在危害尚存争议或在目前技术条件下其危害性尚无法确定的产品，是否和如何提供这类信息，人们的看法还不一致。例如，对利用转基因技术生产的食品是否应清楚标明，至少目前在不同的国家，规定并不一样。

（三）欺诈性销售行为

绝大多数企业试图避免滥用消费者信任的行为，因为这不符合企业为消费者提供最大利益的初衷。但现实中存在着消费者受到不公平待遇的情况。

1. 诱饵式销售技术

所谓诱饵式销售技术（bait-and-switch）是指零售商在广告中用很低的价格诱使消费者进入商店，然后向消费者兜售高价格的替代产品，声称广告中的商品无货或并不是消费者所需要的。鼓励消费者选择高价格替代产品本身并不违法，这也可能出于更好地满足消费者需求的良好意愿。然而，如果营销者这样做是为了欺骗消费者，那就是违法行为。

2. 掩盖销售意图

消费者有时担心欠营销者人情，他们可能会觉得必须购买一些实际上不需要的东西。营销者了解这一点，有时会设“计”让消费者参与到交谈中来。例如，告诉消费者现在有免费赠送活动，送给消费者一份奖品，然后尝试销售产品和服务。贫穷和年老的消费者往往成为这种欺诈手段的牺牲品。

一个常见的例子是明信片诡计（postcard scheme）。消费者收到一张获得现金奖励、免费度假或昂贵轿车的明信片，这些明信片通常冠以“祝贺您成为获奖者!”之类的说明。当消费者与公司接触时，就会遭遇猛烈的推销，被要求购买无价值或无用的产品。现实中该手法已演变为中奖短信诡计，消费者收到一条短信后一旦回复，也会遭遇大力推销。有调查显示，掩盖销售意图的行为被消费者认为是最讨厌的行为。

3. 不正确的陈述或承诺

销售人员在销售过程中，会有意或无意地做出无法证明的承诺。不正确的陈述可能导致虚假的保证，破坏安全警告的效果，贬低竞争对手的产品，破坏商业关系等。

有些销售行径是公开的欺诈，老年人往往成为这种恶行的牺牲品。例如，销售人员告诉老年人，只要寄出一定数额的支票，他们就会中 100 万元的大奖；或者假扮银行员工向消费者索取银行账号等。相关部门对欺诈性销售行为的监管比较困难，因为许多销售行为是通过语言实现的，书面证据无法获得；而且这类行为通常在个人层面发生，相关部门难以进行调查，对违法行为也很难监控。因此，保护消费者免受这些行为的伤害比管理欺诈性广告更为困难。

（四）儿童营销

1. 儿童理解广告信息的能力

大多数研究表明，年幼儿童（7 岁以下）在区分广告与节目上存在困难，他们要么没注意其中的差别，要么将广告视为一个节目。年幼儿童在确定广告的推销意图上，似乎也缺乏能力。有证据表明，年幼儿童意识到推销意图但难以用语言表达。目前，广告界试图通过避免人物重叠和运用“广告之后再见”将广告和节目区分开来。

随着儿童产品越来越多地成为儿童动画节目的重要元素，产品和电视节目、电影播出方联手推出的玩具与销售日益增多，家长对此忧心忡忡。家长认为，以玩具为基础制作的节目，不仅会对孩子们的行为与情感发展造成不利影响，还会减少或取代其他更富创造性的儿童节目。

2. 广告信息内容对儿童的影响

即使儿童能准确理解电视广告，人们仍十分关心广告内容对儿童的影响，原因在于儿童看电视的时间太长。据统计，美国 2~11 岁的儿童每周有 25 个小时以上的时间在看电视，每年接收到大约 2 500 个电视广告。收看时间覆盖整个星期，除了非常小的孩子外，孩子们看电视的时间主要集中在周一至周六晚上的 7 点 30 分到 11 点。

儿童将大量时间花在看电视（包括广告）上引发了三个方面的问题：①广告可能引发家庭内部矛盾与冲突，当父母不愿意给儿童买广告商品时，儿童就会与父母争吵或向父母乱发脾气；②广告助长了儿童极端物质主义、自私自利、注重短期利益的价值观；③广告造成对儿童健康及安全的影响，如大量含糖食品广告鼓励了不良的饮食习惯。

（五）环境保护

现在，越来越多的人开始意识到保护自然资源、防止环境污染的重要性。很多国家和政府已采取了各种措施来保护环境，如规定更严格的汽车尾气排放标准，鼓励企业采用、开发环境友善的设备、技术和产品，劝说人们少用或不用塑料袋、塑料饭盒、一次性碗筷等会对环境造成不利影响的产品。越来越多的个人和组织也纷纷加入环境保护的行列，以自己的行动支持环保事业的发展，抵制和谴责损害环境的行为。

消费者通过何种方式来表达其对环境保护问题的关注，在很大程度上取决于他们对环境问题的认识和归因。如果认为环境损害主要是由企业等经济组织造成的，他们可能更倾向于通过向企业和政府施加压力来寻求解决办法；如果认为环境问题主要是社会公众造成的，则可能倾向于通过改变自身行为，提倡更健康的生活方式来改善环境。目前，人们使用环保产品的趋势日益明显。

消费者行为学研究中对三种环保行为特别感兴趣：

（1）消费者在什么时候会愿意采取环保行动？一般来说，当消费者对污染问题负有个人责任时，他们最有可能采取环保行动。执行环保项目的一个主要障碍是如何让消费者承担个人责任。同时，环保项目能否成功取决于在沟通中是否强调个人关系。例如，如果人们试图让消费者参加关掉空调、减少能耗的行动，在信息沟通时就必须强调家庭每年可以节省多少能源和金钱。

（2）谁最有可能采取环保行动？研究发现，环保行为与某些人口统计特征间存在较弱的相关性。受教育程度较高的年轻消费者采取环保行动的可能性更大一些。然而，研究者没有发现普遍性的“环保消费者”特征。

（3）如何激励消费者采取环保行动？许多政府和组织机构正在试图激励消费者采取环保行动。企业在广告中会鼓励消费者使用环保的产品、包装或参加环保行动。同时，企业可以通过营销传播、房屋节能设计和电器标签来传达详细的环保信息。然而，这类项目通常对环保行为的影响相当有限。

二、消费者的疏忽行为和异常行为

（一）消费者的疏忽行为

虽然大多数人都认同“吸烟有害健康”“酒后不能开车”“安全带能够为生命安全提供保障”，但是仍有很多人在行动过程中将危害后果置于脑后，做出疏忽行为。所谓疏忽行为（negligent behavior）是指那些对社会和消费者的长期生活有危害的行为。为减少消费者的疏忽行为，目前政府和有关社会组织主要从两个方面采取措施：一是采用法律手段，规定消费者必须系安全带，禁止刊播香烟广告，对酒后驾车行为实施严厉的处罚；二是运用营销手段，如刊播公益广告，开展大规模的宣传活动，劝导消费者自觉杜绝有害的疏忽行为。

1. 产品误用

大多数人从没想过在淋浴的时候使用吹风机或用割草机修剪树篱，然而，消费者对产品误用的情况依然存在。实际上，在因使用产品而受到伤害的事件中，大部分不是由于产品本身有问题，而是因为消费者错误地使用了原本安全的产品。表 13.2 对消费者误用安全产品给出了几种可能的解释。

表 13.2　消费者误用安全产品的几种可能的解释

产品误用类别	可能的解释
行为失误	由错误的认识导致错误的行为。例如，消费者把注意力放在所要达到的结果上，而不是把注意力放在为了达到所要求的结果而需要采取的行动上
错误倾向	消费者不够警惕，尤其是在参与常规活动时
强化过程	消费者冒了某种风险，但没有产生什么不良后果。任何没有导致危害结果的成功尝试都会强化消费者的风险行为
享乐目的	消费者沉溺于幻想、娱乐和感情之中，没有注意到与这些行为相关的风险
受到社会仪式许可的错误使用	如校园啤酒狂欢会
个人不理性	沉溺的、强制性的、上瘾的行为
广告	有时广告会鼓励对产品的极端使用

避免产品误用的方法有三种：一是立法，除了规范消费者的行为外，还需要制定产品的安全标准；二是对消费者进行教育；三是加强产品设计，推进产品的实际使用情况研究。

2. 吸烟

吸烟危害健康，这是香烟制造商也不得不承认的事实。政府部门也采取了一些限制吸烟的措施，如禁止在媒体上刊播烟草广告，要求烟草制造企业在烟草制品上标明“吸烟有害健康”的警示，一些组织还经常性地发布劝说人们不要吸烟的公益广告。这些措施虽然产生了一些作用，但总体来看效果并不明显。烟草制造行业不但没有萎缩，而且有进一步发展的趋势。导致这种状况的原因很多，但从消费者行为的角度来看，根本原因在于在某些人群（如青少年）中，吸烟的社会性奖赏极高，同时还涉及某些深层次的认知问题。一些人对吸烟的危害抱有“不过如此”的想法，要么对反吸烟信息充耳不闻，要么对其予以反驳，从而使这些信息难以发挥作用。

3. 不系安全带

目前，不系安全带是造成道路交通死亡事故的第三大原因，仅次于超速行驶和酒后驾驶。安全带可以防止人在交通事故中受伤或在发生事故时减轻受伤程度。驾乘人员系好安全带，在事故中存活的机会是不系安全带的 2 倍，还可以将受伤的概率降低 50%。然而，现实中仍有少许驾乘人员没有自觉系安全带的意识。《中华人民共和国道路交通安全法》第五十一条就对此有明确规定：“机动车行驶时，驾驶人、乘坐人员应当按规定使用安全带”。我国主要采取宣传教育和路面查纠相结合的方式，全面增强驾乘人员的安全意识。

（二）消费者的异常行为

日常生活中的消费者行为有些属于社会不期望的或不允许的，我们称之为消费者的异常行为。消费者的异常行为可能是生理或心理上的异常行为或非法行为，可能发生在产品的购买或使用阶段。

1. 强迫性购买与成瘾行为

某些会出现强迫性购买行为，表现为购买过量的、不需要的产品，有时甚至在超出自己经济能力的情况下进行购买。强迫性购买的个体主要从购买而不是拥有中获得满足。强迫性购买的消费者在不购物的日子里会非常焦虑。事实上，强迫性购买本身也可能是一种紧张或焦虑反应。在商店里，强迫性购买的消费者可能受到商店气氛的感染而产生强烈的情感。强迫性购买行为反过来会使消费者的情绪高涨且难以被控制。然而，在强迫性购买之后，消费者通常会有懊悔、羞耻和沮丧的感受。

为什么会发生强迫性购买？这个问题非常复杂。首先，强迫性购买的消费者往往不够自信。在购买时获得的注意和社会性赞赏可能会暂时增强这类消费者的自信，这成为其继续购买的强化因素。其次，强迫性购买的消费者有一种幻想型的人格特质。再次，强迫性购买的消费者倾向于表现出某种程度的社会性异化，他们的朋友比绝大多数人要少，强迫性购买为他们提供了接触社会的机会。还有证据显示，强迫性购买可能源于遗传因素。

成瘾行为是指消费者对某种产品或活动极度依赖，导致过度使用的行为。许多产品或服务都有可能令人上瘾，如香烟、白酒、互联网、电视、游戏等。成瘾行为可能危害个人及其周围的人。例如，香烟是导致癌症、心血管病和肺癌的主要原因，但是吸烟的现象仍然很普遍。又如，一些青少年沉迷于网络游戏，荒废学业。

2. 盗窃行为

如果说强迫性购买反映了不可控制的购买欲望，那么盗窃行为反映的则是盗窃的欲望。对零售企业而言，商店里的盗窃现象是高发的，而消费者也是受害人，因为零售商会将损失以提价的形式转嫁给其他消费者。同时，一些防盗措施和设备也会让消费者在购物时感到不舒服。

盗窃行为同样会影响非零售企业。常见的盗窃行为包括贷款欺诈，隐瞒收入以逃税，信用卡欺诈，制作盗版音乐、录像和软件，欺诈性退货和更改或移动价签等。

一般认为，消费者盗窃主要受经济因素驱使。但是研究发现，某些盗窃行为与人口统计特征有关：盗窃商店在少年群体中较为常见，信用卡欺诈常见于受教育程度较高的消费者群体，所有年龄段的消费者都可能出现盗窃行为。有两个心理因素可以解释盗窃行为：盗窃的诱惑、盗窃行为合理化的能力。

本章小结

情境既不是客观的社会环境，也不是可见的物质环境，而是与两者有关的独立于消费者和商品本身属性之外的一系列因素的组合。消费者情境的构成主要包括物质环境、社会环境、时间、购买任务和先前状态。

在营销领域，将消费者情境分为沟通情境、购买情境和使用情境三种类型是非常有益的。营销信息的有效性，在很大程度上取决于沟通时的具体情境。不同的购买情境对消费者的购买行为产生直接影响。在不同的使用情境下，消费者对同一种产品的选择标准和购买决策可能存在较大差异。

企业营销伦理行为涉及的范围十分广泛，产品品质与安全、信息与标示、欺诈性销售行为、儿童营销、环境保护及消费者的疏忽行为和异常行为等是目前社会所共同关注的。在解决这些问题的过程中，消费者行为学研究可以发挥重要的作用。

关键概念

消费者情境　沟通情境　购买情境　使用情境　企业营销伦理行为　儿童营销　疏忽行为　异常行为

复习题

1. 什么是消费者情境？消费者情境的构成包括哪些方面？
2. 时间如何影响消费者行为？结合现实营销活动举例说明。
3. 分析消费者情境的类型对营销有何意义。
4. 营销者怎样保证消费产品的安全问题？
5. 在营销活动中，标示信息应遵循哪些基本原则？
6. 关于欺诈性销售行为，营销者如何看待？
7. 在儿童营销中，如何处理产品的销售与儿童权益保障之间的关系？
8. 在环境保护问题上，政府、企业、消费者各自应该承担哪些责任？
9. 营销怎样干涉消费者的疏忽行为？

实训题

项目 13-1　消费者情境研究

针对选定产品类别，每组成员分析时间、购买任务对该产品类别的购买影响，并提出相应的建议。

项目 13-2　产品信息提示研究

针对选定产品类别，每组成员记录每个品牌的主要产品信息，分析其信息提示与标识存在的问题，并提出相应的建议。

案例分析

麦当劳：观赏星空，点亮你的夜

参考文献

［1］希夫曼，卡纽克，维森布利特．消费者行为学［M］．江林，等译．11 版．北京：中国人民大学出版社，2015．

［2］彼得，奥尔森．消费者行为与营销战略［M］．王欣双，译．9 版．大连：东北财经大学出版社，2015．

［3］迈克尔·所罗门．消费者行为学［M］．杨晓燕，等译．12 版．北京：中国人民大学出版社，2018．

［4］马瑟斯博，霍金斯．消费者行为学［M］．陈荣，许销冰，译．北京：机械工业出版社，2018．

［5］富诗德，斯沃伯得，张红霞．消费者行为学：关注个体与组织的购买行为［M］．张晓池，译．5 版．北京：北京大学出版社，2020．

［6］斯特鲁尔．AI 营销与消费者行为预测［M］．何蓉，译．北京：人民邮电出版社，2021．

［7］符国群．消费者行为学［M］．4 版．北京：高等教育出版社，2021．

［8］卢泰宏，周懿瑾．消费者行为学：洞察中国消费者［M］．3 版．北京：中国人民大学出版社，2018．

［9］江林，丁瑛．消费者心理与行为［M］．6 版．北京：中国人民大学出版社，2018．

［10］荣晓华．消费者行为学［M］．6 版．大连：东北财经大学出版社，2021．

［11］王曼，白玉苓．消费者行为学［M］．4 版．北京：机械工业出版社，2021．

［12］周欣悦．消费者行为学．［M］．北京：机械工业出版社，2019．

［13］白玉苓．消费者行为学［M］．北京：人民邮电出版社，2021．

［14］林建煌．消费者行为［M］．4 版．北京：北京大学出版社，2016．

［15］刘万兆，赵曼，陈尔东．消费者行为学［M］．北京：中国经济出版社，2018．

［16］曹旭平，张丽媛，唐娟，等．消费者行为学［M］．3 版．北京：清华大学出版社，2020．

［17］王德胜．消费者行为学［M］．2 版．北京：电子工业出版社，2021．

［18］江晓，马光菊．消费者行为学［M］．北京：机械工业出版社，2019．

［19］费明胜，杨伊侬．消费者行为学［M］．2 版．北京：人民邮电出版社，2017．

［20］钟旭东．消费者行为学：心理的视角［M］．北京：北京大学出版社，2020．

［21］张香兰．消费者行为学［M］．2 版．北京：清华大学出版社，2017．

［22］高孟立. 消费者行为学［M］. 北京：北京师范大学出版社，2020.

［23］李付庆. 消费者行为学［M］. 3版. 北京：清华大学出版社，2018.

［24］刘枚莲，徐丽芳. 网络消费者品牌选择行为研究［M］. 北京：中国经济出版社，2021.

［25］孟迪云. 消费者行为分析［M］. 北京：人民邮电出版社，2020.